U0722294

工程建设项目管理方法与实践丛书

工程项目采购管理

《工程建设项目管理方法与实践丛书》编委会　组织编写

李效飞　马卫周　卢　毅　荣　敏　刘建军　赵　伟　编著

中国建筑工业出版社

图书在版编目（CIP）数据

工程项目采购管理/李效飞等编著. —北京：中国建
筑工业出版社，2013.10（2024.7 重印）
（工程建设项目管理方法与实践丛书）
ISBN 978-7-112-15844-7

Ⅰ.①工…　Ⅱ.①李…　Ⅲ.①基本建设项目-采购
管理　Ⅳ.①F284②F253.2

中国版本图书馆 CIP 数据核字（2013）第 217402 号

本书作为《工程建设项目管理方法与实践丛书》之一，从工程项目采购管理的角度出
发，通过介绍工程项目采购管理的职责分工、采购方式，采购的计划管理、过程控制、招
标采购以及对供应商、采购合同与风险的管理，以工程项目采购管理全过程为主线，以
"理论＋方法＋流程＋表单＋案例"为内容，理论结合实际，总结了我们多年的工程建设
行业工作经验和管理咨询经验，并配以大量的相关实践案例，希望为国内建筑施工企业的
采购管理提供参考。全书案例丰富，可读性和操作性强，既可供施工企业管理人员在工程
实践中学习参考，也可作为高等院校相关专业师生的教学参考书。

责任编辑：范业庶
责任设计：董建平
责任校对：张　颖　刘梦然

工程建设项目管理方法与实践丛书
工程项目采购管理
《工程建设项目管理方法与实践丛书》编委会　组织编写
李效飞　马卫周　卢　毅　荣　敏　刘建军　赵　伟　编著

*

中国建筑工业出版社出版、发行（北京西郊百万庄）
各地新华书店、建筑书店经销
北京科地亚盟排版公司制版
建工社（河北）印刷有限公司印刷

*

开本：787×960 毫米　1/16　印张：16½　字数：324 千字
2014 年 1 月第一版　2024 年 7 月第六次印刷
定价：**55.00** 元
ISBN 978-7-112-15844-7
（43212）

《工程建设项目管理方法与实践丛书》

编写委员会

主　任：李福和　张兴野

副主任：何成旗　郭　刚　赵君华　曾　华　李　宁

委　员：（按姓氏笔画排序）

马卫周　戈　菲　计　渊　李效飞　杨　扬

杨迪斐　张　明　张军辉　范业庶　易　翼

胡　建　侯志宏　栗　昊　蒋志高　舒方方

蔡　敏

丛书序言一

做项目管理实战派

实践如何得到理论指导，理论又如何联系实际，是各行业从业者比较困惑的问题，工程建设行业当然也不例外。这些困惑的一个直接反映，便是如汗牛充栋般的项目管理专著。这些专著的编撰者主要有两类，一类来自于大专院校和科研院所的专家教授，一类来自于长期实践的项目经理，虽然他们也在努力地尝试理论联系实际，但由于先天的局限性，仍表现出前者着力于理论，后者更重视实践的特点。而由攀成德管理顾问公司的咨询师编写的这套书，不仅吸收了编写者多年的研究成果，同时汲取了建筑施工企业丰富的实践经验，应该说在强调理论和实践的有机结合上做了新的探索。这也是攀成德公司的李总邀请我为丛书写序，而我马上欣然应允的原因所在。

咨询公司其实是软科学领域的研发者和成果应用者，他们针对每一个客户的不同需求，都必须量身打造适合的方案和实施计划，因此需要与实际结合，不断研究新的问题，解决新的难题。总部设在上海的攀成德公司，作为国内一家聚焦于工程建设领域的专业咨询公司，其术业专攻的职业精神和卓有成效的咨询成果，无疑是值得业界尊敬的。

此次攀成德公司出版的这套项目管理丛书，是其全面深入探讨工程项目管理的集大成之作。全书共有 11 本，涉及项目策划、计划与控制、项目团队建设、项目采购、成本管理、质量与安全管理、风险管控、项目管理标准化、信息化以及项目文化等内容，涵盖了项目管理的方方面面，整体上构架了一个完整的体系；与此同时，从每本书来看，内容又非常专注，专业化的特点十分明显，并且在项目内容细分的同时，编写者也综合了不同专业工程项目的特点，涉及的内容不局限于某个细分行业、细分专业，对施工企业具有比较广泛的参考价值。

更难能可贵的是，本套丛书顺应当今项目大型化、复杂化、信息化的趋势，立足项目管理的前沿理论，结合国内建筑施工企业的管理实践，从中建、中交、中水等领军企业的管理一线，收集了大量项目管理的成功案例，并在此基础上综合、提炼、升华，既体现了理论的"高度"，又接了实践的"地气"。比如，我看到我们中建五局独创的"项目成本管理方圆图"也被编入，这是我局借鉴"天圆地方"的东方古老智慧，对工程项目运营管理和责任体系所做的一种基础性思考。类似这样的总结还有不少，这些来自于实践，基于中国市场实际，符合行业管理规律的工具，都具有推广价值，我感觉，这样的总结与提升是非常有意义的，也让我们看到了编写者的用心。

来源于实践的总结，最终还要回到实践。我希望，这套书的出版，可以为广大的工程企业项目管理者提供实在的帮助。这也正是编者攀成德的理想：推动工程企业的管理进步。

是为序。

中国建筑第五工程局有限公司董事长

丛书序言二

人们有组织的活动大致可以归结为两种类型：一类是连续不断、周而复始，靠相对稳定的组织进行的活动，人们称之为"运作"，工厂化的生产一般如此，与之对应的管理就是职能管理。另一类是一次性、独特性和具有明确目标的，靠临时团队进行的活动，人们称之为"项目"，如建设万里长城、研发原子弹、开发新产品、一次体育盛会等。周而复始活动的管理使人们依靠学习曲线可以做得很精细，而项目的一次性和独特性对管理提出了重大挑战。

项目管理的实践有千百年的历史，但作为一门学问，其萌芽于 70 年前著名的"曼哈顿计划"，此后，项目管理渗透到了几乎所有的经济、政治、军事领域。今天，项目管理的研究已经提升到哲学高度，人们不断用新的技术、方法论探讨项目及项目管理，探索项目的本质、项目产生和发展的规律，以更好地管理项目。

工程建设领域是项目管理最普及的领域之一，项目经营、项目管理、项目经理是每个工程企业管理中最常见的词汇。目前中国在建的工程项目数量达到上百万个，在建工程造价总额达几十万亿，工程项目管理的思想、项目管理的实践哪怕进步一点点，所带来的社会效益、环境效益、经济效益都是无法估量的。

项目管理是系统性、逻辑性很强的理论，但对于多数从事工程项目管理的人来说，很难从哲学的高度去认识项目管理，他们更多的是完成项目中某些环节、某些模块的工作，他们更关注实战，需要现实的案例，需要实用的方法。基于此，我们在编写本丛书时，力求吸取与时俱进的项目管理思想，与工程项目管理结合，避免陷入空谈理论。同时，精选我们身边发生的各类工程项目的案例，通过案例的分析，达到抛砖引玉的目的。作为一家专业和专注的管理咨询机构，攀成德的优势在于能与众多企业接触，能倾听到一线管理者的心声，理解他们的难处；在于能把最新的管理工具应用到管理的实践中，所以这套丛书包含了工程行业领导者长期的探索、攀成德咨询的体会以及中国史无前例的建设高潮所给予的实践案例。书中的案例多数来自优秀的建筑企业，体现行业先进的做法及最新的成果，以期对建筑企业有借鉴意义和指导作用。

理论可以充实实践的灵魂，实践可以弥补理论的枯燥。融合理论和实践，这是我们编写本丛书的出发点和归宿。

前　言

项目管理是在项目活动中运用专门的知识、技能、工具和方法，使项目能够在有限资源限定的条件下，实现或超过设定的需求和期望。在西方发达国家，项目管理的应用已经十分广泛，原因是项目管理的理论与应用方法从根本上可以改善管理人员的运作效率，尤其是项目管理应用到工程建设领域以后，大大节约了工程建设成本，提高了工程建设项目管理水平。

采购是企业成本控制的首要环节，有数据表明，采购环节节约 1%，企业利润将增加 5%～10%。GE（通用电气公司）前 CEO 杰克·韦尔奇说："采购和销售是公司唯一能'挣钱'的部门，其他任何部门发生的都是管理费用！"特别是在工程建设行业，一项工程的材料成本是工程项目成本的主要组成部分，约占工程项目总成本的 60%～70%。于是工程项目的采购管理变得尤为重要，对工程项目最终盈利起到重要作用。

工程项目采购管理是工程项目管理的重要组成部分。工程项目采购管理几乎贯穿整个工程项目生命周期，工程项目采购管理模式直接影响工程项目管理的模式和项目合同类型，对工程项目整体管理起着举足轻重的作用。工程项目采购管理在项目管理这门新兴学科中被赋予了全新的概念。这里的"采购"并不仅仅是传统意义上的"采购货物"，而是包含了更加广泛的范畴。PMBOK（美国项目管理协会）将项目采购管理定义为："为达到项目范围而从执行组织外部获取货物或服务所需的过程。"为简单起见，通常又把货物或服务（无论是一项还是多项）称为"产品"。所谓"执行组织"，一般称为业主或业主的代表，是业主方管理项目的组织。

目前，在我国大多数工程建设企业中，采购环节的管理还比较薄弱，采购成本控制不力、采购物资的质量起伏不定、资金占用有增无减、业务漏洞难以封堵等。伴随着工程建设行业更加激烈的竞争，工程项目采购管理日益成为工程建设企业管理的一个核心内容，采购竞争优势已经成为企业核心竞争力的一部分，采购流程是否规范，采购效益与效率的高低，直接决定企业的盈利能力和市场竞争力，决定企业的生存和发展。因此，工程建设项目的采购经理们应该认真学习和总结采购管理知识和经验，以高水平的采购管理能力给企业带来经济效益。

本书就是在此背景下，为了给建筑施工企业实践中采购管理提供更多可操作的思路，以工程项目采购管理全过程为主线，以"理论＋方法＋流程＋表单＋案例"为内容，理论结合实际，总结我们多年的工程建设行业工作经验和管理咨询经验，经过长期的构思和规划，终于完成了本书的写作。

　　本书主要由上海攀成德企业管理顾问有限公司咨询总监李效飞，咨询顾问马卫周、卢毅、荣敏、赵伟，上海美兆企业管理咨询有限公司总经理刘建军共同完成，其中第1章、第2章由卢毅编写，第3章由荣敏编写，第4章、第5章由马卫周编写，第6章、第7章由赵伟和刘建军共同编写；李效飞负责全书的统稿、修订与初审，最后由上海攀成德企业管理顾问有限公司专家顾问何成旗对全书进行统筹修改、增删、审定并补充编写了部分案例。另外，本书在编写过程中，曾参考和引用了部分国内外有关的研究成果和文献，上海攀成德企业管理顾问有限公司研究员王萍对全书内容和图、表、案例和章节的编码等还进行了认真校对，在此一并向所有曾经帮助过本书编写和出版的朋友们表示诚挚的感谢！

目　　录

1 概 论

在企业的所有管理职能中，采购管理以往一直被置于企业管理的边缘，没有得到足够的重视。然而，一般的建筑施工企业每年的采购费用都要占到年度总支出的 60%以上，单从这一点而言，就应该对采购管理有足够的重视。采购管理不同于企业的一般职能，因为它要求不断关注外部市场的变化，时刻寻求新的机会来降低风险，保证合理的现金流。因此，采购管理已经成为建筑施工企业提升企业边际利润率的主要手段之一，高效率、专业化的采购运作对于建筑施工企业是必不可少的。

1.1 工程项目采购概述

采购，是指以合同方式有偿取得物资和服务的行为，其形式包括购买、租赁、委托、雇用等。在现代企业的经营管理中，采购已显得越来越重要。企业是大批量产品生产的主体，为了实现大批量产品的生产，也就需要大批量物资的采购。一般情况下，企业产品的成本中外购部分占了比较大的比例。因此，采购的成功与否在一定程度上影响着企业竞争力的大小。

项目管理是建筑企业的核心业务，而项目的执行除了需要必备的人力资源外，还必须具备相应的设备、设施、原材料、零件、服务和其他资源。在市场经济条件下，这些物资和服务都是通过采购活动来实现的。采购的方式可以是集中采购或零散采购，可以是公开招标采购或定向采购，也可以是供需双方面对面的直接交易采购。

工程项目采购就是以各种方式从项目系统外部获取项目所需资源的采办过程，这些资源既包括有形资源（设备、建筑产品、生产原材料等），也包括无形资源（咨询、服务等）。

工程项目采购也是一个讲求经济效益的经济活动，采购活动的整个过程中会有各种各样的费用发生，这就是采购的成本。从经济的角度讲，任何一种经济行为都讲求效益最大化，即以最小的成本获得最大的经济效益。因此，降低采购成本也是整个采购活动的关键方面。

为实现项目采购目标所进行的一系列的计划、组织、指导、控制和协调工作，就是项目的采购管理。它是以提高企业管理水平和经济效益为目标的管理思想和管理模式。

1.1.1　工程项目采购的业务范围

项目采购的业务范围包括以下几个方面：

（1）确定所要采购的物资、工程或服务的规模、类别、规格、性能、数量和合同或标段划分。

（2）市场供求现状的调查分析。

（3）确定招标采购的方式，包括公开招标、邀请招标以及其他采购方式。

（4）组织招标、评标、合同谈判和签订合同。

（5）合同的实施和监督。

（6）合同执行中对变更等问题的处理。

（7）合同支付。

（8）合同纠纷解决等。

采购管理的基本内容与模式如图 1-1 所示。

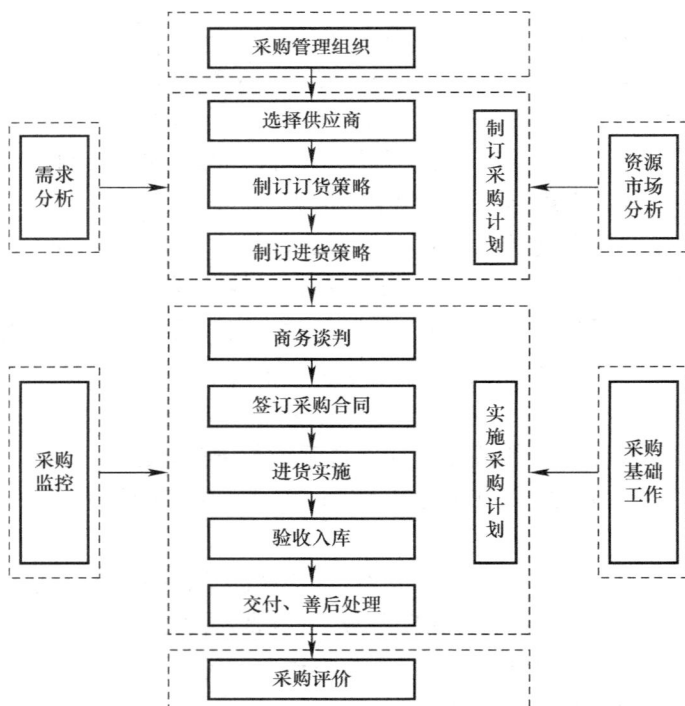

图 1-1　采购管理的基本内容和模式

1.1.2　工程项目采购的基本原则

工程项目采购的总原则是，通过工程项目采购的有效实施，使得工程项目所需要的各种物资、技术及服务能够及时到位，从而保证工程项目的顺利进行。将总原则进行细化，可分为成本效益原则、质量合格原则和同步原则。

（1）成本效益原则

工程项目的资金是有限的，有时甚至是紧缺的。因此就要求工程项目采购必须具备经济性与效益性。而对于资金紧张的企业，提高资金的使用效率更是意义重大。工程项目采购通常会占据大部分的工程项目成本，必须合理选择采购模式与货款支付方式，使其获得最大的成本效益。

（2）质量合格原则

工程项目以质量为生命。目前一些大型工程项目采用终身负责制，这已经成为一种趋势，而工程项目的采购是否严格按照质量标准将会影响整个工程的最终质量。虽然对于一些大宗材料，国家已经出台了相应的质量标准，但仍有一些不法商家为了自私利益而偷工减料，由于材料的质量达不到要求或者不合规格而造成误工的例子也屡见不鲜。所以，工程项目部提出物资采购需求的时候，尽量标出相应的规格、生产厂家等一些确定性要求，才能便于采购员准确采购到所需的物资。

（3）同步原则

顾名思义，所谓同步就是指采购时间要与项目实施进度相一致，最基本的要求是不能因为采购的不及时或物资的不到位而造成工期延误或停工。当然，也不能因此而将所有物资一并采购，造成囤积，这样就失去了采购管理的真正意义。同步采购的管理目标就是在保证工程项目顺利施工的前提下，追求零库存或者少许库存，最大限度地盘活资金。

1.2　工程项目采购的类型

1.2.1　按照采购内容分类

项目采购的内容非常广泛，可以包括项目的全过程，也可以分别针对预可行性研究、可行性研究、勘察设计、材料及设备采购、设备与非标准设备的加工、建筑安装工程施工、设备安装、生产准备和竣工验收等阶段进行采购。一般情况下，工程项目采购按采购内容的不同可分为分包采购、物资采购和服务采购三大类，见表1-1。

施工企业的项目采购分类　　　　　　　　　　　　　　表 1-1

项目采购	购买	建筑材料 — 主材的采购	各种建筑材料可以按 ABC 分类法分为三类：以房建为例，A 类材料为钢材、商品混凝土等，量大，价值也较高
		辅材的采购	B 类材料为地材和水电安装管材、线材等，特点是或量大而价值相对较低，或价值较高但量相对较少
		零星材料采购	C 类为小五金、化杂等零星材料
		半成品的采购	即预制构件，钢结构工程的钢构件等，有时也将其归入 A 类材料
		施工设备 — 大型设备采购	一般由公司采购，对项目部或下拨，或租赁使用
		中小型设备采购	大多由公司采购，对项目部或下拨，或租赁使用
		小型工具采购	有时可将这部分费用纳入劳务分包费用，即所谓"扩大的劳务分包"
		周转材料 — 钢管、扣件	绝对不可纳入"扩大的劳务分包"，但可以使用专业的脚手架劳务公司
		木枋、模板	可以纳入"扩大的劳务分包"
		跳板	
		办公用品 — 固定资产采购	复印机、照相机、电脑等
		低值易耗品采购	纸张、文具等
		其他 — 安全防护用品	安全帽、安全网、灭火器等
		生活用品	工地食堂的炊具和米、面、油、蔬菜、饮用水、招待水果等
	租赁	施工设备 — 单纯的租赁	内部租赁：或公司组建设备公司，集中全公司大型设备向项目部提供租赁服务；或公司各下属单位之间相互租赁
			外部租赁：向公司之外的企业租赁
		融资租赁	
		周转材料 — 内部租赁	公司组建周转材料公司，向项目部提供钢管扣件的租赁服务
		外部租赁	向公司之外的专业公司租赁，或向其他建筑公司租赁
		办公用房 — 固定民房	
		可拆卸板房	
	外包	工程分包 — 专业分包	一般以专业的分部分项工程由具备资质的专业公司分包
		劳务分包	全包：是一种包工包料的方式，分包者必须具备相应资质（劳务资质）
			包清工：包工不包料
			扩大的劳务分包：包工并包一部分周转材料或小型工具的方式
			架子队方式：铁路施工使用较多，由"自有"员工组成劳务队的管理架构，招用农民工为操作工人，工程结束后解散
		服务外包 — 检验试验	进场材料的复试：如钢材、水泥等都需在材料进场后按一定比例抽取样本送权威的第三方检验机构做物理实验或化学检验
		检验测量器具的检定或校准	一般也可分为 ABC 三类，A 类必须送专门机构检定：A 类：根据国家《计量法》规定需强制检定的器具 B 类：除 A 类外需周期校准的器具 C 类：一次性检定校准的器具（一般为低值易耗品）

项目采购	外包	服务外包	运输外包	主要是场外运输，包括材料和构配件运输、工人上下班客运等
			信息化外包	网络维护、程序培训、硬件维修等
			设备监造	由具备资质的监理机构对所采购的重要设备在供应商制造厂进行制造进度、质量等方面的监督
			其他	包括餐饮、垃圾清运、环境监测、体检

（1）分包的采购

从事工程总承包的单位将所承包的建设工程的一部分依法发包给具有相应资质的承包单位的行为，称为分包。分包采购属于有形采购，通常将其称为分包工程工程招标，是指通过招标或其他商定的方式选择分包单位，即选定合格的分承包商承担项目工程的某部分，或某个分部分项工程的施工任务，如修建高速公路的路基土石方分部中的软土地基分项工程、住宅建设项目的防水工程、室外绿化景观工程等分包给更有经验的专业公司，并包括根据采购合同随工程附带的服务，如人员培训、维修等。

工程分包可分为劳务分包和专业分包。

1）劳务分包

劳务分包，是指施工总承包企业或专业承包企业将其承包的工程的劳务作业发包给具有相应劳务资质的劳务承包企业的活动。劳务分包又可以再细分为以下三种形式。

① 全包。全包，指的是一种包工包料的分包方式。从工程利润的获取方法来看，全包的分包形式对总包来说是最不盈利的。因材料、机械都由分包自备，利润大部分都流进了分包的腰包里，作为总包只能收取几个点的管理费。采取全包的分包形式主要是因为建筑市场运作的不规范，导致现在大部分工程需要垫资，寻找合作方来转移垫资的风险和压力，这就出现了全包的分包形式。此种方式，分包单位必须具备承担工程相应的专业劳务资质。

② 包清工，即只包工、不包料。采用包清工的方式，能最大程度上对物资进行控制，同时节约成本，从利润的获取方法来看，三种分包模式中，纯劳务的包清工模式应该是最能盈利的。然而，采用包清工的方式，由于材料都是总包单位自行采购和管理，需要投入相当的时间和精力，也不利于模板、木枋之类周转材料的控制。同时，由于劳务工资的稳定性、确定性，一般应以政府造价管理部门制定的指导价作为交易双方的参考，因此，在以竞争性招标的办法进行劳务分包时，很难以报价作为重要评标标准。所以，这种方法一般只适用于不需要太多技术的体力活。

③ 扩大的劳务分包。这种方式综合了以上两种方式的优点，避免了上述两

种方式的弊端。扩大的劳务分包指劳务分包单位在项目中除"包工"（即包人工费）外，总包单位还将部分易耗品，如模板、木枋等周转材料、部分小型工具等一同包给劳务分包方。这种方式，一方面，总包方能够有效地控制模板、木枋等易耗品的消耗；同时，作为劳务分包的一方也有了通过控制消耗获取较好效益的渠道。

通过对以上三种分包管理方式的分析可以看出，纯劳务包清工的分包方式总包方似乎利润大，但对项目管理人员的配置以及施工现场管理人员的素质均提出了很高的要求，管理不善反而容易造成亏损。而全包的分包方式则需要注意的是在分包队伍的选择上要高标准、严要求，分包队伍素质跟不上必然会带来"砸牌子"的风险。同时，这种方式还极易被误认为是"转包"。扩大劳务分包的分包方式应该是较理想的发展方向。当然，任何的一种分包管理方式均存在着一定的利弊，在确定分包管理方式上要根据工程情况、拟分包工程的技术难易程度、企业实力，以及业主方的质量要求等综合因素进行分析、选择。

采购劳务分包需注意采购对象的资格。建设部对劳务分包明确了13类资质规定。

案例1-1：建筑业劳务分包企业资质类别

1. 木工作业分包企业

木工作业分包企业资质分为一级、二级。一级企业可承担各类工程的木工作业分包业务，但单项业务合同额不超过企业注册资本金的5倍；二级企业可承担各类工程的木工作业分包业务，但单项业务合同额不超过企业注册资本金的5倍。

2. 砌筑作业分包企业

砌筑作业分包企业资质分为一级、二级。一级企业可承担各类工程砌筑作业（不含各类工业炉窑砌筑）分包业务，但单项业务合同额不超过企业注册资本金的5倍；二级企业可承担各类工程砌筑作业（不含各类工业炉窑砌筑）分包业务，但单项业务合同额不超过企业注册资本金的5倍。

3. 抹灰作业分包企业

抹灰作业分包企业资质不分等级。可承担各类工程的抹灰作业分包业务，但单项业务合同额不超过企业注册资本金的5倍。

4. 石制作分包企业

石制作分包企业资质不分等级。可承担各类石制作分包业务，但单项业务合同额不超过企业注册资本金的5倍。

5. 油漆作业分包企业

油漆作业分包企业资质不分等级。可承担各类工程油漆作业分包业务，但单项业务合同额不超过企业注册资本金的 5 倍。

6. 钢筋作业分包企业

钢筋作业分包企业资质分为一级、二级。一级企业可承担各类工程钢筋绑扎、焊接作业分包业务，但单项业务合同额不超过企业注册资本金的 5 倍；二级企业可承担各类工程钢筋绑扎、焊接作业分包业务，但单项业务合同额不超过企业注册资本金的 5 倍。

7. 混凝土作业分包企业

混凝土作业分包企业资质不分等级。可承担各类工程混凝土作业分包业务，但单项业务合同额不超过企业注册资本金的 5 倍。

8. 脚手架搭设作业分包企业

脚手架搭设作业分包企业资质分为一级、二级。一级企业可承担各类工程的脚手架（不含附着升降脚手架）搭设作业分包业务，但单项业务合同额不超过企业注册资本金的 5 倍；二级企业可承担 20 层或高度 60m 以下各类工程的脚手架（不含附着升降脚手架）作业分包业务，但单项业务合同额不超过企业注册资本金的 5 倍。

9. 模板作业分包企业

模板作业分包企业资质分为一级、二级。一级企业可承担各类工程模板作业分包业务，但单项业务合同额不超过企业注册资本金的 5 倍；二级企业可承担普通钢模、木模、竹模、复合模板作业分包业务，但单项业务合同额不超过企业注册资本金的 5 倍。

10. 焊接作业分包企业

焊接作业分包企业资质分为一级、二级。一级企业可承担各类工程焊接作业分包业务，但单项业务合同额不超过企业注册资本金的 5 倍；二级企业可承担普通焊接作业的分包业务，但单项业务合同额不超过企业注册资本金的 5 倍。

11. 水暖电安装作业分包企业

水暖电安装作业分包企业资质不分等级。可承担各类工程的水暖电安装作业分包业务，但单项业务合同额不超过企业注册资本金的 5 倍。

12. 钣金工程作业分包企业

钣金工程作业分包企业资质不分等级。可承担各类工程的钣金作业分包业务，但单项业务合同额不超过企业注册资本金的 5 倍。

13. 架线工程作业分包企业

架线工程作业分包企业资质不分等级。可承担各类工程的架线作业分包业务，但单项业务合同额不超过企业注册资本金的 5 倍。

除以上三种劳务分包的形式以外，铁路工程建设项目还会使用到架子队的管理模式。所谓架子队，是以施工企业管理、技术人员和生产骨干为施工作业管理与监控层，以劳务企业的劳务人员和与施工企业签订劳动合同的其他社会劳动者（统称劳务作业人员）为主要作业人员的工程队。架子队是一种经实践证明较好的施工生产组织方式，在当前大规模、高标准铁路建设全面推进的形势下，采用架子队管理模式组织施工，有利于铁路工程建设质量、安全、工期等目标的顺利实现，是直接、有效的施工生产方式；同时有利于施工企业强化对作业层的管理和控制，确保施工现场的质量、安全保证体系有效运行。

案例 1-2：中铁某局某项目部精心组织架子队施工

架子队实行"自主管理、自负盈亏"的生产管理模式。对管理人员、劳务工人、安全质量、物资设备、施工技术、水保环保、成本管理等实施全方位控制监管，同时实行履约保证金制度和安全质量保证金制度。

1. 架子队承包方式。根据公司的总体思路和项目部的具体情况，结合责任成本管理模式，创新推出"劳务绩效型"工费承包，即劳务计量与工费（工资）直接挂钩。这种"岗薪制"的承包方式，以管促干，以干代管，将架子队的经济效益与每个架子队成员的岗位工资收益密切挂钩，以当月实际绩效考核为依据。主要工程工序的组织施工，由架子队承包负责，实行安全、质量、技术交底作业制；作业工班和民工人员的定编，由项目部根据架子队承建施工任务量来确定。

2. 架子队合同管理。两个架子队虽然以"劳务绩效型"承包，仍然是项目部最基本的生产作业单元，必须无条件接受项目部领导机制；除严格执行有关规章制度和日常管理规定外，还要与项目部签订劳动责任合同和责任承包协议书；各作业工班与架子队也要签订工序承包协议或岗位承包协议；由下至上，层层签订，把责任承包具体落实到人头。施工中的每道工序步骤，所需材料的节超偏离控制和工费岗薪额，以及注意事项等，都要在合同中写得明明白白、清清楚楚。明确双方的责、权、利，以确保项目部管制架子队与施工效益达到最佳可控状态。

3. 架子队分配及考核形式。两个架子队管理人员劳务工资全部实行岗薪制，工班作业工人实行计件承包工资制，并以绩效考核的方式进行运作。合同明定：凡每月完成成洞 90m，基础工资为 2400 元；每超额完成 1m，队长奖励 200 元，技术主管、测量员、值班员等管理人员每人奖励 100 元；同时，将每月节省材料费的 5% 作为项目基金，按照不同的比例发放给架子队管理人员。每月 25 日，由项目部（即责任成本管理中心）组织对架子队（即责任成本中心、责任成本费用中心）依据事先签订的项目目标责任成本管理承包合同进行收方验工，扣除材料消耗和配件费用后，剩余部分作为承包班组的可分配工资，并按照当月施工进度指标、安全指标、质量指标、成本控制指标、文明施工、基础工作完成情况进行工作绩效评比考核。

4. 架子队成本分析与核算管理。项目部坚持每月 25 日召开责任成本分析会，保证对架子队的绩效考核兑现，以便针对管理费用、工程材料、机械设备和劳务费用超支节余问题，分析制定具体的整改措施。尤其是根据隧道围岩实际情况进行优化施工方案，力争使责任预算由超支递转为节余。项目部制定了架子队成本核算及考核办法，建立以工班、工序为核算单位的基础核算体系。由财务部、计划部牵头负责，工程部、物资保障部、安质部、办公室配合，建立材料及低值易耗品核算台账，对架子队当月的材料消耗认真核对，由技术主管、材料员、使用材料的工班长同时签字确认。细化架子队成本管理指标，明确作业工班的成本目标；对机具、工具建立领取、发放、消耗、损坏丢失台账，进行价值估算。对出现材料丢失、超耗，按原价从责任人当月工资中扣除。项目部对架子队经现场监理签字确认质量达标后的节余费用，按照公司 5% 的标准提取作为项目基金，对架子队成本管理相关责任人进行奖励。严格实行当月核算、考核，当月进行分析，月结月兑现。

5. 架子队材料管理：

（1）首先由工程部依据设计图纸向保障部提出材料使用计划。保障部着手采购前，必须对材料的市场价格进行分析调查，及时汇报钢材、水泥、砂石料等材料不同厂家的价格和质量，保证做到"货比三家"，优质低价。

（2）所有进入施工现场的大宗材料（包括零星材料、机物料消耗用品），必须由试验室抽检，并经技术主管、试验员、材料员三方签认材料质量、数量后，方可进场。大型机械设备，全部由项目部根据施工实际需要统一配备，总体控制。

（3）加强现场物资材料消耗使用过程监管，细化钢材、水泥、砂石料的执行定额、限额发料和入库出库、投料、用料、退料等环节的管理，尤其要对材料消耗特别大的工序进行重点控制监管。

（4）充分发挥技术主管对材料控制的主导作用，紧密与材料消耗经济责任制挂钩。要求他们把什么部位用多少料，用什么样的料及施工估料意图，直接传递给班组，以单线图、排版图的形式做好用料交底，防止班组下料时长料短用、整料零用、优料劣用，做到物尽其用，减少边角料，把材料消耗降到最低限度。

（5）加强架子队的现场管理，现场交底涉及的诸如材料交底、限额发料交底、炮眼布置交底、锚杆工序交底、喷射混凝土交底、电力控制交底和燃油料控制交底等，必须要面面俱到，遏制现场施工的"跑冒滴漏"现象。

(6) 清理用电系统，对洞内用电、二衬工班用电、空压机用电、通风机用电、二衬工班生活用电、开挖工班生活用电、风水管焊接用电实行装表计度管制，用18只电表来充当把关门神，念紧紧箍咒，严格"谁用电谁掏钱"的制度。

(7) 喷射混凝土是决定施工成本升降的关键环节。经过多次实践，将回弹量控制在20%，外加剂按6%进行限额发料，安排试验人员全过程旁站，全天候监控。同时，按照具体施工部位，制定出外加剂"拱部超边墙节"的措施，对回弹量较大的拱顶加大外加剂使用量，而对回弹相对较小的边墙部位，适当减少用量。

(8) 架子队采取"燃油消耗量控制"与"操作人员绩效工资"挂钩的办法进行量化考核：单车每次加油注明行驶里程或运转小时，及时核算台车实际油耗与核定油耗产差值；推行车辆单车计程计时加油制，有效遏制并堵住了车辆机械用油漏洞。

6. 架子队制度管理。出台《架子队建设实施方案》、《架子队考核办法》、《架子队责任成本管理办法》等多项管理制度，并完善细化了架子队队长等9个管理岗位职责以及工班长等20个生产人员岗位责任制，确保架子队建设工作有章可循，有法可依。

7. 架子队目标责任管理。把目标责任分解细化到每一个工班，严格按照施工规范组织施工，严格每道工序交接班制度，做好详细交接原始记录，交验方、接收方和现场工程技术人员三方共同签字认可负责。同时，技术人员、测量、试验人员必须坚持跟班作业，随时进行技术指导；重点部位施工，试验人员坚持旁站作业，严格控制工程质量；项目部领导坚持到施工现场靠前指挥、调度，狠抓施工生产的现场管理，保证了工程质量。

8. 架子队安全质量管理。结合新九燕山隧道安全控制节点，围绕安全施工生产管理，贯彻落实"安全第一、预防为主"的安全生产方针，树立"质量兴企"和"安全就是生命、安全就是效益"的理念，扎实推行"一法三卡"和"岗位安全检查表"活动，制定"一法三卡"实施办法、54个工种的岗位安全制度、岗位安全检查制度等一系列切实有效的规章制度；并自上而下地将安全管理目标逐级层层分解，落实到人头。建立安全质量责任制，加大投入，配备必需的劳动保护用品和安全防护用品，对存在安全质量问题或隐患的拒绝进入下道工序。坚持每月进行一次安全质量分析，每季开展一次安全质量检查考核评比，做到奖罚分明。只要认识到位、责任到位、监督到位、卡控到位、奖罚到位，隧道施工就能稳步推进。

9. 架子队形象进度管理。坚持"围绕掌子面抓工序"的原则，实行全程控制和管理，要求各个工点技术主管、领工员每天将本工点进尺量数、每个循环消耗时间、各个工序衔接时间，以手机短信的形式向项目经理和总工汇报，从而保证项目领导准确地把握工程进展的情况，及时发现和处理现场施工的进度、安全、质量等问题。

推行"劳务绩效型"工费承包的架子队管理，由于做好了标准化管理和责任成本管理，从而使项目部的各项工作落到了实处。在铁路指挥部和局指的历次检查评比中一直名列前茅，无论安全、质量、工程进度、内业资料、环保、水保、文明施工等方面，都得到了业主、监理单位和地方政府部门的充分认可，取得了较好的社会效益和经济效益。

在建筑市场中，虽然劳务分包作业属于相对简单的工作形式，但仍然要求应当具备一定的资质。建设部在《建筑业劳务分包企业资质标准》的规定中，将劳务作业企业分为 13 种，对每种作业的承包人应当具有的资质等级标准及作业的具体范围都作出了明确的规定。

2）专业分包

专业工程分包是总包单位将专业性较强的分部分项工程分包给具有专业承包资质的施工企业的分包行为，可以是甲方指定的分包，也可以由总包自行进行分包。与劳务分包中的全包不同的是，全包一般是技术含量较低、劳动强度较大的分部分项工程，不需要专业承包资质，也不值得提倡。

专业分包合同的有效条件有：

① 总承包合同中有约定或征得总发包人许可。

② 分包工程属于非主体结构工程。

③ 分承包企业具有相应资质条件，在其资质等级许可的范围内承揽业务。

值得注意的是：在工程承发包领域还存在一种违法分包行为，违法分包是针对专业工程分包而言的非法行为。国务院《建设工程质量管理条例》第 78 条第 2款规定，违法分包是指下列行为：

① 总承包单位将建设工程分包给不具备相应资质条件的单位的。

② 建设工程总承包合同中未有约定，又未经建设单位认可，承包单位将其承包的部分建设工程交由其他单位完成的。

③ 施工总承包单位将建设工程主体结构的施工分包给其他单位的。

④ 分包单位将其承包的建设工程再分包的。

这是国家法律对违法分包的四条禁令，任何违反这四条禁令的分包行为均是非法的无效行为。

（2）物资的采购

物资采购是指业主或承包商通过招标等形式选择合格的供货商，购买或租赁工程项目建设所需的投入物，如机械设备、仪器仪表、办公设备、建筑材料等，并包括与之相关的服务，如运输、保险、安装、调试、培训和维修等。物资采购的业务范围包括：确定所要采购的物资的性能和数量、供求市场现状的调查分析、合同谈判与签订、合同的执行与监督实施、合同执行过程中对存在问题采取的措施、合同支付及纠纷处理等。

按照业主的参与程度可将物资的采购划分为：业主自行采购、委托招标投标机构采购和施工承包单位进行采购等方式，见表1-2。

按照采购实施主体的物资采购划分 表1-2

采购实施主体	优 点	缺 点	应用范围
业主自行采购（甲供材料）	业主能亲自对采购产品的质量和价格进行把控，从业主自身角度而言比较放心	加大了业主的工作量，业主方必须有较强的管理水平与施工承包单位的协调能力，并要求有很强的自律能力	应用于大宗设备和贵重材料
业主指定产品，委托专门的采购部门采购	易于使设备采购更加专业化和规范化，提高采购供应的效率	增加了物资采购承包单位，协调工作量增加	应用于专业设备，如电梯、空调、给水排水设备等
业主指定产品，委托施工企业采购	业主可以放心工程材料的品质，还可控制这部分成本	业主对于建筑材料的了解深度不如施工企业，其采购批量仅限于本工程，采购量的限制使其不具备同供应商讨价还价的同等地位	一般应用于钢材等建筑主材
施工承包单位采购	便于组织和协调，易于实现计划的调整和控制	对施工单位的管理和专业水平要求高	适用于包括主材、辅材在内的所有建筑材料

1）材料的采购

建筑材料造价约占建筑工程总造价的60%～70%，搞好材料的价格管理，对于提高工程质量、节省工程投资、减少业主与承包商的经济纠纷，具有重要的现实意义。市场经济的多元化决定了建筑材料品种、规格、价格及质量的多元化，这给工程招标投标、合同管理和竣工结算带来了一定的难度。其主要体现在业主招标时不可能对所有工程材料逐一指定价格，即使全部指定价格，也存在着材料的认质问题，所谓的"花一分钱，买一分货"，也有可能是"花一分钱，买半分货"。另外，在工程实施中，还存在着施工企业使用的材料品质和价位如何控制，竣工结算时如何据实计价等问题。

2）设备的采购

工程施工的经济效益要从选购（配）技术设备开始计算，采购工程机械是为了完成工程施工任务，也就是说，对工程机械的需求是由工程业主对工程的需求而衍生出来的。例如，为了满足某一工程承包商承建一条高速公路的需求，就要购买（也可能是租赁）一些筑路施工设备。究竟买什么样的设备、买多少、什么时候买，并不取决于采购者自己的意愿，而是为了满足工程承包商对公路建设的需求。从逻辑关系上讲，对这些施工设备的需求是由工程的需要衍生而来的。

3）物资的购买与租赁

按照采购对象的所有权可以将物资的采购方式分为购买和租赁。

① 购买。对于一些不可重复性使用的物资或大型机械设备等，通过购买而获得其所有权，将采购费用划入成本或者固定资产投资，采取一次性或分期折旧的方式计入工程项目成本。

② 租赁。如果单是为了获得设备的使用权，可以采取租赁的形式。近几年来，租赁市场不断发展，从最初的设备租赁，到现在的人才租赁、人机租赁，租赁市场已经出现了各种各样的形式。对于一些偏远工程项目或者突发性的高技术、高难度项目，在条件允许的情况下可采用租赁的采购形式，这样可解决远程运输和工程项目结束后人才、物资的闲置问题。

案例 1-3：输送泵租赁方案选择

背景：某工程结构混凝土约 110000m³，结构总工期计划为 10 个月，高峰期月浇筑混凝土量将达到 20000m³，根据现场搅拌站生产能力和加工进度安排，高峰期共需要混凝土输送泵 4 台。而输送泵的租赁有按月租赁、按方量租赁、按台班租赁等不同的方式。该工程施工项目部对此进行了多方案的比较，见表 1-3。

混凝泵租赁方案比较   表 1-3

方 案	按月租赁	按方量租赁	组合方案
方案说明	4 台全部按包月租赁考虑，前期和后期只用 2 台	所有泵车全部按方量结算	2～3 台按方量结算，高峰期增加 2 台按包月租赁
单价	20000 元/(台、月)	8 元/m³	20000 元/(台、月)，8 元/m³
工程量	2×10+2×8＝38 台、月	110000m³	2×8＝16 台、月，40000m³
合价	76 万元	88 万元	320000＋320000＝64 万元

如上表所示，若按月租赁，每台泵车输送能力约 400m³/天，在施工任务饱和的情况下，包月施工很经济，但在工程前期和后期，工程任务量不足会造成很大的资源浪费，另外，工程工期还存在不确定的风险，如工期延长会造成该成本同比加大；若按方量租赁，可以根据生产需要租赁满足使用需要数量的泵车，租赁总成本不受工期和泵车数量的影响，风险小，但正常施工情况下其价格会远远高于按月租赁价格，工期不变时总成本亦高于按月租赁，同时，也会有施工高峰时设备租赁单位没有足够的设备供应的风险。

于是项目部设计了组合方案，在包月和按方量结算的泵车同时使用时，尽量使用包月的泵车，充分利用包月优势（即便如此，按方量结算的泵车每台每月能完成近 2000m³，市场完全能予接受）。本方案受工期影响风险小，且成本最低。

在以往工程施工中企业大多简单采用前两方案中的一种，但这两种方案都存在各自弊病，而组合租赁方案是在前两方案基础上取长补短，优势明显。

（3）服务的采购

工程项目中的服务采购主要有 5 类，参见表 1-1 所示。

工程项目的服务时间分为长期服务和短期服务两种：

① 长期服务：如在市政工程中，一些企业不具备自建试验站的能力，采购其他有资质的试验机构提供的材料或半成品的试验检测服务；又比如，一些企业出于人手不足或能力不够抑或施工所在地资料管理要求严格等原因，对于项目的资料编制、移交档案馆等工作，会采购当地人员提供的服务。

② 短期服务：诸如通常为了增强人员综合素质和专业知识的培训服务。

1.2.2 按照采购方式分类

按照采购的方式可以有不同分类方法：可以按照是否采用招标形式分为招标采购与非招标采购；也可以按照采购的规模分为集中采购与分散采购；还可以按照采购形态分为有形采购与无形采购，如图 1-2 所示。

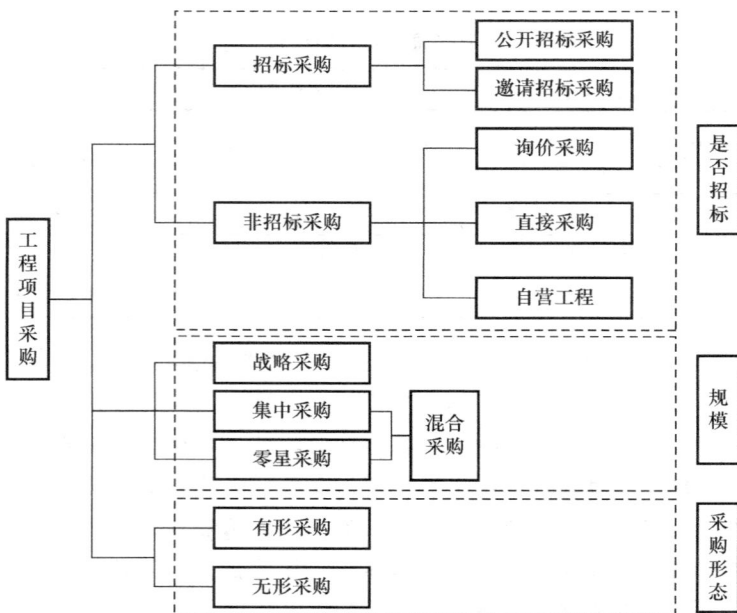

图 1-2 采购方式的分类

其中有形采购指的就是项目的分包采购和物资采购，而无形采购主要是指工程咨询服务的采购。关于招标采购和非招标采购、集中采购与分散采购以及战略采购的方式，将会在第3章作更为详细的介绍。

1.2.3　按照采购对象的功能分类

工程项目采购对象的功能，指直接构成工程最终产品（即承包商向项目业主交付的工程产品）的组成部分，还是为工程施工服务，本身并不构成最终工程产品的一部分。

构成工程最终产品一部分的采购对象，主要是建筑材料以及部分安装工程中的工程设备，它们的质量直接影响承包商向项目业主交付的工程项目的质量。部分专业分包和劳务分包亦可视同为此类，只要他们分包的工程构成了单位工程的某个部分。

不构成最终工程产品组成部分的采购对象，又可以划分为两部分：直接为施工服务的和间接为施工服务的。直接为施工服务的采购对象包括施工设备的采购（购买或租赁）、周转材料的采购（购买或租赁）、检验试验服务的采购等，间接为施工服务的采购对象包括对生活后勤服务的采购、办公用品的采购等。这些采购对象虽然并不构成最终产品的组成部分，但会影响施工活动的顺利进行。

是否构成最终工程产品的组成部分将决定在采购时的控制方法和严格程度。

案例1-4：××市公路工程公司工程项目主材采购管理办法（节录）

第一章　总　　则

......

第三条　本办法所称"主要材料"是指沥青、水泥、钢筋、钢绞线、锚具、支座、伸缩缝、土工材料、砂石、石灰等工程用材；本办法所称"服务"是指沥青混合料及水稳混合料的运输。

第二章　采购管理机构

（略）

第三章　采购方式的确定

第六条　采购方式一般采用询价采购、竞争性谈判、邀请招标方式，采购金额较大且条件许可时应采用公开招标，无论采用何种采购方式，潜在供应商均不得少于3家。

第七条　各种采购方式的适用范围见表1-4。

各种采购方式的适用范围   表1-4

采购方式	适用范围
公开招标采购	主要材料及服务单项采购金额在30万元及以上
邀请招标采购	主要材料及服务单项采购金额在15万元及以上
竞争性谈判	主要材料及服务单项采购金额在15万元以下
询价采购	零星材料、专业性较强或非常用材料及服务

第八条 公司工程部定期公布合格供方名录。采用邀请招标或竞争性谈判进行采购的，应在合格供方名录的范围内发布邀请书；采用其他方式实施采购的，潜在供应商如不在合格供方名录内，项目部采购小组需对潜在供应商进行综合评定，对于信誉、供货保证能力、质量保证能力评定信誉良好的供应商，上报公司，经审批后增列入合格供方名录。

第九条 因特殊情况，不能按照本办法规定的采购方式实施采购的，由项目部采购小组提交申请，经公司总经理批准后，方可变更采购方式。

第四章 采购工作的组织

第十条 项目部在进场后30日内，根据工程进度计划合理确定主要材料的采购时间，拟订本工程的总体采购计划，报公司工程部审批。各项采购原则上应依照采购计划执行，如因工期调整较大，需另行向工程部上报调整后的采购计划。采购计划要充分考虑采购的提前时间量，项目部可根据现场需要分批次安排材料进场时间，避免因采购滞后影响施工。

第十一条 在采购实施之前，项目部采购小组应首先进行市场价格的调查，价格调查应由小组成员通过不同的渠道分头完成，采购小组汇总分析后拟定合理的上限控制价。

第十二条 项目部采购小组根据实际需要提前7天以书面形式向公司工程部提交采购申请，明确采购内容、规格、拟采购的数量、采购方式及上限控制价等，经公司分管领导批准后，由项目部采购小组组织实施。

第十三条 采购招标文件由项目部采购小组拟定，报公司工程部，经分管领导审批后发布。投标邀请书可采取向相关厂商或供货商发函方式发布，如为公开招标采购，投标邀请书还应在公司网站登载。

第十四条 采用公开招标或邀请招标采购的，项目部采购小组应组织潜在供应商在公司进行开标，且采购小组主要人员参加开标会，公司工程部组织采购领导小组成员参加开标会。

第十五条 采用询价采购或竞争性谈判采购的，由项目部采购小组按公司制度规定程序在项目部实施采购，采购结果报公司工程部备案，公司相关部门对采购合同进行评审。

第十六条　项目部采购小组对潜在供应商报价进行评议、谈判后，拟定供应商及签约价格，填写采购定价单，上报公司工程部。项目部签订采购合同前，需履行审批手续：单项采购金额小于 15 万元的，由项目部采购小组成员集体签字；采购金额大于或等于 15 万元的，经公司分管领导审批；采购金额大于或等于 30 万元的，经公司总经理审批。

第十七条　采购合同签订视为采购完成，在采购完成后 15 日内，项目部采购小组形成书面采购报告，详细说明采购过程，并将相关采购记录（采购申请、投标邀请书、招标文件、报价记录、开标签到单、采购定价单等）作为附件，一并汇编成册移交公司工程部存档，项目部留存复印件备查。

第五章　采购定价

第十八条　工程材料的价格应由产地价、运输及装卸费、税费及利润三部分组成，沥青混合料及水稳混合料运输的价格应由运输费、税费及利润两部分组成，项目部应按照此价格组成进行控制价的调查和分析，并要求潜在供应商依据上述价格组成分别进行报价，以利价格评定。

第十九条　在采购过程中，必要时可进行价格谈判。对潜在供应商报价各组成部分的最低价进行组合，以此作为价格谈判的目标值，项目部采购小组成员依次与各潜在供应商进行谈判。单项采购金额大于 30 万元的，应邀请公司采购领导小组成员参加价格谈判。

第二十条　工程材料在保证质量的前提下，原则上应选择报价最低的潜在供应商作为供应商，大宗材料可选择实力较强的 2～3 家供应商，一般情况下各供应商供应价应一致，且不得高于招标或谈判确定的最低报价。

第二十一条　采购材料及服务可参考以下标准或渠道确定采购成本价（表1-5），税费及利润通过正常竞争按最低优先原则确认。

采购材料及服务价格参考标准　　　　　表 1-5

序号	种　类	出厂价信息渠道	运输费	装卸车费
1	水泥	厂家销售部	一般按 0.3～0.4 元/(t·km) 控制，必要时可向物流公司进行询价	6 元/t（袋装）0 元/t（散装）
2	砂石及石灰	料场调查		装车费料场调查，卸车费无
3	钢筋	阿里巴巴网站合肥钢材市场信息		装车费 50 元/t，卸车由项目部负责
4	钢绞线	厂家销售部		
5	沥青	阿里巴巴沥青出厂价格信息		无
6	水稳混合料运输	基价 3 元/t，视运输便捷程度另按 0.3～0.35 元/(t·km)增加，无装卸费		
7	沥青混合料运输	基价 3 元/t，视运输便捷程度另按 0.35～0.4 元/(t·km) 增加，无装卸费		

第二十二条　采购定价时应根据工程资金状况及供应商的垫资能力，考虑适

当的价款支付周期，在签订采购合同时应约定确切的付款时间，以此确定采购单价，提前付款或延期付款的，应按同期银行贷款利率扣除或增加支付金额，并写入合同条款，避免价款支付的随意性。

第六章 供应商的资格

第二十三条 ……原则上供应商应为法人。

第二十四条 采购小组应要求各潜在供应商提供营业执照等有关资格证明文件和业绩说明，如采购项目对生产厂家有特定要求的，需对潜在供应商的相应资格进行专门审查。

第二十五条 如潜在供应商为生产厂家的代理商，除需向采购小组提供自身相关资料外，还需提供生产厂家签署的书面授权书或代理权限证明，同等条件下，代理级别较高的潜在供应商优先。

第二十六条 潜在供应商参与公开招标采购或者邀请招标采购，应在开标前向项目部或公司提交投标保证金，保证金数额不得低于拟采购标的额的10%。投标保证金在确定中标人后3个工作日内退还给未中标人，中标人的投标保证金需在项目部支付其首笔合同价款时一并退还。

第七章 工作职责

（略）

第八章 罚 则

第三十一条 项目部有以下情形之一，公司将给予项目经理及采购负责人通报批评、100~1000元经济处罚或扣发项目部绩效工资等处罚：

（一）不按照本办法规定或公司批准的采购方式实施采购的；

（二）未按照本办法规定及时提交采购计划及采购申请的；

（三）未在公司合格供方名录范围内实施采购的；

（四）采购上限控制价未经批准实施采购的；

（五）采购定价单未经批准签订采购合同的；

（六）未按照本办法规定及时向公司移交采购报告及相关记录的。

第三十二条 采购相关人员有下列情形之一，给公司造成经济或名誉损失的，视情节轻重，公司将分别给予相关责任人通报批评、免职、辞退等行政处罚及200~10000元经济处罚；给公司造成重大损失的，公司将依法追究法律责任：

（一）采购人员私自接收或向供应商索取财物的；

（二）向潜在供应商或供应商泄露公司机密，并给公司带来不利影响的；

（三）故意规避本管理办法或未按本办法规定实施采购行为的；

（四）隐瞒潜在供应商或供应商问题，给公司造成经济损失或工程质量问题的；

（五）因工作疏忽或知情不报甚至与投标人串通在投标过程中作弊的；

（六）在供应商年度考评中徇私舞弊的；

（七）其他有损于公司形象或不利于公司行为的。

第九章　附　　则

（略）

1.3　工程项目采购的特点

工程项目采购开始于项目选定阶段，并贯穿于整个项目周期。不同于一般的采购，工程项目采购具有以下特点：

（1）采购对象复杂

1）种类多，供应量大。

工程项目施工过程中所需的材料、设备、技术服务等品种繁多、规格不一，劳动力涉及各个工种、各种级别，有各种专业工程和服务。大到钢筋、水泥、混凝土，小到灭火器、指示灯，材料涉及土建、给水排水、强电、弱电、暖通、园林绿化、装修等多个方面，材料的种类有成百上千种。如此繁多的材料所涉及的供应商也是遍及多个行业，每种材料对于工程的重要性也不尽相同。

2）各类采购之间关系复杂。

工程项目的采购从总体上看是混合型的采购，包括工程、服务、物资采购，而且各类采购之间有十分复杂的关系。它们在时间、质量要求、数量、价格、合同责任、工作流程等方面有极其复杂的内部联系。一个项目的所有采购活动之间必须相互协调，形成一个严密的体系，所以采购需有严密的计划。

（2）采购数量和时间不均衡

由于工程项目生产过程的不均衡性，使得项目的需求和供应不均衡，采购的品种和使用量在实施过程中大幅度的起伏，而且几乎没有规律可循。

（3）采购供应过程复杂

要保证工程顺利实施，必须采购高质量物资和高水平的服务，将涉及复杂的招标过程、合同的实施过程和资源的供应过程。每个环节上都不能出现问题，这样才能保证工程的顺利实施。

（4）过程动态

采购计划是项目总计划的一部分，它随项目的范围、技术要求、总体的实施计划和环境的变化而变化。

1）时间安排无法十分精确。由于工程项目的特殊性，采购计划量和采购过程的时间安排很难做到精确。

2）采购计划与施工计划相互制约。在制订施工计划时必须考虑市场所能提供的设备和材料、供应条件、供应能力，否则施工计划会不切实际，必须变更。而项目的范围、技术设计和总体的实施计划的任何不准确、错误、修改，必然会导致采购计划和采购过程的改变，可能导致工程返工、材料积压、无效采购、多进、早进、错进，资源使用的浪费，甚至可能导致资源供应和运输方式的变化。

所以资源计划不是被动的受制于设计和施工计划（施工方案和工期），而是应积极地对它们进行制约，作为它们的前提条件。

3）采购和供应受外部影响大，不确定因素多，难以控制。例如：业主的资金能力和供应商能力的限制，如承包商不能按时开工，供应商不能及时地交货，在项目实施过程中市场价格、供应条件变化大；物资在运输途中由于政治、自然、社会的原因造成拖延；冬期和雨期对供应的影响。

1.4 工程项目采购与项目执行的关系

项目采购贯穿于项目的整个寿命周期，是项目管理中的一个关键环节和重要内容，完成工程建设需要采购材料和设备，完成某项专业施工需要进行专业分包和劳务分包，项目初期以及实施过程中需要聘请咨询专家等。这些项目的投入物都是通过采购获得的。可以说，采购工作是项目实施中的重要环节，甚至是一个项目建设成败的关键。如果采购工作方式不当或管理不得力，所采购的物资、工程和服务就达不到项目要求，这不仅会影响项目的顺利实施，而且还会影响项目的效益，严重者还会导致项目的失败。如果项目执行是项目周期中时间最长的重要一环，那么项目采购就是确保项目的执行达到既定目标的重要步骤。因此，项目采购应考虑的如图1-3所示的问题。

（1）对进度控制的影响

项目能否按进度计划顺利执行，很大程度上取决于项目采购工作的进度，采购产品交货的延误将直接影响项目的进度。采购必须按项目总进度计划制订相应的采购进度计划并执行，使之完全符合项目进度控制的要求。

例如，采购部门必须密切配合项目部有计划地安排设备、材料并及时供货到现场，以保证施工的顺利实施。既不能使工程因设备、材料供应不及时而造成窝工损失，也不能盲目采购，造成积压和占用较多资金。

以往的项目管理经验表明，在项目执行中，进度滞后绝大部分是由于采购的延误造成的。正因为如此，对采购进度的监测、跟踪才越来越为人们所重视。

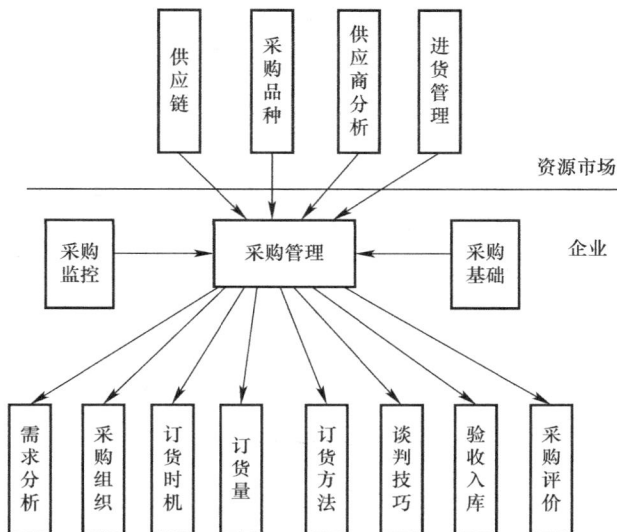

图 1-3　项目采购应考虑的问题

（2）对成本控制的影响

采购对价格的控制将直接影响到项目成本和预期效益目标能否实现。工程采购活动的结果——材料价格、设备租赁价格、分包价格等直接决定了项目的费用支出，不同的采购和分包方式、合同条件对工程项目的成本影响巨大。在物资采购中，不仅要对物资本身的价格进行控制，还要综合分析一系列与价格有关的其他问题。例如，根据产品的特点和技术要求的不同，应选择最适合制造该产品且信誉好的合格供货厂商，因为不同等级的供货厂商其产品价格水平是有一定差距的。

在采购过程中，应根据市场价格浮动的趋势和项目进度计划，选择合适的进货时间和批量；选择合理的付款方式和支付条件，以便于减少或转移采购风险；外资工程和境外工程还要对所选择的支付货币种类，要根据利率、汇率变化趋势作综合判断；作出真实的用款计划，以便于有效地进行资金运作；订单中附有必要的合理的制约条款等。总之，要千方百计地减小、转移、化解采购风险，减少损失，增加效益，以降低整个工程成本。

（3）对质量控制的影响

采购工作必须兼顾经济性和有效性这两个方面，要使两者完美地结合起来，既要价格合理、经济，又要做到产品的质量完全符合设计要求。质量是项目建设的根本，没有质量保证，其费用控制和进度控制也就没有任何意义。

很多工程因为分包商选择的错误造成工程质量不合格，因为合同条款的疏漏或过于苛刻造成偷工减料、质量低劣，因此，通过有计划的采购选择优秀的分包商完成重要的分部分项工程，通过编制缜密的合同条件保证双方的利益，是保证项目质量目标实现的前提。

对于物资采购也是一样，一旦项目所需的关键设备或价值高的设备、材料质量出现问题，必然要返修、更换，甚至重新采购，这将造成费用超支和工期拖延。所以从设计开始，到选择好的供货厂商，严格的检验，牢固、合理的包装、安全的运输方式等与质量有关的各个环节，在采购过程中均需要慎重地对待，从而保证运抵现场的设备、材料在质量上都能满足设计要求，从整体上保证项目的质量，使项目得以顺利实施。一些企业认为，为了使采购不致影响工程施工，作为建筑公司的项目经理应当具备如图 1-4 所示的采购知识。

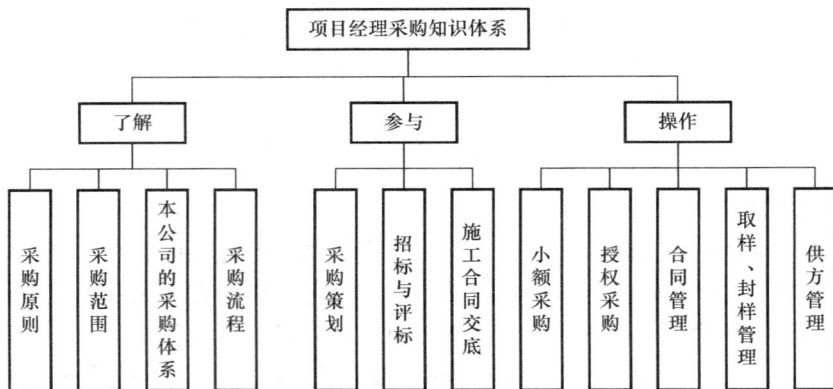

图 1-4　项目经理应具备的采购知识

2 工程项目采购管理

PMBOK（美国项目管理协会提出的项目管理知识体系）对项目采购管理定义是："为达到项目范围而从执行组织外部获取货物或服务所需的过程。"为简单起见，通常又把货物或服务（无论是一项还是多项）称为"产品"；所谓"执行组织"一般是指项目管理方，即管理项目的组织。对于工程项目采购管理而言，采购管理的范畴不仅仅局限于物资或设备的购买，本书第1章分析中涉及的工程项目采购内涵十分广泛，针对某个工程项目实施过程具体而言，可按采购的实施方式分为三大类：①购买：包括建筑材料、施工设备、周转材料和办公用品等的直接购买；②租赁：包括施工设备、周转材料和办公用房的租赁；③分包：包括工程分包和服务外包，其中工程分包又可分为专业分包和劳务分包，服务外包包括检验试验、检验测量器具的检定或校准、运输外包和信息化外包等。

根据项目采购的概念及范畴，可以看出项目采购几乎贯穿整个项目管理的生命周期，项目采购管理模式直接取决于项目管理的模式和项目合同类型，对项目整体管理起着举足轻重的作用。项目采购管理是对整个项目采购活动的计划、组织、指挥、协调和控制活动，是管理活动，是面向整个组织的，不但面向组织全体采购人员，而且也面向组织其他人员。其使命，就是要保证整个组织的产品供应，其权利，是可以调动整个组织的资源。

2.1 工程项目采购管理的内容

2.1.1 采购战略管理

项目采购对于建筑施工企业的影响不容小觑，对于一般的工程项目而言，项目材料和人工费会超过总造价的70%，采购管理的成功与否会直接影响企业和项目的利润创造，因此，项目采购管理应该提升至战略的层次来考虑。然而，采购战略本身还处在一个动态的发展变化过程中，如何对项目采购进行战略管理，至今还没有形成一个稳定的理论体系，供应链战略及供应战略的不断更新、发展也使得采购战略管理的环境、条件不断发生变化。

采购战略发展大致经历了四个阶段，见表2-1。

采购战略发展四个阶段 表 2-1

阶 段	表 现
被动阶段	企业把工作重点放在一般的日常事务上，人们认为采购职能一般只会对企业经营产生负面影响，甚至导致企业经营陷入困境
独立阶段	采购职能采用最新的技术和最佳的工作方式，但采购战略的目标与公司的整体战略目标并不能达成一致
支持阶段	人们认为采购战略在一定程度上强化了公司的竞争地位，开始重视采购战略的管理，但是没有系统性解决问题
综合阶段	采购战略完全与企业的其他战略相匹配，并与企业的整体战略目标相一致、采购职能和其他公司战略相融合

目前，我国的许多建筑施工企业尤其是民营建筑施工企业，采购处于第二、第三阶段，而且制定企业整体战略的过程也极不规范，尚未给采购战略提供清晰的指引，甚至有些企业还没有明确的战略规划，就更加谈不上采购战略了。采购战略管理是以企业战略为前提的，在理解了企业战略核心内容的基础上，结合企业的供应商关系、供应网络、采购实力等众多因素，对项目采购进行战略上的管控，即第四个阶段——综合阶段的采购战略管理。采购战略跟企业的其他战略一样，有其自身的变化规律。正确的采购决策可以有效促进采购部门实现自己的目标，进而帮助企业实现其战略目标。

采购战略的制定一般要考虑以下问题：

(1) 是否需要采购；

(2) 单一采购还是多方采购；

(3) 购买还是租赁；

(4) 产品品种的减少/多样性的管理际准化的决策；

(5) 责任/所有权及入场材料的位置；

(6) 采购的及时性；

(7) 当地/国内/国际采购；

(8) 关系类型/合同类型；

(9) 从供应商/设备提供商处采购；

(10) 对供应市场的变化作出及时反应。

同时，采购战略管理还包括对采购预算以及在采购实施过程中的协调程度选择，目前在一些发展规模及水平比较高的企业，开始探索新型的采购管理模式。

案例 2-1：中建某工程局集中采购战略

中建股份某二级集团（以下简称"工程局"）为了匹配自身在项目管理方面

的战略要求，加强企业对项目的强管控能力，提出集中采购的战略，其相关战略概述如下：

1 集中采购目标

规范采购行为，实现阳光采购，规模采购，降本增效，从传统采购模式逐步向现代化采购模式转变。

2 集中采购范围

原则上，一定金额以上的标的物，如：建筑材料、办公用品、机械设备、周转料具、机械租赁、专业分包、劳务分包等均纳入集中采购范围。考虑到不同标的物集中采购推进的难易程度，在现阶段主要推行大宗材料（钢材、混凝土、水泥等）、部分劳务分包和专业分包等的集中采购。

3 集中采购模式

工程局对现行采购模式进行调整和重组，将采购权集中在二级法人单位以上层面上来。集中采购按照集中度分为：局层面战略采购、局区域集中采购和局二级单位集中采购三种模式。

局层面战略采购：以框架协议形式发展战略合作关系，局属各单位在工程局集中采购管理中心的规范下自由选择战略供应商，与之签订采购合同的采购模式。

局区域集中采购：组织区域内分子企业，通过集中招标、联合谈判的方式，共同确定供应商和采购价格（或定价机制），签订框架协议或采购合同的采购模式。

局二级单位集中采购：局二级单位整合下属单位采购需求进行集中采购的模式。

4 集中采购的方式

集中采购方式包括公开招标、邀请招标、竞争性谈判、单一来源采购、询价采购等。

5 集中采购组织保障

局属各单位成立采购管理委员会、集中采购领导小组，单位主要负责人任领导小组组长，明确分管领导，设立集中采购管理中心，组织集中采购工作。

6 集中采购的核心举措

工程局集中采购核心举措是在局采购中心的引领、协调、服务下，通过对中建股份集中采购交易平台（以下简称"集采交易平台"）的全面使用，实现采购的合同条件一致、价格统一。在二级单位集中采购和局区域集中采购的基础上逐步实现局层面战略采购。

7 集中采购推进要求

7.1 总体目标

通过局总部、区域、公司、项目四层次联动，整合全局规模优势，实现集中采购、统一支付、标准化管理，提升分供商层次，提高产品质量，降低采购成本，增强企业核心竞争力，实现局资源管理"采购集中化、管理信息化"。

7.2 局阶段目标

7.2.1 集采交易平台推进目标

2013 年 6 月前，工程局总结集采交易平台使用经验，并在全局范围培训、交流和推广，70%局二级单位上线交易。

2013 年 12 月底前，95%局属各单位上线交易，12 月 31 日前完成全局 230 亿元的集采上线交易额。

7.2.2 集采模式使用推进目标

2013 年，建立健全工程局集中采购管理体系，完善集中采购管理制度，大力推进区域集中采购工作，推进局战略采购工作，实现全局大宗材料（钢材、混凝土、水泥、砌块等）、部分劳务分包和专业分包集中采购，将采购集中到二级单位以上层面上来。

2014 年，扩大集中采购范围，推广局战略采购，全局大宗材料（钢材、混凝土、木材模板、周转料具、大型机械设备等）、部分劳务分包和专业分包集中采购，全局集中采购金额占总采购金额的 50%。

2015 年，全面推进集中采购，实现全局大宗物资、专业分包、劳务分包、大型机械设备集中采购工作标准化、集约化、信息化。

2.1.2 采购计划管理

采购计划直接来源于项目施工计划并服务于项目生产，项目施工计划对采购计划产生巨大影响，没有明确的施工计划，就难有准确的采购计划。此外，采购计划制订还受到外部市场条件等因素制约。一旦发生突发性事件，整个计划将大打折扣，物资供应出现混乱，施工也有可能被迫停工。这些隐患的存在势必将对整个生产周期造成不稳定。

（1）采购计划的作用

采购计划是整个采购运作的第一步，应根据项目生产需求和市场供给来确定。项目的采购计划要发挥作用，以达到如下的目的：

① 预计采购对象所需的时间和数量，防止采购材料供应中断，影响项目生产；

② 避免材料储存过多，占用大量资金和存储成本；

③ 配合项目施工计划与资金调度；

④ 使采购责任部门事先准备，利于统筹，选择有利时机购入材料；

⑤ 确定材料耗用标准，以便管制材料采购数量与成本。

俗话说，"好的计划是成功的一半"，制订一个合理的采购计划，对整个采购运作的成败有非常重要的作用，具体表现在：

① 能有效地规避风险，减少损失。

采购计划是面向未来的，企业或项目在编制采购计划时，已经对未来因素进行了深入的分析和预测，能够做到有备无患，既保证了项目正常生产需要的物料，又降低了库存水平，减少了风险。

② 为企业组织采购提供依据。

采购计划具体安排了采购物料的活动，企业管理者按照这个安排组织采购就有了依据。

③ 有利于资源的合理配置，以取得最佳的经济效益。

采购计划选择经营决策的具体化和数量化保证资源分配的高效率，对未来物料供应进行科学筹划，有利于合理利用资金，能最大限度地发挥各种资源的作用，从而获得最佳效益。

（2）建筑工程施工材料采购计划

1）材料需求计划

项目技术负责人根据项目进度编制材料需求计划，由项目经理审批后执行。其中，对于由公司统一采购的物资，需求计划提交给公司物资部门；对于由项目采购的物资，计划提交项目采购人员。

材料需求计划作为制订采购计划和向供应商订货的依据，应注明产品的名称、规格型号、单位、数量、主要技术要求（含质量）、进场日期、提交样品时间等。对物资的包装、运输等方面有特殊要求时，也应在物资需求计划中注明（见表 2-2）。

主要施工材料需求计划表　　　　　　　　　　表 2-2

工程名称：

工程编号：						
序　号	材料名称	型号规格	数　量	单　位	需求时间	备　注
1						
2						
3						
4						
5						
6						
7						

工程名称：

工程编号：						
序　号	材料名称	型号规格	数　量	单　位	需求时间	备　注
8						
9						
10						
11						
12						
13						
14						
15						
16						
17						
18						
19						
20						
21						
22						
23						
24						
25						

分包方：　　　　　　　　　　　　　　现场施工员：

部门主管：　　　　　　　　　　　　　日期：　　　年 月 日

2）材料采购计划

公司物资部门或项目的采购人员应根据材料申请计划和采购方案，编制材料采购计划，报业主/监理审批。材料采购计划中应确定采购方式、采购人员、候选供应商名单和采购时间等。材料进场计划见后附表《施工主要材料进场计划表》。

候选供应商的来源：一是从公司"合格供应商名单"中选择，并优先考虑能提供安全、环保产品的供应商；二是例外采购，即《合格物资供应商名册》中的供应商不能满足工程要求时，可以从名册之外挑选其他候选者；三是业主指定的供应商。

当对候选供应商名单进行调整时，应有调整的依据，即：①发现候选供应商在此前合作的过程中曾发生多次违约情况，包括未按合同要求的时间供货、提供的产品多批次质量不合格、供应商服务态度恶劣等；②以往合作过的例外采购供应商被发现其质量、供货期、服务态度等俱佳，可以补充作为候选供应商；③新的例外采购需求等。

材料采购计划中，应根据物资采购的技术复杂程度、市场竞争情况、采购金额以及数量大小确定采购方式，如招标采购、邀请报价采购和零星采购。

3）编制周转材料需用计划

根据综合施工网络计划图中各分部分项工程进度计划，分类、分批进场，由项目材料员现场接收、保管，对一些须先行定制的周转材料及时进行加工定制，并根据进度计划进行调整、补充，所有施工材料应满足规定要求，以确保工程顺利施工。

为保证施工生产的正常进行，公司将根据施工总进度需要提出材料采购、加工及进场计划，通过加强计划管理，消除周转材料对施工进度的潜在影响，以形成对施工总进度计划实现的有力保障。

周转材料需用计划表见案例 2-2。

案例 2-2：某项目《主要施工周转材料用量计划表》（表 2-3）

主要施工周转材料用量计划表　　　　　表 2-3

序 号	名 称	单 位	数 量	备 注
1	$\phi48\times3.5$ 钢管	t	284	操作架
2	可调底座	个	2614	
3	钢管连接件	个	37500	
4	脚手板	块	545	
5	木板（方木）	m³	125	
6	泵管	米	66	混凝土浇筑
7	塑料布	m²	52273	防风、养护成品保护
8	安全网	m²	13636	
9	玻璃钢圆柱模板	m²	1363	
10	15mm 厚木胶合板	m²	10227	
11	玻璃钢模壳	m²	17045	
12	大绳	m	50	
13	钢模板	m²	2727	
14	钢丝绳	m	682	钢构件吊装及临时支撑
15	配电盘	个	114	

（3）工程建设分包计划

由于建设工程涉及专业较多，总承包单位一般要将专业性强、自身又不具备这方面条件的项目分包出去，这样有利于降低成本、控制风险。分包应该满足一定的条件，即在总承包合同中约定，或者经建设单位的认可。在合法分包情况下，建筑工程总承包单位按照总承包合同的约定对建设单位负责，分包单位按照分包合同的约定对总承包单位负责，总承包单位和分包单位就分包工程对建设单位承担连带责任。

工程分包包括劳务分包和专业分包。

劳务分包是指总承包企业或者专业承包单位将其承包工程中的劳务作业发包给具有劳务作业资质的企业完成的行为。在劳务分包企业资质标准中规定了以下13种企业资质：木工作业资质、砌筑作业资质、抹灰作业资质、石制作业资质、油漆作业资质、钢筋作业资质、混凝土作业资质、脚手架作业资质、模板作业资质、焊接作业资质、水暖电安装作业资质、钣金作业资质、架线作业资质。

专业工程分包是指建筑工程总承包单位根据总承包合同的约定或者经建设单位的允许，将承包工程中的部分专业性较强的工程发包给具有相应资质的分包单位的行为。

对工程进行劳务分包和专业分包已是施工总承包企业项目管理的必然选择，为了各项分包的有序进行，需要编制分包计划，见表2-4所示。

分包计划表　　　　　　　　　　　　　　　　　　　　表2-4

工程名称：　　　　　　　　　　　　　　　　序号：

序　号	分包方名称	分包工程内容	承包方式	合同价款	质量等级	开工日期	竣工日期

项目经理：　　　　　　　　　　　　　　年　　　月　　　日

2.1.3　供应商/分包商开发与管理

（1）供应商/分包商开发

供应商/分包商开发就是要从无到有地寻找新的供应商/分包商，建立起适合于企业需要的供应商/分包商队伍。在项目采购工作中，供应商/分包商管理的一个重要任务就是要开发供应商/分包商。一批适合于企业需要的供应商/分包商是企业的宝贵资源。供应商/分包商企业适时适量地为企业提供物资供应和分包服务，保证企业施工生产的顺利进行，这是企业最大的需要。企业为客户生产所需要的工程，供应商/分包商就相当于企业的后勤队伍。供应商/分包商开发和管理实际上就是企业的后勤队伍的建设。

供应商/分包商开发是一项很重要的工作，同时也是一个庞大复杂的系统工程，需要精心策划、认真组织。

供应商/分包商开发的步骤大致如下：

1）将所有采购产品和服务进行 ABC 分类。确定关键物资、重点物资和关键专业工程，进行重点管理。根据物资重要程度或采购所需资金的额度，决定供应商关系的紧密程度。对于关键物资、重点物资和大宗物资，要建立起比较紧密的供应商关系，对于非重点物资，可以建立起一般供应商关系，甚至不必建立起固定的供应商关系。对于工程分包，则应当建立较为固定的分包商关系。还要按材料成分或性能分类，确定资源市场的类型性质。

案例 2-3：某建筑装饰公司工程主要物资和半成品的 ABC 分类及管理

……

对于工程使用的主要物资/半成品，分为 A、B、C 三类。A 类为 5 万元以上的物资和半成品，B 类为 1 万～5 万元的物资和半成品，C 类为 1 万元以下的物资和半成品。

对于 A、B 类物资和半成品由物资部负责人组织招标小组成员进行招标、询价、比价。对于 A 类的物资/半成品在一周内完成招标、评标、定标工作。邀请合格名录中的供方参与投标，由各成员填写《招标供方评价表》，经物资部和项目部一起参与议价谈判后，整理出《入围供方评标汇总表》，由物资、项目和主管领导签字同意后定标。

对于 B、C 类的物资/半成品在一周内完成询价和比价工作，由各询价人员在合格名录中的供方进行询价后，填写出《比价表》，注明供方名称、联系人、联系电话、价格和询价员名单，交由物资部进行审定，报主管领导签字同意。

对于 C 类物资由项目经理部自行按本规定要求进行招标、评标、定标工作并完成采购，也可以不进行招标活动，由材料人员经至少三家供应商产品进行价格、质量等综合比较后完成采购。

案例 2-4：某市政公司采购产品/服务分类表（表 2-5）

采购产品/服务分类表　　　　　　　　　　　　　　　表 2-5

类别		品名/对象	采购责任部门
产品/材料	A 类　主要材料	水泥、砂、石料、沥青混凝土、水泥管、钢材、砖类、外加剂	各基层单位
	B 类　辅助材料	铸铁井盖、铸铁管、零售钢板、木材、石粉、炸药等火工品	物资科/仓库
	C 类　固定资产	价值 1500 元以上、耐用期在 1 年以上的设备和/或计量仪器	设备科
	D 类　备品配件	机械配件、汽车零配件、五金材料等、机油润滑油等	物资科/仓库
	E 类　能源	煤、柴油、汽油、化工原料等	物资科/仓库
服务	F 类　设备租赁	施工/生产类机械设备租赁	各基层单位
	G 类　计量检定	计量器具的校准，检定	中心试验室
	H 类　设备维修	机修厂没有能力维修的项目	机修厂/设备科
	I 类　工程分包	公司没有能力（弱）施工的非主体工程	经营科
	J 类　劳务分包	专业工种与辅助工种	政工科/劳工

2）供应商调查。

根据材料的分类，搜集生产各类物料的厂家或中间商，每类产品的供应商在 5～10 家左右，填写在供应商调查表上。也可以编制供应商调查表，用传真或其他方式交供应商企业自己填写并反馈回来（见表 2-6）。

3）资源市场调查。

项目采购人员要走访供应商、客户、政府主管部门或经济统计部门，了解资源市场的基本情况，包括供应量、需求量、可供能力、政策、管理规章制度、发展趋势等。

4）分析评估。

① 成立供应商/分包商评估小组，由副总经理任组长，采购、质量管理、技术部门经理、主管、工程师组成评估小组。

② 供应商/分包商分析：把反馈回来的供应商/分包商调查表进行整理核实，如实填写供应商/分包商资料卡。将合格厂商分类按顺序统计记录。然后由评估小组进行资料分析比较和综合评估，按 A、B、C 物料采购金额的大小，按供应商/分包商规模、生产能力等基本指标进行分类，对每个关键物资、重点物资初步确定 1～3 家供应商/分包商，准备进行深入调查。

③ 资源市场分析：在供应商/分包商分析的基础上，结合资源市场调查的有关资料分析资源市场的基本情况，包括资源能力情况、供需平衡情况、竞争情况、管理水平、规范化程度、发展趋势等。并根据资源市场的性质，确定相应的采购策略、产品策略和供应商/分包商关系策略。

供应商调查表　　　　　　　　　　　　　　　表 2-6

项目名称		编　号	
供应商名称		法人代表	
产品名称		传　真	
地　址		联系人	
成立日期		联系电话	
网　址		邮政编码	

审核内容	请提供营业执照和资质证书的复印件	
	样品：□ 无；□ 有。　　　样本：□ 无；□ 有	
	能否提供产品质量证明文件：□ 是；□ 否	
	生产许可证：□ 无；□ 有。请提供复印件	如为经销商请提供生产厂家的相关资料
	是否有准用证要求：□ 无；□ 有。请提供复印件	
	产品认证证书：□ 无；□ 有。请提供复印件	
	质量体系认证证书：□ 无；□ 有。请提供复印件	
	新技术、新产品的生产许可证：□ 无；□ 有。请提供复印件	
	质量标准：□ 无；□ 有。请提供复印件	
	环保要求及执行标准：□ 无；□ 有。请提供复印件	
	简述售后服务内容：	
	简述年销售总量：	
	能够提供担保的银行以及担保方式和金额：	

产品应用情况				
工程名称	供应物资名称、规格型号	数量	合同金额	合同日期

审核内容

有关情况的说明：

供应商法人代表或授权人：　　　　　　　　　年　　月　　日　　公章：

以下内容由本公司填写

评价是否合格		批准（是不能进入合格供应商名单或能否参加供应商的选择）：
项目技术审核	样品及相关技术资料： □ 合格；　　□ 不合格 签名：　　　　日期：	
物资部、机电部审核	供应商资质、供货能力、质量保证能力、满足环保要求的能力： □ 合格；　　□ 不合格 签名：　　　　日期：	
财务部审核	提供担保及保函的能力： □ 合格；　　□ 不合格 签名：　　　　日期：	签名： 日期：

说明：1. 此表既可单独作为对供应商的资格预审，也可用于对供应商选择前的评价。

2. 当一年内对同一供应商进行二次以上（含）相同类别物资采购时，可不必填写此记录，可直接进入选择阶段。

　5）深入调查供应商/分包商。

对初步调查分析合格、被选定的 1～3 家供应商/分包商，要采取深入调查。深入调查分三个阶段：

　① 送样检查。通知供应商生产一批样品，随机抽样检查。检查合格进入第二阶段。检查不合格，允许再改进生产一批送检，抽检合格也可以进入第二阶段。抽检不合格，供应商落选，到此结束。对于分包商，则考察其以往完成的工程，访问此前同其合作的其他承包商。

　② 考察生产工艺、质量保障体系和管理体系等生产条件是否合格。从合格者中选择供应商，到此结束。不合格者进入第三阶段。

　③ 生产条件改进考察。愿意改进并限期达到了改进效果者中选，不愿意改进或愿意改进但在限期内没有达到改进效果者落选。深入调查阶段结束。

样品搜集及询价见表 2-7，供应商考察报告见表 2-8。

材料样品/样本搜集与询价表　　　　　　　　表 2-7

编号：

致：_____　　日　期：_____
自：_____　　委托人：_____

1. 请提供下列材料样品/样本及其初步报价，样品/样本应附有齐全的厂商介绍、产品规格质量说明和对配套产品的具体要求。
2. 请于　　年　月　　日前将此表及样品按如下地址返回。
地址：

编号	名称	规格	单位	数量	用途

技术规范及要求：

供应商答复：
　　现将编号为　　　　　　　　的材料样品/样本报送贵方审批，报价及简明情况见下表。
　　　　　　　　签名：　　　　　　　日期：

编号	厂商	国别	报价	提供资料简称

供应商考察报告　　　　　　　　　　　　　　表 2-8

考察人：　　　　　　　　　　　　　编号：

被考察单位			考察日期	
厂址			产品名称	
联系电话			传真	
考察内容			考察人评价	
厂容厂貌	整洁、满足生产规模			
	简陋			
核实所提供的资料	真实			
	不真实			
生产、检测设备	先进			
	落后			
生产工艺	先进			
	落后			
工序质量	有控状态			
	失控状态			
产品质量	好			
	较好			
	差			
经营管理状况	好			
	较好			
	差			
综合评价	好			
	较好			
	差			
生产规模	大			
	中			
	小			
考察单位	考察人评价意见		签字	

6）价格谈判。

对送样或小批量合格的产品、材料，要评定品质等级，并进行比价和议价，确定一个最优的价格性能比。

进行价格谈判的指导思想，就是要合理，要"双赢"，要考虑长远合作，才会有共同的长远合作和长远利益。要实事求是地进行计算，求出一个合理的价格。

价格谈判成功以后，就可以签订试运作协议，进入物资采购供应试运作阶段，基本上以一种供需合作关系运行起来。试运行阶段根据情况可以是3个月至1年不等。

7) 供应商/分包辅导。

价格谈好以后的试运行供应商，将与项目采购部门建立起一种紧密关系参与试运作，采购部门要积极参与辅导、合作。项目采购应当根据生产的需要，也要根据供应商/分包商的可能，来共同设计规范相互之间的作业协调关系，制定一定的作业手册和规章制度，并且为适应企业的需要，要对供应/分包商在管理、技术、质量保障等方面进行辅导和协助。

8) 追踪考核。

在试运作阶段，项目采购部门要对供应商的物资供应业务进行追踪考核。这种考核主要从以下几个方面进行考核：

① 检查产品质量是否合格。可以采用全检或抽检的方式，求出质量合格率。质量合格率用质量合格的次数占总检查次数的比率描述。

② 交货是否准时。检查供应商交货是否准时，用误时的交货次数占总交货次数的比率来描述。

③ 交货数量是否满足。用物资供应满足程度或缺货程度来描述。

④ 信用度的考核。主要考察在试运作期间，供应商是否认真履行自己承诺的义务，是否对合作事业高度认真负责，在往来账目中，是否不欠账、不拖账。

一般地，信用度可以用失信次数与总次数的比率来描述。这时失信可以包含多种含义，例如没有履行事先的承诺，没有按约定按时交款或还款等（表2-9）。

9) 供应商/分包商选择。

以上指标每个月考核一次，一个季度或半年综合考核评分一次，各个指标加权评分综合，按评分等级分成优秀、良好、一般、较差几个等级。优秀者可以通过试运作，结束考核期，签订正式供需关系合同，成为企业正式的供应商，建立一个比较稳定的供需关系。其他的则不能通过试运作，应当结束考核，终止供需关系。

10) 供应商/分包商的使用。

当项目采购供应商选定之后，应当终止试运作期，签订正式的供应商关系合同，开始正常的物资供应业务运作，建立起比较稳定的物资供需关系。在业务运作的开始阶段，要加强指导与配合，要对供应商的操作提出明确的要求，有些大的工作原则、守则、规章制度、作业要求等应当以书面条文的形式规定下来，有些甚至可以写到合作协议中去。起初还要加强评估与考核，不断改进工作和配合关系，直到比较成熟为止。在比较成熟以后，还要不定期地检查、合作和协商，以保持业务运行的健康、有序。

供应商评估表

表 2-9

编号：

致＿＿＿＿＿＿＿＿项目：
请对＿＿＿＿＿＿＿＿供应商（档案编号：　　　　　　）

在　　年　月至　　　年　月期间为你项目供应物资的情况进行评估，将评估结果填入下表，并于　　　年　月　日前交回物资中心。

物资中心：
日　期：

	评估项目	评估	评估人
项目评估	产品质量	□ 好；□ 一般；□ 差	
	按时供货	□ 好；□ 一般；□ 差	
	产品包装	□ 好；□ 一般；□ 差	
	售后服务	□ 好；□ 一般；□ 差	
	合作性	□ 好；□ 一般；□ 差	
	对纠正措施的执行	□ 好；□ 一般；□ 差	
部门评估	与其他供应商相比价格	□ 高；□ 相当；□ 低	
	与其他供应商相比供货周期	□ 长；□ 相当；□ 短	
	报价配合	□ 好；□ 一般；□ 差	
	财务配合	□ 好；□ 一般；□ 差	

物资部经理批示：

该供应商 □ 可　／□ 不可　继续保留在合格供应商名单内。

签名/日期：

11）供应商/分包商的激励和控制。

在供应商/分包商的整个管理过程中，采购部门要加强激励和控制，既要充分鼓励供应商积极主动地搞好物资供应工作，又要采用各种措施，如订合同、提出技术措施等约束防范供应商的不正当行为给企业造成损失，保证企业利益不受影响。

（2）供应商/分包商管理

1）应同供应商/分包商建立起一种稳定可靠、相互信任的关系

同供应商/分包商建立稳定的关系可以通过与其签订较长时间的业务合同来实施，时间若太短，供应商/分包商不大会全心全意地为项目的物资供应工作或分包作业而倾注全力。特别是项目采购需求较大时，要使供应/分包商把项目采购企业看作是它自己生存和发展的依靠和希望，建筑施工企业发展能大大促进供应商/分包商的发展，反之，它自己的业务也会萎缩，这就会更加激励它努力与企业合作，形成一种休戚与共的关系。其次，项目部要显示出对供应商/分包商的高度信任。例如：对信誉高的供应商的产品进行有针对性的免检，或不定期地开一些企业领导的碰头会，交换意见，研究问题，协调工作，甚至开展一些互助合作。特别对涉及企业之间的一些共同的业务、利益等有关问题，一定要开诚布公，把问题谈透、谈清楚。彼此之间需要树立起"双赢"的指导思想，尽可能让供应商有利可图。只有这样，双方才能真正建立起比较协调可靠的信任关系。

2）有意识地引入竞争机制

要有意识地在供应/分包商之间引入竞争机制，促使供应商/分包商为产品质量、服务质量和价格水平方面不断优化而努力。企业可以建立合格供应商/分包商名录，并通过制度形式对供应/分包商进行考察、引进、评价和考核。另外，对于供应量比较大的品种，可以指定两个或三个供应商，以一个为主供应商，其他供应商为辅。在运行过程中，对供应商的运作过程进行结构评分，一个季度或半年一次评比，如果主供应商的月平均分数比副供应商的月平均分数低10%以上，就可以把主供应商降级成副供应商，同时把那个副供应商升级成主供应商。

3）建立相应的监督控制措施

采购部门在努力建立信任关系的同时，也要有比较得力的、相应的监督控制措施。企业之间没有绝对的信任，只有信任没有监督的关系也是维持不长久的。下面给出一些常见的监督措施：

① 对一些非常重要的供应商，或是当问题比较严重时，项目采购部门可以向供应商单位派常驻代表。对于那些不太重要的供应商，或者问题不那么严重的供应商，则视情况分别采用定期或不定期到工厂进行监督检查，或者设监督点对关键工序或特殊工序进行监督检查，或者要求供应商自己报告生产条件情况、提供产品的检验记录。

② 加强成品检验和进货检验，做好检验记录，退还不合格品，甚至追究赔款或罚款，督促供应商改进。

③ 项目采购部门组织本企业管理技术人员对供应商进行辅导，提出产品技

术规格要求，使其提高产品质量水平或服务水平。

案例 2-5：某公司的《供应商考察评估管理规定》

为了加强公司供应商管理，培育和发展公司供应商资源，提高公司组织社会资源的能力，特制定本办法。

1. 供方信息收集

1.1 公司器材部根据各项目物资采购、设备租赁等方面的需求，对市场供应信息收集，保证满足工程所需的物资都有充足的供应渠道。

1.2 公司的供应商信息可以来源于业主、设计等相关方，也可以来源于竞争对手和兄弟单位，公司内部员工均可以提供和介绍供应商信息。

1.3 公司可以通过各种媒体和信息渠道发布需求信息，公开招募供应商。

1.4 公司器材部应通过各种渠道，建立供应商信息，保证公司实时掌握市场供求信息和市场行情。

2. 供应商考察

2.1 供应工程质量影响较大的物资以及有环保要求、劳动安全防护用品、易燃易爆品等物资，或者大批量采购需求的物资的供方必须经考察合格。

2.2 公司器材部对供应商经过初步考察后，报公司分管领导批准后进行考察。考察工作由公司器材部、相关部门及项目相关人员参与。

2.3 接受考察供应商根据需要提供如下资料：

——企业营业执照副本（复印件、加章公章）；

——法定代表授权委托书（原件、加章公章）；

——税务登记证副本（复印件、加章公章）；

——生产许可证/专业资质证书（复印件、加章公章）；

——质量、安全证明资料及市级以上质量检测机构出具的《检测产品检测证书》（复印件、加章公章）；

——近两年企业的业绩实力及信誉的相关材料（复印件、加章公章）；

——质量、环境/职业安全卫生方面管理资料（复印件、加章公章）。

2.4 对供应商进行实地考察的内容包括：

——生产（经营）规模及融资能力；

——生产过程和工序的检测方法；

——对产品的检测能力；

——样品检测是否符合国家标准；

——仓储运输能力及方法等；

——考察人员应对分供方提供的相关资料和证明的有效性进行严格审核。

2.5 公司器材部应与实力雄厚的供应商建立合作关系，择优选择供应商。经考察确认的合格供应商，由公司器材部考察人员填写《供应商考察报告》，器材部负责人审核，考察结果经公司分管经理审核，公司经理批准纳入公司合格供应商名册。

2.6 经公司考核合格的供应商，公司项目管理部汇总后发布公司年度合格供应商名册。

2.7 公司供应同类物资的合格供应商名单应保持三家以上，公司器材部应及时补充合格的供应商，补充信息及时报公司项管部备案。

2.8 供应商考察报告、合格供应商名册保存期限为三年，由公司器材部汇编归档保存。

3. 供应商的评价

3.1 公司器材部每年年终对合格供应商名册中的供应商进行考核评估，考核依据主要为各项目的月度评估信息。

3.2 评估的主要内容主要包括物资合同的履约情况、采购数量、采购金额、现场有关环境与职业健康安全管理情况，我方与供应商的沟通程度、供应商持续改进情况等。

3.3 在本年度采购合作中，凡有一次违反按质、按量、按时供货，而不采取纠正措施的分供方，或在同一年度合作中出现两次违反按质、按量、按时供货规定的供应商，公司器材部在评估该供应商时，应评估为不合格供应商，取消该供应商的供应资格，一年之内公司器材部不得与该供应商合作，一年后如需合作的，公司器材部必须对该供应商进行重新考察。

3.4 凡在专业报纸杂志上登载有违法乱纪行为，或在质量抽检中产品质量为不合格的供应商，器材部评估时即评为不合格供应商，取消供应资格，2年内不得与其合作，一年后如需合作的，器材部必须对该供应商进行重新考察，且供应商必须提供省级以上产品检测证明及其产品为合格的证明资料，公司器材部对其产品的质量做相应抽检。

3.5 公司器材部对合格供应商名册中的供应商进行不定期的环境与职业健康安全行为检查与监督，定期进行评估。对与公司重要环境与职业健康安全检查因素相关联或造成重大环境污染或职业安全事故、事件的供应商加大检查与跟踪力度，定期进行评估。对不符合要求的供应商提出整改意见，对因整改不符合或拒绝整改而可能造成或已造成重大环境污染事故的分供方，给予相应的经济处罚，取消供应资格，评估为不合格供应商，一年之内不得与其合作，一年后如再需合作的，公司器材部必须重新考察，供应商必须提供重要环境与职业健康安全达标的资料。

3.6 凡连续两年未与其发生供应关系的供应商，取消供应资格，如需合作的，器材部必须重新考察。

3.7 经公司器材部评估合格的供应商，经公司分管领导批准，其名单及相关信息转入下一年度的合格供应商名册。

3.8 项目每月对供应商合同履约情况进行评估，及时反馈公司器材部，对不合格的供应商及时取消供应资格。

3.9 年度评估合格的供应商报公司项目管理部备案，考评资料保存期限三年。

4. 供应商考评分级

4.1 公司对合作的供应商履约情况进行分级，对长期合作，实力较大合格分供方作为密切合作伙伴，在招标活动中优先使用。

4.2 对在双方合作过程中信誉低下，违反合约或造成较大影响或诉讼公司的无良供应商，该单位及负责人经营的相关企业纳入黑名单，永远不得进入合格供应商名单。

2.1.4 项目采购预算与成本控制管理

控制采购成本的高低对企业的经营业绩及项目的利润创造至关重要。采购成本下降不仅体现在企业现金流出的减少，而且直接体现在项目管理的成本下降、利润的增加，以及企业竞争力的增强。对于建筑施工企业而言，由于材料及劳务成本占生产成本的比例往往达到 70% 以上。因此，控制好采购成本并使之不断下降，是企业和项目降低实施成本、增加利润的重要和直接手段之一。

做好采购成本控制的第一步就是编制有效的采购预算。采购预算应以付款的金额来编制。采购部门中主要有三个领域需要受到预算控制：原料/库存、资本预算以及运作费用。

（1）原料/库存

原材料预算的主要目的是：确定用于项目顺利生产并保证顺利履约材料或服务的数量和成本。预算的总数是基于项目生产预期水平以及来年材料或服务的估计价格来确定的。多数情况下实际执行可能会偏离预算，这使得在很多企业中作出详细的年度材料预算同实际有较大差异，但是，这决不能成为"不做预算"的借口。实践中，很多组织采用灵活的预算来调整实际的生产和实际的价格。

（2）资本预算

固定资产的采购通常是支出较大的部分，好的采购活动和谈判能力为企业采购节省很大成本。通过研究可能的来源以及与关键供应商建立密切的联系，可以建立既能对需求作出积极响应，又能刚好满足所需花费的预算。固定资产采购的评估不仅要根据初始成本，还要根据包括维护、能源消耗以及备用部件成本等的生命周期总成本。由于这些支出的长期性质，通常用净现值算法进行预算和作出决策。

（3）采购运作预算

采购职能的运作预算包括采购业务中发生的所有花费。这些花费包括工资、空间成本、供热费、电费、电话费、邮政费、办公用品、技术花费、差旅与娱乐花费、教育花费等费用。职能的运作预算应该反映组织的目标和目的。例如，如果组织的目的是减少间接费用，那么运作预算中的间接费预算就应该反映这一点。

2.1.5 采购合同与风险管理

采购过程中的重要步骤是与提供产品或服务的供应商达成协议，这种协议又称为合同或受法律约束的协议。按照我国《合同法》第 2 条规定："合同是平等主体的自然人、法人和其他组织之间设立、变更、终止民事权利义务关系的意思一致的协议。"

从广义上说，合同是指任何确立当事人权利义务的协议，它不仅包括民事合同，而且还包括行政法、劳动法等所有法律部门的合同关系。狭义的合同概念仅仅指民事上的合同。是废立、变更和终止民事法律关系的协议。本书中所讲的合同就是狭义的合同概念，是采购过程中所涉及的合同。合同中涉及买方各方面的要求，包括同意的价格、规格、送货日期以及货物或服务的数量、其他商务条款等。

为了防范采购合同中的风险，签订采购合同时应注意：

1）项目相对物料名称、规格、数量、单价、总价、交货日期及地点，须与请购单及决策单所列相符。

2）付款办法，按照买卖双方约定的条件付款，一般付款的方式可以分为下列两种：

① 一次性付款。约定供应商将物料运抵企业或项目工地，经相关人员验收合格后一次付清。

② 分期付款。依金额大小及供应期间的长短分为几期，例如：

第一期为预订期（订金），于签订合约并办理保证经认可后给付，其数额以不超过采购总价的 30% 为限。

第二期款，依供应进度至一半或物料运抵企业或项目工地时付 40%。

第三期款（即尾款），物料运抵企业或项目工地经验收合格后给付；但末期款应不少于工程部价的 10% 为宜。

3）延期罚款，应于合同书中约定，供应商须配合施工生产进度，物料最迟在几月几日以前，全部送达交验。除因天灾及不抗力的事故外，倘逾期，每天供应商应赔偿企业采购金额千分之几的违约金。

4）解约办法，应于合同书中约定，供应商不能保持进度或不能符合规格要求时的解约办法，以保障企业的权益。

5）验收与保修责任，要在合同书中约定。供应商物料送交企业后，须另立保修书，自验收日起保修一年（或几年）。在保修期间内如有因劣质物料而致损坏者，供应商应于 15 日内无偿修复；否则企业得另请修理，其所有费用概由供应商负责偿付。

6）保证责任，应于合同书中约定，供应商应找实力雄厚的企业担保供应商履行本合同所定一切规定，保证期间包含物料运抵企业经验收至保修期满为止。保证人应负责赔偿企业因供应商违约所蒙受的损失。

7）其他附加条款，视物料的性质与需要而增列。

签订采购合同的主要条款其实就是采购合同正文的内容。具体如下：

1）数量条款。数量条款的主要内容是：

① 交货数量；

② 单位；

③ 计量方式，必要时还应说明误差范围。

2）价格条款。价格条款的主要内容有价格术语的选用、结算币种、单价、总价等。具体如下：

① 价格金额；

② 货币类型；

③ 交料地点；

④ 国际贸易术语；

⑤ 物料定价方式等。

3）品质条款：

① 技术规范；

② 质量标准；

③ 规格；

④ 品牌名称等。

在采购作业中，须以最明确均扩式去界定物料可接受的质量标准。一般有三种方式来表达物料的质量，第一种是用图纸或技术文件来界定物料的质量标准；第二种是用国际标准、国家标准或行业标准界定物料的质量标准；当用文字或图示难以表达时常用样品来表示，样品也可以作为物料的辅助规格，与图纸或技术文件结合使用。

4）支付条款：

① 支付手段：货币或汇票，一般是汇票。

② 付款方式：银行提供信用方式（如信用证）；银行不提供信用但可作为代理（如直接付款和托收）方式。

③ 支付时间：预付款；即期付款；延期付款。

④ 支付地点：付款人和指定银行所在地。

5）检验条款。在一般的买卖交易过程中，物品的检验是指按照合同条件对交货进行检查和验收，涉及数量、质量、包装等条款。主要包括检验时间、检验工具、检验标准及检验方法等。

6）包装条款。包装条款的主要内容有包装材料、包装方式、包装费用和运输标志等。

① 标识；

② 包装方式；

③ 材料要求；

④ 环保要求；

⑤ 规格；

⑥ 成本；

⑦ 分拣运输标志等。

7）装运条款：

① 运输方式；

② 装运时间；

③ 装运地与目的地；

④ 装运方式（分批、转运）；

⑤ 装运通知等。

8）保险条款。

保险是企业向保险公司投保，并交纳保险费。物料在运输过程受到损失时，保险公司向企业提供经济上的补偿。条款的主要内容包括：确定保险类别及其保险金额，指明投保人并支付保险费。

9）仲裁条款。

仲裁条款是指买卖双方自愿将其争议事项提交第三方进行裁决。仲裁协议的主要内容有：

① 仲裁机构；

② 适用的仲裁程序；

③ 适用地点；

④ 裁决效力等。

10）不可抗力条款。

不可抗力是指在合同履行过程中发生的、不能预见的、人力难以控制的意外事故，如战争、洪水、风暴、台风、地震等，致使合同执行过程被迫中断。遭遇不可抗力的一方可因此免除合同责任。不可抗力条款的主要内容包括：

① 不可抗力的含义；

② 适用范围；

③ 法律后果；

④ 双方的权利义务。

在项目采购实践中，以下两类风险常被采购人员忽略，应提请重视。

① 合同履行地的风险。这是由于很多材料采购合同，如铝板、玻璃等，都涉及加工的问题，即使合同名称为材料采购合同，但判断一个合同的性质是根据合同内容来判断，因此在法律上属于加工承揽合同，加工承揽合同的履行地如果没有约定的话，均在加工所在地，从而导致发生纠纷后，案件的管辖地也在加工所在地及材料供应商所在地，这就会面临可能的地方保护的问题。因此，在材料采购合同中，要明确约定施工地即交付货物地为履行地，以紧紧抓住法院管辖地。

② 货物签收的风险。当货物运抵施工现场后在货物签收时，如果存在多人签收，甚至是分包方人员签收的情况，采购货物的总包方就有可能承担未实际收到货物而必须支付货款的风险，因为只要能证明是属于工地的项目管理人员，采购总包方就必须承担责任。因此，在采购合同中要明确约定货物签收人员。只要合同明确了有权签字人，供货方在明知合同规定的情况下仍另找他人签认，且没有证据显示其有正当理由，就无法说明签收货物的事实，相应的则无法要求取得货款。这在当前项目施工过程中大量使用分包单位，且所采购的材料等物资多为分包单位使用的情况下，尤为重要。

关于采购风险的识别和控制过程将在本书第 7 章中作专门论述。

2.1.6 采购质量控制

采购方和供应商使用的检验方法要与所采购的材料或服务的特点及检验成本等联系起来，这样才能做到事半功倍。

采购质量控制包括事前、事中和事后三种控制。前述第 2.1.3～2.1.5 节即为事前控制的措施，事前控制还包括建立和完善采购管理体系、制定相关制度以及对采购人员进行业务培训和道德教育等；事中控制即在材料进场环节和对分包商所分包工程实施质量把关，在"物资进场验收"和分包工程质量验收等活动中控制采购质量；事后控制即一旦发现进场物资的不合格或分包工程质量的不合格等不合格品控制，包括不合格物资的退货、降级使用和不合格工程的返工、返修等。

作为采购质量控制的一个重要环节——物资进场验收工作的基本要求有4个方面：

（1）严肃认真、执行程序

1）验收工作关系到企业切身利益。因此验收人员（一般是材料员、质量员、取样员、试验员等）必须具有高度责任心，严格按制度、规定、标准和手续等认真进行验收，对验收结果负责。

2）严格执行验收程序。对应当落地验收的物资必须落地验收，严禁车上验收，比如木材、架料等；对应当量方验收的物资必须车车量方验收，比如砂石料等；对应当抽检重量、数量和尺寸的，比如成袋的扣件、白灰、水泥、粉刷石膏，电缆电线等必须抽检；对有严重问题的进场物资有权拒绝验收。

3）实行"五不验收"。即无项目经理批准的，无采购计划的，没按规定进货渠道的，质量不合格的，超过预算价格、备料计划未经批准的，均不予验收。

4）由分包方采购的物资进场后，项目物资部要对其质量进行检查，不合格材料有权要求其退场，不得使用到工程中。

（2）及时准确、票货无误

1）对进场物资的品种、规格、数量、质量验收。必须做到准确无误，如实反映物资当时的实际情况，并真实、准确记录。

2）准确核对随货同行票据、物资报验单据和证明。进货票据一式收取两份，单价、金额、数量、规格、质量应当标注准确，进货单价有异常的要报告相关人员，严禁涂改、丢失、虚报进场票据；物资报验单据和证明按有关要求先由物资部统一收取，并及时登录材质证明收发台账，发放到相关人员；做到谁领取、谁签字，谁丢失，谁负责。

3）验收合格后，进场票据要有相关人员签字，登录账表前要有项目经理签字，方可入账。

（3）解决纠纷、避免丢失

1）由于进场物资、送货人员来源的复杂性，很难避免实际进场物资、送货人员存在这样那样问题。验收人员必须有理、有力、有节的及时解决问题，避免出现重大事故，并及时报告相关人员。

2）对进场车辆、人员要安排监督人员。对出场车辆要安排检查，发现盗窃事件及时处罚，并奖励有功人员。

3）教育和约束进场送货人员遵守安全、文明工地规定，防止出现安全事故。

（4）诚实守信、爱岗敬业

严禁利用物资验收环节作弊。禁止收受贿赂、损公肥私、以次充好、虚多实少等现象发生；要求物资验收人员诚实敬业，杜绝违法违纪行为，一经发现严肃处理。

（5）部分物资验收办法

1）钢筋，指螺纹钢和线材（盘圆、圆钢）

① 核对数量、核对厂家。钢筋应按批进行检查和验收，每批由同一牌号、同一炉罐号、同一尺寸的钢筋组成。每批重量不大于 60t。超出 60t 的部分，每增加 40t（或不足 40t 的余数），增加一个拉伸实验试样和一个弯曲试样试验。

允许有同一牌号、同一冶炼方法、同一浇铸方法的不同炉罐号组成混合批。重量不大于 60t。

将进场计划、进场票据对比核对，数量严重超出进场计划、非指定厂家产品不予验收。

② 检查外观、采取钢牌。

产品严重锈蚀，螺纹钢筋弯曲、不够规定长度、发现成捆螺纹钢筋中有"夹带"，不予验收；原则上每件钢筋上都应有出厂标牌，带肋钢筋应在其表面轧上牌号标志，且每个规格都要采取适当数量标牌保存，以备报验和检查。

钢筋牌号以阿拉伯数字或阿拉伯数字加英文字母表示，HRB335、HRB400、HRB500 级分别以 3、4、5 表示。

③ 过磅称重、理论计算。

按合同约定对进场钢筋进行实物验收。如果合同约定全部检斤验收，按核对好的随货同行票据数量复秤验收，重点使用好电子秤（使用电子秤人员要进行先培训后上岗）；如果合同约定螺纹钢检尺验收，也要全部或每个规格抽查实际重量，超过有关负偏差规定的，不予验收；应车上车下核对件数。

④ 收取票据、制作单据。

收取随货同行票据，材质证明票据和相对应的标牌，核对炉号批号；

按照实际进场数量制作验收单一式三份，供应商、分包方、项目部三方签字，各存一份。

⑤ 当天报验、报告问题。

进货当天有时间或第二天要通知试验员马上报验，不合格不能使用；

复检出现问题及时报告。

2）租赁（架料）材料进场验收、退场

租赁材料中架料损失往往很严重，进场验收、退料过程是管住损失的一个重要环节，要引起高度重视；进场验收要安排安全人员同时验收。

① 符合标准。

钢管。外径 48.3±0.5mm，壁厚 3.6±0.36mm 的焊接钢管，钢管两端面切斜偏差、钢管外表面锈蚀深度和弯曲度均符合相关规范要求。

碗扣架。外径 48mm，壁厚 3.5mm 的焊接钢管，横杆长度不低于标准尺寸 5cm，立杆不低于标准尺寸。碗扣架所用铸件不得有裂纹、气孔、砂眼，不得有明显缺陷，焊接牢固。碗扣架杆体上下端及碗口间无混凝土堵头及杂物，杆体整洁；杆体不得有弯曲变形、有孔、有焊接金属物等。

U托。丝杠必须是公制扣距 6.0mm，直径 38mm，长度 600mm，丝杠扣距清洁，无杂物。托板厚度不得低于 5～6mm。上拓宽度（100～120）mm，高度 30mm，把柄必须是手动带把的，手拧圆母把柄禁止使用。

扣件。扣件重 1.1kg，扣件各部位不得有裂纹存在，产品的规格、商标应在醒目处铸出。

供应商要有相关检测报告，必要时抽样送当地有关部门检测。

② 落地验收。

周转材料在施工现场车下分规格码垛点数验收，决不允许车上点数。

材料码好后分层计数，按最短的计算长度（最短的架管长度不能低于标准尺寸 20cm，横杆不低于标准尺寸 5cm，立杆不低于标准尺寸，U 形托为 500～550mm 长度），低于规定尺寸、外观有瑕疵的（比如弯曲、锈蚀、砂眼等）责令其退场。

扣件进场抽查比例不得少于 20%，抽查主要项目是数量和质量，数量低于包装报告数量按合同规定按批次统一减量，发现有质量（含少螺栓等）问题按批次统一减量。

③ 全程跟踪。

周转材料车辆进、退场时，物资部要安排专门人员全过程不离车跟踪监管，不得以任何借口脱岗。车辆出场时要对车辆各个部位仔细检查，防止偷盗发生。

3）大钢模

① 符合标准。

钢模板两端头、两外边必须是竖直的，板面平整，无明显缺陷。板平面跷曲度误差正负 2mm 之内，板面凹凸不平、有孔、有明显缺陷禁止使用。

② 清点配件。

大钢模验收关键是模板配件上。大钢模进场时除对模板进行清点外，对斜支撑大螺栓模板销子、异形角模等贵重配件及时清点，妥善保管，发现剩余及时退场。

③ 及时入库。

大钢模零配件进场后，要入库存放，定额发放，及时回收清理退场，减少丢失。

4）木材类（指木方、跳板、木模板）

① 符合标准。

木方。大小头尺寸必须一致，带皮和疤楞不能超过木方截断面的三分之一，带皮疤楞总数每立方米不能多于合同规定数量，木方尺寸不得低于约定尺寸，有变形、腐朽、裂断的拒绝验收。

跳板。大头宽应为 30cm，小头不能低于 15cm，厚度不能低于 4.5cm，长度不得少于 400cm。有变形、木节大小、数量多少影响跳板使用的、腐朽、断裂的不予验收。每块跳板量中间计算方量。

多层板。板面是否有变形、起层、起泡等现象，整张板是否厚薄均匀，变形、开裂、腐朽、断裂的不予验收，要在进场前做浸泡试验 24h。

② 落地量方。

木方。落地查根数，计算进场量。

跳板。落地查块数，每块中间量方。

模板。落地查张数，计算进场平方数量。

5）地材类

① 车车量方。

砂石料。检查车的四角是否装满，超高部分要进行平整丈量，卸完车后要对空车内胆丈量，检查车厢底板是否有夹层，必须实行每车丈量，不得按经验数字验收。

② 次次抽检。

水泥、白灰、耐水腻子、粉刷石膏的验收。

落地入库码垛验收。

按进场数量 5%检查重量，每袋不得低于标准重量的 2%，超过标准按批次统一减量。

墙砖、地砖、屋面瓦要开箱抽查，发现破损要予以扣除。

砖、砌块类要检查破损程度，超过约定予以扣除。

③ 防止码空。

页岩砖、灰砂砖、砌块、墙砖、地砖的验收。页岩砖、灰砂砖、砌块落地码放验收，重点检查和现场监控是否码空。

④ 检查质量。

砂子。检查中、粗、细砂粒度，看含泥量、含大石子量，超出标准不予验收。

水泥、白灰、耐水腻子等检查是否有结块、硬结，检查色泽和粒度。

页岩砖、灰砂砖、砌块，是否符合约定规格尺寸，砖面是否平整、颜色是否正常，力所能及的检查结实程度。

砌块类如果合同有约定抗压强度标准的，按约定收取材质证明等材料进行复检。

墙砖、地砖、屋面瓦要查看光洁度，表面粗糙、不平整的、超出规定尺寸的不予验收。

⑤ 合理码放。

砖要码垛。顶部要码成斜坡，避免大雨后浸水过度。

砂子露天存放，四周要有排水措施，防止砂子被水冲泡。

水泥应入库管理。不得已露天存放应搭设平台，平台离地高度不得小于300mm，并要苫盖。水泥出入库要执行先入先出的使用原则。

页岩砖码放高度不能超过1.5m。

砌块码放高度不能超过1.5m。

水泥出厂三个月不能使用，注意检查出厂日期。

砂子堆放应有苫盖。

⑥ 及时报验。

水泥、砂子、砌块按批次、规定数量及时报验。

内外墙腻子做样板试验。

6）安全防护材料（安全网、水平网）

① 收取资料。

安全水平网需要复检，需要工程专业人员检查质量。在验收时物资部要收取送货票据、材质证明等资料。

② 检查外观。

对外观颜色、规格尺寸、配绳质量检查，尽量保证一种颜色，要保证约定的尺寸。

可用明火简单抽检其阻燃性能；简单检查其抗冲击能力，试验网面是否可人为拉断、拉破。

③ 及时送检。

及时登录材质证明资料，及时送检，经安全员签字方可使用。

7）建筑胶（指界面剂、瓷砖胶粘剂、植筋胶等）

① 检查包装。

有的建筑胶包装物是要抵押回收的，进场时要检查包装物是否损坏；包装物要交代给分包方，并书面告知押金数量、损坏赔偿标准。

② 抽查重量。

按进场票据抽查单桶（件）重量，低于约定重量予以扣除。

③ 查看质量。

直观检查建筑胶颜色、黏稠度，每批次进场进行拉拔、粘接试验。

④ 验收入库。

有条件的要入库管理，定额发放；需要加水稀释的要稀释后使用。

8）钢套筒

① 检查外观。

没有锈蚀，表面光亮，套筒螺纹均匀、没有"倒纹"现象；用厂家专用工具或卡尺检查厚度、长度，内外径圆度；检查使用材质质量，可用废钢筋头对其表面做划痕试验，了解其硬度。

抽查包装内数量，缺一补一。

② 及时报验。

收取报验资料，及时报验。

③ 验收入库。

入库管理，定额发放。

由于钢套筒使用数量不容易计算准确，往往有很大剩余量，因此要精心保管，防止锈蚀，无法退货。

9）聚苯板（聚苯板、挤塑板）

① 落地计量。

落地验收，实测单张立方量，计算总进场量。

② 检查容重。

割取小样，实测容重；

阻燃检查。安全人员先可用明火简单检查阻燃情况，不符合阻燃标准坚决不能使用。

③ 收取资料。

按约定有需要报验合格后使用的，要收取材质证明等资料，及时报验。

10）钢管（焊管、镀锌管、无缝管、钢塑复合管）

① 落地计量。

落地实点根数，按理论数据计算进场量。

② 检查外观。

定尺的抽查长度，非定尺的根根量长度。

焊管抽查焊缝均匀度、光洁度。

外观无锈蚀、砂眼、凹凸不平，管壁厚度按国标或约定标准。

镀锌管表层镀锌均匀、光亮，无锈斑。

钢塑层结合紧密、无脱落。

检查各种管内部是否有毛刺，尤其是机电用穿线管。

③ 收取资料。

收取材质证明资料，及时报验。

11）电缆、电线

① 检测长度。

电缆属于定尺采购，进场必须保证电缆的约定长度。

预分支电缆一般按现场实际尺寸制作，保证约定长度。

电线要抽查进场每个规格、每卷的长度，保证约定长度。

② 检查外观。

电缆。封堵头封闭严密，外径粗细均匀，无严重凹凸不平；橡套电缆橡胶细腻，颜色正常，柔韧性好；电缆内部结合紧密，无明显空隙。

电线。塑料外皮与内部铜线结合紧密，颜色鲜艳、柔韧性好；分清阻燃、耐火电线，分开存放。

抽查线缆芯截面积。

外观表示检查。

③ 检查包装。

电缆轴如果回收，进场电缆轴要检查是否损坏，书面交代给分包方，押金要求、损坏赔偿办法。

④ 验收入库。

验收及时入库，定额发放。

⑤ 收取资料。

收取材质证明资料，及时报验。

12）阀门

① 检查外观。

按封样样品检查。

无锈蚀、无砂眼、无裂痕，手柄旋转不过于松动。

产品外观标识清楚。

② 核对厂家。

阀门采购一般为业主批准生产厂家，验收时要核对厂家，邀请监理等共同验收。

收取厂家报验资料。

③ 打压试验。

分规格打压试验。

拆开部分规格检查阀门内部质量、重量、壁厚，尤其是浙江产铜质阀门，因为铜质阀门大部分是浙江生产，质量参差不齐，检查必须仔细严格。

13）水泵、排污泵

① 检查外观。

产品表面光亮、细腻、不粗糙。

标识清楚。标牌、应有的防伪标识、本产品的技术参数等标志清楚。

② 核对厂家。

水泵、排污泵采购一般为业主批准生产厂家，验收时要核对厂家。

收取厂家报验资料，及时报验。

③ 核查辅件。

水泵、排污泵采购一般要含控制柜、耦合装置及一些辅料，验收时要按合同规定进行清点验收。

对控制柜内的开关等电器元件，要注意检查是否约定的厂家品牌，耦合装置是否约定的厂家配套产品。

④ 进行试运行，运行正常，无异常声响。

14）JDG 管（即电工穿线用彩色镀锌钢管）

① 检查外观。

彩色镀锌光亮，无锈蚀、无砂眼、无弯曲、无凸凹不平。

检查管内部是否有毛刺。

标识清楚。

② 抽查尺寸。

管长度 3.95m 以上，壁厚 1.45mm 以上或工程监理要求的厚度。

③ 检查配件。

彩色镀锌光亮，无锈蚀、无砂眼。

JDG 盒接、直接。原则上采用紧定式接头，壁厚 1.45mm 以上；检查螺栓和螺栓孔配合情况；有的供应商钢管和接头连接不配套，也就是说钢管孔距直径和接头直径大小不一，要检查和钢管配合情况。

JDG 弯头。壁厚 1.2mm 以上，开孔穿管位置符合约定。

86 接线盒、铁方盒。壁厚 1.2mm 以上，开孔穿管位置符合约定。

15）管材（包括 PPR、PPR 铝塑管、PVC、U-PVC）

① 检查外观。

外观光亮洁净，有一定柔韧性，无裂痕，管壁厚度均匀，无毛刺，标识清楚。

PPR 铝塑管。铝塑结合紧密。

U-PVC 管。人为给一定压力不开裂、不断裂。

按冷热管、约定技术参数和进场票据核对。

② 抽查尺寸。

管长度不低于约定长度 2%。

管壁厚度不低于约定厚度 2%。

③ 检查配件。

配件和相应管型相配套，结合紧密。

16）铸铁管

① 检查外观。

外表漆色光亮洁净，无锈蚀、无砂眼、无扭曲、无裂痕、无凸凹不平。

接口平整，无毛刺。

管型符合约定。

② 抽查尺寸。

长度符合约定尺寸。

壁厚符合国家标准。

③ 检查配件。

配件和相应管型相配套，结合紧密。

卡箍橡胶密封条色泽正常、有弹性或约定橡胶材质；卡箍螺栓能使用到最大限度且不断裂、不松扣，卡箍不断裂。

17）保温管、橡塑材料（铝箔保温软管、橡塑材料）

① 检查外观。

铝箔保温软管。每一规格软管直径（口径有圆形、方形）一致，钢丝有弹性，分层材料厚度均匀；外包铝箔光亮洁净、无破损。

铝箔玻璃棉板。表面平整、光滑，无破损，厚度均匀，测容重，质量密实，属不燃材料。

橡塑保温管。表面平整、光滑，无破损，厚度均匀，管材直径均匀，容重一般为 $50\sim80$ 的/m³，属难燃材料。

橡塑保温板。表面平整、光滑，无破损，厚度均匀，测容重，属阻燃材料。

② 抽查尺寸。

铝箔保温软管。按约定长度、厚度计量验收。

铝箔玻璃棉板。按约定厚度、规格计量验收。

橡塑保温管。按约定长度、厚度计量验收。

橡塑保温板。按约定厚度、规格计量验收。

③ 核对证明。

收取材质证明材料，重点核对、落实产品阻燃级别。未达到阻燃级别禁止使用。

18）配电箱

① 检查外观。

箱体外观漆色光亮洁净，为指定颜色；箱体钢板表面平整，无凸凹不平；箱门开关自如，锁具整齐，能正常使用。

② 检查尺寸。

箱体按约定规格尺寸检查。

箱体钢板厚度是否为约定厚度。

③ 落实厂家。

配电箱内部开关、配件一般为指定品牌、生产厂家，指定型号、规格，按约定验收。

19）消防箱

按加工技术交底验收。

① 检查外观

箱体外观漆色光亮洁净，为指定颜色；箱体钢板（铝合金板）表面平整，无凸凹不平；箱门开关自如，锁具整齐、能正常使用，箱门玻璃无破损。

② 检查尺寸。

箱体为约定规格尺寸。

箱体钢板（铝合金板）厚度为约定厚度。

箱体与外部结合开孔位置、大小正确。

③ 检查配件。

按约定箱体内配件齐全，位置安放正确；为指定厂家、指定样品配件。

水龙带、水枪头符合消防验收标准，水龙带符合约定长度。

20）桥架（包括电缆桥架及桥架配件）

① 检查外观。

镀锌层、防火涂料层、喷塑层均匀、洁净，无锈蚀、无凸凹不平、无严重划痕等。

② 检查尺寸。

按合同约定的加工技术规范验收。

按约定长度、板材厚度验收。

③ 检查配件。

桥架配件。镀锌层等应和桥架外观检查一样标准，按规定长度、厚度验收。

通丝吊杆等配件主要验收供货数量，保证现场使用。

21）开关、插座

① 检查外观。

颜色洁净光亮，无瑕疵；固定螺钉孔位置正确；开关拨动自如；接线柱螺纹松紧适度；插座铜片有弹性，插入拔出自如。

重点是开关拨动部位易损坏，重点检查拨动部位弹簧的质量。

② 核对厂家。

开关插座采购一般为业主批准生产厂家，验收时要核对生产厂家。

22）灯具

① 检查外观。

按约定检查灯具款式。

按约定检查成套日光灯架、应急灯盒材质，灯罩、应急灯面板应无瑕疵，透光性能好。

应急指示灯标识清楚。

② 符合标准。

应急灯应检测约定使用时间。

镇流器应无噪声。

应急灯内使用的部件应符合合同约定。

③ 验收附件。

灯具一般无偿配套供应日光灯管、灯泡，验收时查看数量，不能少于配套产品。

上述列举了部分物资的验收办法，还有很多物资验收办法、要求，因限于篇幅没有列入。没有列入的进场物资也要按照验收程序严格验收。

2.1.7　采购结算管理

采购结算是采购合同执行中的一个重要环节，也是双方履行合同规定的要约和承诺的重要内容。采购结算价格是构成企业采购成本的重要因素，采购结算过程起着对合同履行阶段审查和监督的作用。工程材料的采购结算一般都是采取优质优价结算，结算标准和结算条款是合同中重要的不可缺少的部分。

采购结算的一般程序为：

（1）审定合同。采购部门对公司签订的采购合同条款进行仔细阅读。

（2）收集资料。收集各种采购原始票据，掌握企业调价及合同条款变更、异议处理情况。

（3）结算。采购部门按照合同结算条款类型，根据审核后的原始凭据各种数据指标和对应关系，计算采购价格，出具结算单。

2.1.8　采购绩效与评价

对项目采购绩效进行评价的最终目标是为了提高采购效益，为企业创造更多的利润，这就迫使企业和采购人员想办法提高采购绩效。下面介绍三种企业采购绩效评估体系：效率导向体系、实效导向体系和复合目标体系。

（1）效率导向绩效评估体系

效率导向体系强调成本和项目采购部门的经营效率，是评估项目采购绩效的传统方法。项目采购绩效的评估就是看采购材料的成本是否降低了，生产成本是否减少了，采购时间是否缩短了。材料的成本降低，可以直接降低项目生产的成本，为了企业的利润作出贡献。采购材料的成本包括材料的价格、材料的库存成本、材料的运输报关等费用。经营成本包括办公费、邮寄费、差旅费、代理费，由于采购计划变更而导致的谈判、重新协商等管理成本；采购时间是指从接到采购要求到安排采购的这段时间。这种评估方法简单明了，可以直观地看到项目采购部门的绩效。但是，正是因为量化的指标太绝对，从而忽视了其他一些影响到具体目标的定性指标。

（2）实效导向绩效评估体系

实效导向评估体系评价采购部门对利润的贡献、与供应商的关系的质量和顾客满意水平。在这一效率体系中，重点是降低采购材料的价格，也可以直接或间接地评估采购部门对利润的贡献水平。采购企业的效益可以来自降低经营成本或材料成本，提高其他绩效，如提高材料质量以减少次品数量、缩短供货提前期等。对比目标价格和实际支付价格或目标节约成本和实际节约成本，为评价绩效和提出改进建议或意见提供有用信息。评估供应商关系需要看关系双方。衡量供应商绩效不仅包括传统的质量、价格、交货提前期和准时性、运输成本等方面，还包括通信和合作等更为本质的东西。在此过程中，由项目采购部门提供给供应商的服务质量也要通过相应的标准进行评估和测量。此外，绩效评估的一项重要的标准是顾客满意度，这也是市场营销观念演变的结果。

（3）复合目标绩效评估体系

复合目标绩效评估体系是以上两种评估体系的结合，这种评估体系同时考虑了效率和实效的评估。这种多重的评估体系将定量的标准和定性的标准结合起来，有助于给决策层提供客观的依据。但是，这种评估体系也有缺陷，那就是它所结合的两个目标——效率和实效常常彼此冲突。比如，项目采购人员比较关注于以最低的成本获得货物或所需的材料，那么，在效率这个目标上，采购成本得到的评价就会很高；但是这种价格采购也许会引起对利润贡献的消极评价，因为价格低就存在产品质量低劣、次品率提高的风险，这样做的结果就是导致消费者满意度降低，而这一目标显然是实效方面的。对于项目采购部门或者从事采购绩效评估的部门来说，关键是构造一个多重目标绩效评估体系，避免效率和实效的冲突。

2.2　工程项目采购管理的程序

2.2.1　采购管理的一般程序

工程项目采购管理的一般程序如图 2-1 所示。

2.2.2　采购管理的步骤

（1）明确采购目的

首先需要确定采购的目的，包括采购的直接目的与间接目的。直接目的一般包括在满足项目顺利实施生产的基础上追求采购管理的高质量、高效率和低成本等；间接目的一般有维持供应商关系、规范内部采购工作等。

（2）界定采购范围

采购范围包括时间范围、空间范围、供应商范围、采购模式、采购标的物描述和采购价格等。

（3）确定采购职责

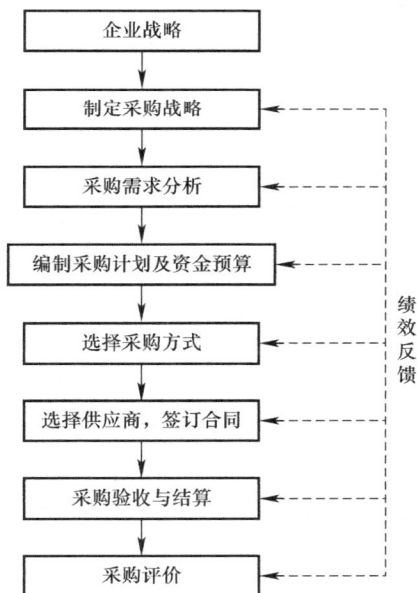

图 2-1　采购管理程序

采购管理中非常重要的一步就是成立相应的项目采购部门（大部分企业或项目具备专门的采购部门负责常规性采购，如遇突发事件可成立临时采购小组），明确部门成员的职责权限，以防止相互推诿，提高工作效率。

（4）理清采购工作流程

编制工作流程遵循高效精简、权责清晰的原则，通过梳理工作流程，简化掉一些不必要的繁琐过程，以达到规范工作程序的目的。目前许多的企业，由于采购工作的流程不规范，采购人员大部分时间是处理事务性的工作，采购部门与相关部门在沟通、协调方面存在较大障碍，尤其是与项目生产部门的沟通存在很大的障碍。缺少一些核心的采购流程，使采购部门的工作有很大的随意性。常见的采购工作流程有：采购计划编制与审批流程，采购招标流程，供应商开发流程，采购询价流程，采购合同审批与签订流程，采购验收流程，退货流程，采购赔偿、补偿流程，采购结算流程和付款申请流程等。

（5）制定合理的监督管理制度

目前许多企业的监督部门不参与物资采购的具体事宜，只是进行事后监督，这根本无法全面发挥监督部门的监督职责。因此，需要建立合理的监督机制。一是要建立系统的监督流程，以便防止采购活动中产生漏洞。采购机构要从决策管理、价格质量监督等方面制定详细的制度，并实行由采购提出部门、采购实施部门、采购监督部门三方通过参与会议或其他形式对采购事宜进行集体讨论议定的办法；二是采购监督部门要对采购全过程进行监督指导；三是把物资采购的效果作为采购部门检察的主要内容，从而使物资采购行为自始至终都得以规范。

2.2.3 工程项目采购的具体流程

工程项目采购的流程不仅因企业而异，而且即使在同一个企业内部，不同工程项目物资采购的业务流程也会存在一定的差异。通常情况下，这种差异主要表现在采购来源（国内采购、国外采购）、采购方式（议价、招标投标），以及采购对象（材料、设备）等业务作业细节上。虽然采购流程存在着以上种种差异，但归结起来，其基本采购流程主要由以下几个程序组成。

1）在项目施工组织设计完成以后，物资计划员根据工程部制订的月度滚动生产计划，利用技术部制定的物料清单，将生产计划拆分成物料需求计划，并结合现场的实际需求，同时考虑原物料库存制订出采购计划或书面请购单，转发至采购部门用来作为采购业务依据。

2）采购员收到采购计划或请购单后，在原有的供应商中选择成绩良好的厂商，通知其报价，或以登报公告的形式公开征求，通过各种渠道了解可能的供应商后，将经批准的书面采购订单发送至合适的供应商处。

3）如果供应商能够满足订单的要求，它将返回一张订单确认通知，这笔业务将按照正常的业务流程进行。如果不能满足订单要求，它将提议更改送货的日期、数量或者价格。采购员将重新确认价格，同时到计划员处核对供应商提议是否符合生产计划的需要。如果不符合，采购员还必须再和供应商协商达成妥协。而且即使妥协达成后，由于工程设计变更还可能会改变对采购原物料的需求。一旦这种变更产生，计划员必须再和采购员联系，采购员再与供应商沟通，上述过程不断重复进行，直至最后签订供货协议。

4）签约订货后，应依据合约规定，督促厂商按时交货。货到工地后，甲方工地代表或专业工程师负责监控货到现场数量和质量的验收，一般要求监理、安装方或总承包方共同确认。

5）厂商交货检验合格后，随即开具发票要求付清货款。付款时，首先由采购部门核对发票的内容是否正确，并填写付款申请单，然后转交财务部门。凡厂商所交货品与合约规定不符或验收不合格者，应依据合约退货，并立即办理重购手续，予以结案。

6）财务部门收到项目转来的发票、付款请购单以及仓管部门转来的入库验收单，审核无误后付款，或根据预付款请购单付款（先付款后发货）。

2.3 工程项目采购的职能设置及制度建设

2.3.1 工程项目采购的职能设置

（1）几种常见的采购部组织结构图

1）按专业分工设置，如图 2-2 所示。

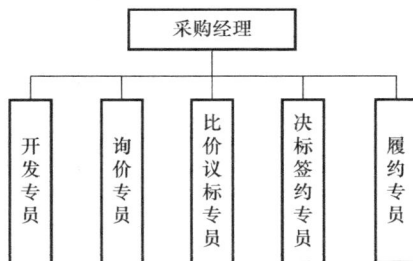

图 2-2 按专业分工设置的采购部

2）按职能分工设置，如图 2-3 所示。

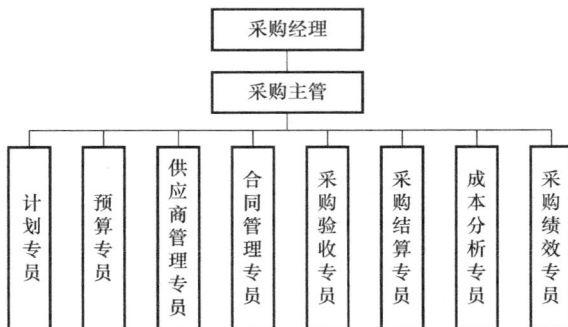

图 2-3 按职能分工设置的采购部

3）按采购标的物设置，如图 2-4 所示。

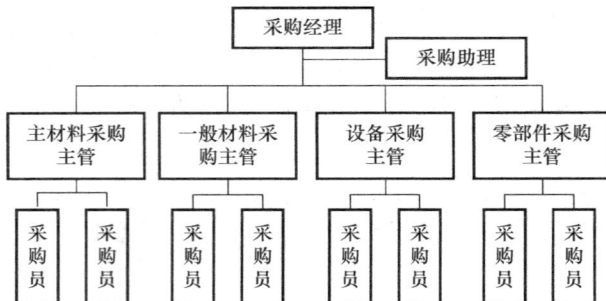

图 2-4　按采购标的物设置的采购部

4）按地区设置，如图 2-5 所示。

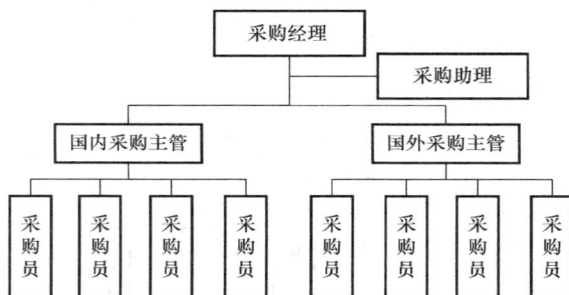

图 2-5　按地区设置的采购部

（2）部门的职责与权力

采购部门的职责和权力应视企业的采购模式和对采购部的授权而定，一般情况下，可按以下诸条考虑：

1）采购部门主要权力

① 有采购方式设定、额度内资金支配的权力。

② 代表公司选择、评估、确定合格供应商的权力。

③ 在计划范围内，代表公司对外签署采购合同的权力。

④ 对于不合格的供应商，有索赔、解除供应关系的权力。

⑤ 对采购申请方式、手续权限、进度控制有监督权。

⑥ 在不影响公司正常经营的情况下，有对外进行物资调配的权力。

⑦ 有处理公司废旧物资、损坏物资的权力。

⑧ 对本部门员工的调动、奖惩、紧急工作任务的重新分配有建议权。

2）采购部门主要职责

① 根据生产计划和安全库存，编制不同时期的物料采购计划，经批准后组

织采购。

② 编制采购预算，经批准后实施。

③ 审查各类请购申请，核查采购的必要性以及请购规格与数量是否恰当。

④ 供应商资料的收集、整理、选择、保管及合格供应商的评估。

⑤ 执行采购活动，包括询价、比价、议价、订购及交货的催促与协调。

⑥ 做好市场供求信息及价格调查，保质、优质采购，确保生产及经营活动的需要。

⑦ 做好物料消耗分析，在保证生产及经营需要的前提下降低资金占用，减少库存。

⑧ 搜集市场的价格信息，利用各种途径降低成本，完成采购成本控制指标。

⑨ 采购结算工作。

⑩ 国外采购的进口许可申请、结汇、公证、保险、运输及报关等事务的处理。

（3）主要岗位职责

1）采购部经理岗位职责

① 拟订和执行采购战略，拟订采购部门的工作方针与目标。

② 制订采购计划，保证满足经营活动需要，降低库存成本。

③ 编制年度采购预算，报批后监督实施。

④ 全面负责规划、指导和协调企业所需物资及相关服务的采购工作。

⑤ 组织对采购物品国内外市场行情进行跟踪，并预测价格变化趋势。

⑥ 寻找物料供应来源，调查和掌握供应渠道。

⑦ 负责采购物流、资金流、信息流的相关管理工作。

⑧ 参与协调采购、提货、供应工作。

⑨ 参与开发、选择、处理与考核供应商，建立供应商档案管理制度。

⑩ 采购合同的制定、审核、签署与监督执行。

⑪ 废料、质量事故的预防与处理。

⑫ 控制采购成本和费用，审核采购订单和物资调拨单。

⑬ 向企业管理层提供采购报告。

⑭ 负责采购人员的绩效、培训等管理工作。

⑮ 负责本部门的日常管理工作，以及与其他部门的协调工作。

2）采购主管的岗位职责

① 全面协助采购部经理开展采购及部门管理等工作。

② 分派采购部所有人员的日常工作。

③ 编制单项材料的采购计划，并监督实施。

④ 在部门经理的指导下，参与编制采购预算，并控制采购费用。

⑤ 参与供应商信息的分析，参与供应商的选择与评估。

⑥ 签订和送审小额采购合同。

⑦ 制作物资入库相关单据，积极配合仓储部保质、保量地完成采购货物的入库。

⑧ 编制单项采购活动的分析总结报告。

⑨ 完成采购经理交办的其他工作。

各相关部门在采购中的职责参见表2-10。

各相关部门在采购中的职责 表 2-10

	采购负责部门	成本管理部门	项目经理部	技术管理部门
制订招标计划	主持编制招标计划	参与并提出意见	提出进场时间、工期及技术要求	参与并提出意见
编制招标文件	主持编制招标文件	编制经济条款	参与并提出意见	材料设备的产品定样
发出投标邀请	主持选择投标单位	参与选择投标单位	参与选择投标单位	参与选择投标单位
发标、答疑	主持发标、答疑会议	负责经济条款答疑	负责提出技术、工期及配合要求	协助
开标	主持接标、开标	参与开标	协助	协助
评标	评审技术标 主持技术部分谈判 主持评标会议	评审经济标 主持经济部分谈判 参与评标会议	提出意见并根据情况参与谈判	负责评审技术标中产品外观效果部分
定标	招标领导小组组长主持，集体表决定标，并发出中标通知			
资料管理	采购负责部门招标经办人负责招标资料的收集、整理、归档、保存			

2.3.2 工程项目采购管理的制度建设

加强采购管理，不能仅靠采购人员的个人觉悟，建立一套完备的采购管理机制是十分必要的：

（1）建立健全管理规章制度。

为加强对采购活动的法制管理，提高采购的效益，企业应该制定完备的规则管理制度，如《招标投标管理办法》、《物资集中采购制度》、《采购人员工作守则》等，制度与管理办法为采购部门组织并实施采购活动提供了充分可靠的政策性依据。在具体实施的过程中，各级部门应严格按照企业制定的规章制度，实现财务、计划、采购"三权分离"，初步形成分段管理、分工协作的工作关系；采购机构与使用单位之间，也要实行采购管理与采购操作相对分离的制度；而物资采购机构内部的各部门之间，更要各司其职，各负其责，实现专业化分工。

（2）全方位立体式监督。

一是在法律规定的范围内，运用法律手段进行监督，使之成为规范物资采购工作的一个主要方面，最终形成法制化、科学化采购的良好局面。二是物资采购执行部门与采购管理机构应责权分离，采购执行机构负责具体采购决策的制定和执行；而采购管理部门则主要负责政策的制订及对采购活动的管理与监督，不参与和干涉采购活动中的具体事务。三是对不同的采购方式实施不同的监督方法，如询价采购采用"三人询价制"；"竞争性谈判"则邀请最终用户直接参与；"招标采购"实行唱标公开化，评标专家打分制。除此之外，采购机构还要及时上报采购情况，定期向上级主管部门汇报采购明细情况，年终向审计部门提交各部门采购明细分类汇总表，从而保证整个采购过程的廉政建设。

（3）加强对供应商的管理。

建立相应的供应商准入制度，加强对供应商的有效管理，全面审查供应商的资格。采购机构要在公开、公平、公正的原则下，对供应商的法人资格、资金状况、财务管理、商业信誉、技术实力等方面进行调查核实，然后对符合要求的供应商颁发准入资格证书，并定期实行年检，只有条件合格的供应商才能参与物资活动。物资采购机构还应随时根据信息反馈及时调整措施制度，提出具体的处理意见，而对在物资活动中有违纪违规行为的供应商，则要视其情节轻重给予处罚，或在资格证书上记录违纪情况，或取消其在一年的年限内参与物资的资格，直至吊销其资格证书。

案例 2-6：某公司工程分包管理计划和办法（节录）

第一章　总　　则

第一条　为规范我公司工程分包行为，全面加强工程分包管理，保证工程质量、进度、环境和施工安全，维护企业经济利益。现根据国家有关法规，结合工程实际，制定本管理办法。

第二条　凡我公司进行在建工程的分包和劳务用工等有关活动及实施监督管理的所有部门和人员，必须遵守本管理办法。

第三条　工程分包的分类：

（一）工程项目切块分包：是指由我公司履约的在建工程中，我公司将工程承包合同中部分工程项目切分出来，以包工包料的方式发包给本企业以外的分包商，由分包商完成工程承包合同规定的全部施工任务，但发包方负责监督管理。

（二）工程项目工序分包：是指利用分包商专业技术和专业施工优势，或作为我公司履行工程承包合同施工能力的补充，我公司将工程承包合同项目中的部分工序的施工任务发包给本企业以外的分包商完成，但发包方负责监督管理和工序间的衔接。

（三）工程项目施工劳务分包：是指利用分包商的劳务优势，我公司将工程承包合同项目施工中某些劳务作业任务（含机械、辅材）发包给本企业以外的分包商，由分包商组织劳务进行现场施工组织及作业，发包方负责监督管理。

第四条　本管理办法所称劳务用工，是指我公司各施工单位直接招用社会劳动者参加工程施工，进行劳务作业或从事管理、服务等工作。

第五条　公司履约项目的工程分包，不论公司对履约项目的管理模式，均必须由代表工程公司履约的工程部统一管理。

第六条　工程分包行为应当合法。

工程分包应当符合《合同法》、《建筑法》、《招标投标法》和《建设工程质量管理条例》等法规的有关规定。

劳务用工应当符合《劳动法》、《劳动力市场管理规定》等法规的有关规定。

第七条　工程分包行为应当守约。

工程分包应当符合工程承包合同的有关规定。合同规定不允许分包的项目，不得分包；合同规定须经监理单位事先审查及与业主协商并取得同意才能分包的项目，在取得同意前不得分包。对工程分包的工期和进度要求、技术和质量标准不得低于工程承包合同相应的要求和标准。

第八条　工程分包的行为应当严格接受公司的经营调控。

工程分包应在充分利用公司内资源、有利于工程实施和提高公司综合效益的前提下，有控制地进行。对此，公司实行工程分包许可与否的立项审批和工程分包统计报告制度。

第九条　工程分包必须通过市场竞争方式，公开、公平和公正地在具备相应资质条件的合格分包商中择优选定分包商。对此，公司实行分包商资质评审和选定分包商的审批制度。

第十条　工程分包必须订立有效的规范的书面形式的工程分包合同。对此，工程公司实行工程分包合同评审、批准和备案制度。

第十一条　工程分包前，要将整个项目的工程分包策划预案，报公司审核批准后，方可进行下一步的工程分包。工程分包策划预案需说明本合同拟分包的项目，是切块分包还是工序、劳务分包，分包的工作量、分包的实施时间，是采取邀请招标方式还是议标方式确定分包商。

第十二条　必须对工程分包的工程质量、进度、施工安全、施工环境进行严格的控制。对此在公司和分包商均应严格履行工程分包合同的基础上，公司应对分包商的工程施工实行监督式、介入式和指导式的管理，不得"以包代管"。

第十三条 公司各级领导人员及有关管理人员，应严格遵守有关工程分包的岗位规范和个人行为准则，严格执行国家和公司的有关规定，不得在工程分包活动中搞暗箱操作和人情分包，不得为亲属在本单位工程分包活动中提供便利条件。

第二章 工程分包的审批

（略）

第三章 工程分包的评标及其组织工作职责

第二十条 工程分包评标权限规定。

（一）工程项目由公司统一组织评标，工程部推荐预中标候选单位，由公司按评标推荐的排序与预中标候选单位洽谈并签订分包合同，若确定的分包商不是按排序顺序中标，应书面说明选用其为中标单位的理由，上报公司总经办，得到公司董事长批准后方可签订分包合同。

工程公司统一组织评标的进度应满足发包单位的时间要求。评审小组完成评审后，须有书面评审报告。报告除应有竞标的基本情况外，应有以下明确结论：

a. 分包方的资信、施工能力和技术力量能否满足工程承包合同有关工程分包部分的质量、安全、技术和进度要求。

b. 经评审的各分包商的价格比较以及与工程承包合同相应价格的比较。

c. 经评审的分包商排序。

d. 确定中标候选人。

评审报告应有参加的评审人员签字确认。

第二十一条 对工程部的要求及职责规定

（一）发包方负责分析工程情况，确定分包事项、预计分包金额。

（二）负责招标过程（不含资审最终确定、评标）的一切组织工作。

（三）选派不超过评委总数三分之一的专业技术人员作为评标专家进入评标小组。

（四）从评标报告推荐的前三名名单中按排序进行合同预谈判，择优选定一名分包商。

（五）按审批程序及权限，最终确定分包商并组织合同谈判和签订合同。

第二十二条 评标小组的产生及责任、评标工作方式

（一）评标小组由3～5名单数的专业技术人员组成，其中总经办、技术质量部、工程部各派人参加，并由按总经办要求通知到位。

（二）评标小组组长由总经办指定人员担任，组织评委按招标文件中的评标办法、规定程序、进行独立评标和无记名打分。

（三）在接到分包商提供的投标资料五日内应结束评标工作。

（四）评标委写出评标报告，推荐前三名中标候选人或确定中标单位。

第二十三条　其他规定及特别事项

凡属公司管项目部，不论其管理模式如何，分包工作及对外均在项目部层面并以项目部名义进行，对分包合同的签订仍属项目内负有经济责任的有关单位。

第四章　选择分包商

（略）

第五章　工程分包合同的签订

（略）

第六章　工程分包的施工管理

第四十条　工程分包的施工管理是在建工程施工管理的重要组成部分。工程分包，不能解除工程承包合同规定的项目部的义务和责任。分包商行为、违约及过失造成的后果，也不能免去工程分包发包方的监督管理责任。公司内各部门，特别是工程部应履行本公司、本部门的职责，搞好工程分包施工管理。

第四十一条　发包方应对分包商的下列事项进行检查：

（一）分包商施工资源的实际投入是否与其资质等级相称，是否与签约承诺相符；

（二）分包商是否将工程分包合同进行转让或转包，是否进行工程再分包；

（三）分包商持有的资质证明文件的时效性；发证机关需要定期审查的，是否按期通过审查；

（四）分包商承担工程分包任务的现场组织机构和各级负责人员配置是否满足工程施工及管理的需要；

（五）分包商派入的管理和施工人员，按现行法规需要持证上岗的，应检查其是否持有与岗位工作相符的上岗资格证。工程分包现场负责人是否有分包商法人代表的授权委托书。

检查发现不符合要求的，应责令分包商限时加以弥补、改正。弥补、改正不及时而影响工程质量、安全、进度、环境保护的，应视其严重违约；必要时，应提出解除合同，并要求其赔偿损失。

第四十二条　发包方应对分包商实施工程分包任务的以下工作（不仅限于此）进行必要的介入：

（一）施工进度计划的编制和执行；

（二）施工组织设计、重要施工技术措施组织措施；

（三）重要施工安全技术措施的编制和实施；

（四）工程项目工序分包、作业分包的施工组织、与相关项目的配合和协调。

第四十三条　为保证不降低工程承包合同规定的质量标准、工期进度、施工安全、环境保护的要求，发包方除应承担起工程分包合同明确的义务和责任外，还应为分包商提供较好的施工条件和工作条件，并与分包商密切合作、配合，在分包商施工人员技术培训、质量安全教育、介绍和提供我公司有效管理规章方面，给予指导和帮助。

第七章　工程款结算和支付

（略）

第八章　工程分包统计和资料管理

（略）

2.4　工程项目采购的方式

由于建筑市场竞争日趋激烈，大部分工程项目均是低价中标，相当一部分企业都是微利经营。鉴于市场形势严峻，为了适应市场，必须向管理要效益，探索建筑工程项目管理的精细化。同时，随着营业规模的不断扩大，建筑工程公司的采购额度也越来越高，采购方式的选择也越来越引起大家的关注（图 2-6）。

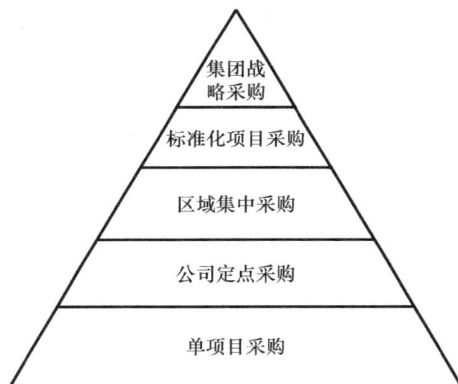

图 2-6　采购模式示意

2.4.1　招标采购

项目招标采购是通过在一定范围内公开披露信息，说明拟采购物品或项目的交易条件，邀请供应商和承包商在规定的期限内提出报价，经过比较分析后，按既定标准选择条件最优惠的投标人并与其签订采购合同的一种采购方式。按照我国《招标投标法》和《政府采购法》规定，招标采购又分为公开招标采购和邀请招标采购（表 2-11）。

两种招标采购的区别 表 2-11

指标	公开招标采购	邀请招标采购
邀请方式	投标公告	投标邀请书
参与投标的人	非特定的法人或者其他组织	特定的法人或者其他组织

（1）公开招标

公开招标采购是指招标人在公开媒介上以招标公告的方式邀请所有潜在合格

投标人参与投标，并在符合条件的投标人中择优选择中标人的一种无限制的竞争招标方式。

公开招标的优点在于招标人能够在最大限度内选择投标商，投标竞争激烈，择优率更高，有利于将工程项目建设所需的物资和分包交予可靠的中标人供应并取得有竞争性的报价，同时也可以在较大程度上避免招标活动中的贿标行为。

公开招标的缺点在于申请投标人众多，一般要设置资格预审程序，而且评标的工作量也较大，所需招标时间较长、需花费的成本也较高。对于采购标的较小的招标来说，以这种方式有些得不偿失；另外，有些专业性较强的项目，由于有资格的潜在投标人较少，或者需要在较短时间内完成采购任务等，也不宜采用这种方式。

（2）邀请招标

所谓邀请招标，也称选择性招标。是由采购人根据供应商或承包商的资信和业绩，选择一定数目的投标人（不少于三家），向其发出招标邀请书，邀请他们参加投标竞争，从中选定中标的供应商。为了体现公平竞争和便于招标人选择综合能力最强的投标人中标，仍要求在投标书内报送表明投标人资质能力的有关证明材料，作为评标时的评审内容之一。

邀请招标的优点在于不需要发布招标公告和设置资格预审程序，节约招标费用和节省时间。加之由于对投标人以往的业绩和履约能力比较广解，减小了合同履行过程中承包方违约的风险。

邀请招标的缺点在于邀请范围较小，导致选择面变窄，可能排斥了某些在技术或报价上有竞争实力的潜在投标人，因此投标竞争的激烈程度相对较差。

案例 2-7：泗南江水电站设备邀请招标采购

泗南江水电站位于云南省墨江哈尼族自治县那哈乡、坝溜乡和泗南江乡境内，采用跨流域、混合式开发，工程以发电为主，拦河坝坝型为混凝土面板堆石坝，最大坝高 115m，有压引水系统线路总长度约 11km，设计水头 320m，最大工作水头 356.00m，水库总库容 2.710 亿 m^3，调节库容 2.017 亿 m^3，水库具有年调节性能，电站引用流量 75.7m^3/s。电站厂址距昆明 356km，电站设计总装机 201MW（3×67MW 混流式水轮发电机组），保证出力 56.3MW，年发电量 9.196×10^8 kW·h，年利用小时数 4575h，概算总投资 13.96 亿元。

云南滇能泗南江水电开发有限公司成立于 2002 年 10 月，公司作为项目法人，主要任务就是负责建设泗南江水电站项目，以及电站建成后组织电站的生产运行。泗南江公司由云南滇能（集团）控股公司控股，在董事会休会期间由董事会委托控股方进行管理。泗南江公司成立之后，针对水电项目的特点，制定了

《招标投标管理办法》，对招标方式、招标组织、招标的审批流程、招标程序、定标程序都作了详细的规定。

根据国家相关法律、法规的规定，泗南江公司根据自身的情况，结合水电项目的特点，制定了《招标投标管理办法》，《办法》中规定，符合下列条件之一的，进行邀请招标或公开招标：

（1）勘测设计、监理、咨询等服务项目的发包，合同估算价在 50 万元人民币及以上；

（2）施工单项合同估算价在 100 万元人民币及以上；

（3）设备（包括根据招标计划需要由项目法人采购的特殊施工设备）、材料等货物采购、运输、仓储等单项合同估算价在 50 万元人民币及以上；

（4）国家法律、法规规定的其他必须进行招标的项目。

发电机组是此次采购工作的重要部分。通过调研发现，水轮发电机组设备的采购不同于其他通用设备，设计、制造技术要求高，不宜采用公开招标，如果采取邀请招标的方式风险也较大，很可能发生投标人不足三家的情况，因此决定采取邀请议标的方式采购，报请招标委员会和招标领导小组批准。最终该方案通过批准。为了推动招标工作的顺利进行，招标领导小组决定尽快对有意向的厂家进行资格预审，确定拟邀请的厂家名单，对于厂家的邀请要慎重考虑，重点审核企业的经营业绩、技术力量、生产能力、合同履约能力，原则上要求拟邀请的厂家在高水头混流式机组市场有良好的业绩，并且有足够的生产空间，保证能按期交货，争取邀请到最具实力的生产厂家。为保证水轮发电机组的顺利采购，充分依靠各股东方的力量，发挥集团优势，确保招标工作的顺利进行，保证邀请到的厂家的投标质量，同时提前启动招标准备工作，对招标文件和合同文本进行充分的咨询审查，制定有针对性的评标细则。准备工作完成后，尽快启动招标工作，为顺利完成采购工作争取主动。最终采购工作取得圆满成功。

案例 2-7 虽说属于项目业主采购性质，对于承担施工总承包的施工企业在采购物资或分包时仍可借鉴。

招标采购具有程序规范、透明度高、公平竞争、一次成交等特点，是最富有竞争性的一种采购方式。对工程项目的主要需求的采购，如大宗材料或价值较高的物资、国家重点工程中关键分部分项工程的分承包商、关键设备的采购等，根据工程规模、类型、投资性质的特点及国家相关法律法规的规定，都应采取招标采购的方式进行。而在实际的采购活动中，对于公开招标采购和邀请招标采购的适用范围要有相应的说明。如某建设工程公司规定主要材料及服务单项采购金额在 30 万元及以上必须采用公开招标采购方式，而主要材料及服务单项采购金额在 15 万元及以上则可采用邀请招标采购方式。

招标采购一般要经过如下程序，如图 2-7 所示。

图 2-7　招标采购程序

（1）招标

在这一阶段，采购经历的步骤主要有：确定采购机构（可以是本企业的采购部，也可以委托第三方）和采购需求，编制招标文件，确定标底，发布采购公告或发出投标邀请，进行投标资格预审，通知投标商参加投标并向其出售标书，组织召开标前会议等，这些工作主要由采购机构组织进行。

（2）投标

投标人接到招标通知后，根据招标通知的要求填写投标文件，并将其送交采购机构。在这一阶段，投标商所进行的工作主要有：申请投标资格，购买标书，考察现场，办理投标保函，算标，编制和投送标书等。

（3）开标

采购机构在预先规定的时间和地点将投标人的投标文件正式启封揭晓。开标由采购机构组织进行，但需邀请投标商代表参加。在这一阶段，采购机构负责人要按照有关要求，逐一揭开每份标书的封套，开标结束后，还应由开标组织者编写一份开标会纪要。

（4）评标

采购机构根据招标文件的要求，对所有的标书进行审查和评比。评标是采购方的单独行为，由采购机构组织进行。在这一阶段，采购员要进行的工作主要有：审查标书是否符合招标文件的要求和有关规定，组织人员对所有的标书按照一定方法进行比较和评审，就初评阶段被选出的几份标书中存在的某种问题要求投标人加以澄清，最终评定并写出评标报告等。

（5）决标

采购机构决定中标人。决标是采购机构的单独行为，但需有使用机构或其他人一起进行裁决。在这一阶段，采购机构所要进行的工作有：决定中标人，通知中标人其投标已经被接受，向中标人发授标意向书，通知所有未中标的投标，并向他们退还投标保函等。

（6）授予合同

授予合同习惯上也称签订合同，因为实际上它是由招标人将合同授予中标人并由双方签署的行为。在这一阶段，通常双方对标书的内容进行确认，并依据标书签订正式合同。为保证合同履行，签订合同后，中标的供应商或承包商还应向采购人或业主提交担保书或一定数量的担保金。

邀请招标采购程序与公开招标采购程序基本一致，只是在招标阶段略有差异。鉴于目前招标采购的优缺点同样明显，从而给采购活动带来了一定的风险，为减少采购方式带来的风险，在实际操作过程中，还可以将公开招标和邀请招标两种方式结合起来，即两段招标。这种方式一般适用于技术复杂的大型招标项目。招标单位首先采用公开招标的方式广泛地吸引投标者，对投标者进行资格预审，从中邀请三家以上条件最好的投标者，进行详细报价、开标、评标。关于招标采购的详细内容见第5章。

随着我国改革开放的不断深入，商品经济的迅速发展，招标方式的普及面不断扩大，在宏观领域的建设工程发包、机电设备进口、成套设备采购、利用国外贷款等和微观领域的大宗材料、重要施工设备等，都得到较广泛的应用。从我国近二十年的实践看，这种采购方式对于约束交易者行为、创造公平竞争的市场环境、保障资金有效使用等方面，起到了积极的作用。需要强调的是，项目采购并不等于招标，招标只是项目采购的一种方式。

2.4.2　非招标采购

达到一定金额以上的采购项目一般要求采用招标采购，但在有些情况下，如需要紧急采购或者采购来源单一等，招标方式并不是最经济的，因此就需要采用招标方式以外的采购方法。

非招标采购是指以公开招标和邀请招标之外的方式取得货物、工程分包、服务所采用的采购方式，一般适用于单价较低、有固定标准的产品的采购和工艺简单、劳动强度较大的分包工程。通常包括询价采购、直接采购和自营工程等。

（1）询价采购

询价采购适用于对合同价值较低的标准化货物或服务的采购，一般是通过对若干家（至少三家）供应商的报价进行比较分析，综合评价各供应商的条件和价格，并最终将他们的报价加以比较后，选择其中一家签订供货合同。询价采购主要适用于被采购的物资规格、标准统一、货源充足且价格变化幅度小的采购项目，可以满足采购单位一些数量不多但急需的一些采购需求，同时这种采购方式有效地节约了采购过程的成本。通过询价对比，筛选一些比较有实力的供应商，采购的风险相对较小；由于供货商数量少、范围窄，因而通信联系、采购进货比较方便，采购程序也比较简单，采购周期短、成本低、效率高；不同时召集所有供应商进行面对面谈判，而是向各个供应商发出询价单，这样不会导致因面对面竞争而发生价格扭曲、质量走样的情况。

询价采购也存在一些劣势，比如询价采购过于倾向供应方的报价，忽略了对其资格和质量的考察，而且询价人员素质能力的高低也会影响询价结果。

（2）直接采购

直接采购是指在特定的采购条件下，不进行竞争而直接与供应商签订采购合同。采购实体在适当的条件下向单一的供应商、承包商或服务提供者征求建议或报价来采购物资、工程或服务。这种采购方式一般适用于以下情况：增购于现有采购合同类似的物资或服务，而且合同价格也较低；所需的产品设计比较简单或属于专卖性质；在特殊情况下急需采购的货物或服务；要求从指定的供应商采购关键性货物或服务以保证质量；"只此一家，别无分店"式的服务，如检验和计量装置的检定、校准服务，某些无损检测和理化试验服务等，在一个地区有时只有一家有资格的机构。

（3）自营工程

自营工程是土建工程中采用的一种采购方式。它是指施工总承包商不通过招标或其他采购方式而直接使用集团内部的专业公司来分包相应的专业工程。

这种采购方式一般适用于：难以招揽分包商的工程；规模小且分散或所处地区偏远的工程；无法事先确定工程量的工程；集团内部实行专业化分工从而拥有实力较强的专业施工单位等。

案例 2-8：某公司特种设备施工管理规定优先内部单位分包（节录）

第一章　总　则

第一条　为了进一步规范特种设备的施工管理，确保对该类工程的有效控制，保证特种设备的施工质量和使用安全，减少或规避公司的管理风险，特制定本规定。

第二条　特种设备是指：锅炉安装调试及修理改造、压力容器制作和安装、压力管道安装、起重机械安装、改造、维修等。本规定适用于公司承担的所有工程中所含的特种设备管理，含自用设备。

第三条　特种设备施工单位必须具备相应的资格，禁止无证施工，或超过许可范围施工。禁止将该类工程分包给无证单位，公司、分公司不得将特种设备施工许可证租借、转让给其他单位。

第四条　工程施工前，施工单位应认真熟悉图纸，对照规范要求确定哪些属于特种设备。压力管道工程应统计出各类别的管道数量、规格和材质，列出明细表；锅炉、压力容器、压力管道安装应编制专项施工方案，按规定进行告知。

第五条　项目或车间应按与特种设备检验机构确定的监检约定，及时邀请检验机构进行过程检验和最终检验，工程竣工后办理监检报告。

第六条　从事特种设备施工的电焊工、探伤工、理化试验工、专业责任师应具备相应的资格证，且在有效期内。

第七条　各分公司技术部门应建立特种设备台账，及时填报分公司各项目竣工及在建的特种设备，属于压力管道、起重机械的还应按季度向公司技术部报送台账。

第二章　施工单位资格

第八条　在工程招标文件评审过程中，参与评审的技术、质量部门应对工程中涉及的特种设备进行认真审核，确保特种设备的等级能够在施工许可证覆盖的范围内。

第九条　具有压力容器制造许可证的分公司，可以从事压力容器的安装、改造、维修工作，可以从事现场压力容器安装焊口的组对、焊接。

第十条　公司具有GC1压力管道安装资质，各分公司可以从事压力容器安装，但不包括需在现场组对、焊接的压力容器。

第十一条　特种设备应立足自己施工，原则上不允许分包。当确定需要进行分包时，应优先考虑公司内部的其他分公司，或分包给具有相应技术资质等级（与分包项目相适应的许可证）的其他施工单位。

第十二条　如果特种设备的分包单位不具备相应资质，不能进行工程分包，但可以通过补充一些经过培训合格的施工人员，扩充到公司内部的班组中，实行劳务分包。

第十三条　三类压力容器制作不得进行任何形式的分包。

第十四条　拟实行分包的特种设备施工，分公司必须对施工单位的资格、能力进行评审，确保分包队伍具备相应的施工能力。

第十五条　属于锅炉安装调试修理、压力容器（不含使用三类容器证书的）制作安装的分包，必须经分公司技术、质量部门评审认可，技术经理同意后，明确管理方式方可签订分包合同，并报公司技术部备案。

第十六条　属于压力管道、起重机械安装工程的分包，应由技术经理组织分公司有关部门对分包单位进行考察，技术、质量部门确认同意后，连带分包工程量清单、分包申请、分包单位考察记录（首次使用时）、分包商的资质证和施工人员的资格证件报公司技术部，经审查批准后方可进行分包。

第十七条　分公司工程技术部门应收集分包单位的资质证书、营业执照、特种设备许可证、焊工及其他应持证人员的证件及身份证复印件，并建立台账进行管理。

第三章　制　作　场　地

（略）

第四章 工程报验（告知）

（略）

第五章 施工管理

第二十六条 特种设备施工，各责任人员应到场行使管理责任，需要持证的应持证上岗。

第二十七条 分包单位具有相应的特种设备施工资格，且以其名义进行告知的，分公司应将分包单位的许可证复印件保存在工程技术科，并验证其原件。告知后分公司可按分包工程进行管理。

第二十八条 分包单位有相应资质，但以总包单位名义进行告知的工程，分公司应明确质量保证体系人员，这些人员应实施质量保证工作。

第二十九条 特种设备分包工程，分公司必须设立项目经理部，对分包单位进行管理，不得以包代管或包而不管。即使有资质的分包单位，分公司的管理责任也不能因此免除。

第三十条 实行特种设备劳务分包的工程，分公司应配齐质保体系人员和必要的持证操作人员，并按对待自己施工班组一样进行技术、质量控制管理。

第三十一条 特种设备的无损检测、理化试验、热处理工作可以进行专项分包，但应选择具备相应资质的单位来进行。压力容器制作的专项分包单位，还应具有不低于公司资质的压力容器制造资格。无损检测单位应具有相应项目的检测许可证。

第三十二条 实行专项分包的工程，不能免除分公司相应责任师的责任，分公司应安排责任师及时介入，审核底片质量和探伤报告、热处理、理化试验报告等。底片质量达不到要求或资料不齐全的，责任师有权通知财务停止付款。

第三十三条 （略）

第三十四条 （略）

第六章 资料管理

（略）

第七章 罚 则

第三十九条 （略）

第四十条 未按规定执行，进行违章分包的，对分公司处 1 万元及以下、2000 元以上罚款。特种设备分包未按本规定进行审批备案的，每有一项扣当季管理考核 10 分。

第四十一条 对于特种设备管理失控而造成质量低劣，业主拒收、投诉或受技术监督部门处理的，不论损失大小均按质量事故对待，且对分公司处 1 万元到 2 万元罚款。并由分公司对相关责任人员提出处理意见，报公司批准。

第四十二条 （略）

2.4.3 战略采购

战略采购是指对于需要大量供应的、已形成标准化的并且具有较强市场透明度的物资实行集约化跨设备跨专业的统一选定供应商、统一定价、统一提供催交检验等后续服务的采购活动。战略采购管理是基于与供应商建立这种"战略合作模式"的采购管理，是以企业最低总成本建立业务供给渠道的过程，而不是以最低采购价格获得当前所需原料的简单交易。

战略采购来源于对物资分类管理的细化，其关键是与供应商保持密切的合作关系，特别是那些重要的供应商、转换成本高的供应商。双赢理念在战略采购中是不可或缺的因素，战略采购不是对手间的谈判，而是在事实和数据信息基础上进行协商的过程，并且协商的目的不是一味比价压价，而是基于对市场的充分了解和企业自身长远规划的双赢沟通。

战略采购在未来将有两种发展趋势：一是随着采购和供应中检查绩效细节部分所花费的时间越来越多，供应商评估标准将越来越详细、准确；二是由于项目对每个或每类供应商绩效建立专门的指标，衡量供应商绩效的指标将越来越个性化，也就是说，项目不再对供应链中的所有成员执行统一标准来降低管理的复杂性，而是寻找制定合适标准的平衡点，这样既满足供应链的具体要求，又不致过于复杂而难以管理。

战略采购通常有四大原则：

（1）供应链全过程总购置成本最低。

总购置成本不仅仅是简单的价格，还承担着将采购的作用上升为全面成本管理的责任，它是企业购置原料和服务所支付的实际总价，包括安装费用、税金、存货成本、运输成本、检验费、修复或调整费用等。低价格可能导致高的总购置成本，总购置成本最优被许多企业的管理者误解为只要购买价格低就好，很少考虑使用成本、管理成本和其他无形成本。采购决策影响着后续的运输、调配、维护、调换乃至产品的更新换代，因此必须有总体成本考虑的远见，必须对整个采购流程中所涉及的关键成本和其他相关的长期潜在成本进行评估。

（2）建立外部供应链上双赢的战略合作伙伴关系。

战略采购要求企业与供应商建立合作的伙伴关系，战略采购过程不是零和博弈，不是一方获利一方失利，战略采购的谈判应该是一个商业协商的过程，而不是利用采购杠杆，压制供应商进行价格妥协，而应当是基于对原材料市场的充分了解和企业自身长远规划的双赢沟通，唯如此方能从真正意义上建立供应链竞争基础。

（3）建立内部价值链上的协作关系。

战略采购的战略性决策以供应链上的总拥有成本最低为目标，其决策必然涉及企业内部价值链上的各个部门的利益，即产品研发、工艺、采购、生产制造、销售与服务、成本等部门，同时要想实现总拥有成本最低，也需要涉及的各个部门共同协作实施方能执行有效。所以战略采购绝不仅仅是采购部门的事情，通常是建立各个采购类别的商品小组。

（4）持续实施原则。

战略采购不仅仅是"暴风骤雨"式的咨询项目，也不仅仅是一次内部"管理改进风暴"，而是一个持续的、日常的企业职能。当然"暴风骤雨"式的咨询项目及内部"管理改进风暴"对于引进与建立战略采购管理体系、转变思想观念、短时间取得突出成效是非常有必要的。但是在这之后，企业自身还需要建立战略相关的职能部门或是机制，持续地对供应链、供应商、采购与供应商管理体系进行改进与提高，战略采购部门的重点也从日常的事务性的操作性采购转变为供应商关系维护与发展。

2.4.4 集中采购

集中化采购是指将企业的所有工程项目采购业务职能集中在一个部门或专业单位，由该部门根据所提交的采购需求编制工程项目采购计划，并组织实施。具体的实施流程为：在采购总部层面进行统一集中的供应商管理与评估、采购价格管理、采购招标投标管理，负责汇集分（子）公司（部门）采购申请进行调整汇总，形成总部采购计划，并进行货物的集中订购业务和集中结算业务。分（子）公司（部门）需要根据需求向采购总部提出采购申请，并根据总部收货指令进行收货入库，最后反馈收货状况给采购总部，如图 2-8 所示。

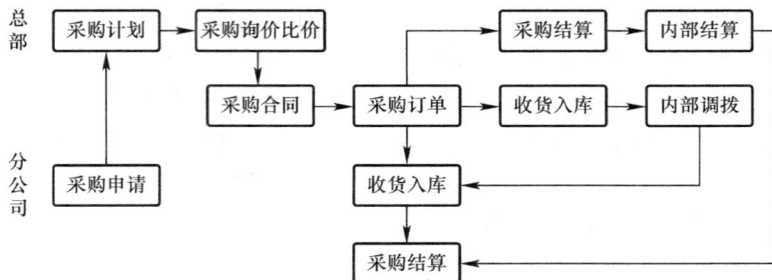

图 2-8 集中采购管理框架和流程

一些企业实行大宗材料和主材的集中采购，项目部只有零星材料的采购权；有些集团将旗下各子、分公司的工程项目采购划归给其中某个分（子）公司全权负责，其他分（子）公司无采购权。无论是采取哪种形式，集中采购的核心目的在于降低分散采购的选择风险和时间成本，同时以数量上的集中优势来降低采购总成本。

为实现采购业务集中管控的需求，集中采购包括以下几种典型模式的应用：集中定价、分开采购；集中订货、分开收货付款；集中订货、分开收货、集中付款；集中采购后调拨等运作模式。采用哪种模式，取决于集团对下属公司的股权控制、税收、物料特性、进出口业绩统计等因素，一个集团内可能同时存在几种集中采购模式。

集中化采购的优势表现在通过集中采购获得规模采购效益，同时提升了采购效率。其劣势表现在采购申请流程过长，且对于标的物差异比较大的采购反而会降低效率。因此，集中采购适用于管理水平较高的企业，而且要求采购需求方及供应方相对比较集中。集中采购的优缺点比较见表2-12。

集中采购的优缺点比较　　　　　　　　　　　　表 2-12

优　点	缺　点
集中的数量优势与规模优势，更低的运输成本	容易受外来因素的干扰，如政府有关部门人员、公司上级领导推荐
采购管理系统化、规范化、标准化	内部人员分别推荐不同的供应方，初选和评标时往往议而不决，工作效率低，会产生或增加内部矛盾
有利于人才的培养	如果采购流程的任何一个环节不能按期完成的话，都会导致不能按计划完成采购，进而影响工期、施工单位索赔等
减少企业内部的各部门及单位的竞争和冲突	采购主管部门往往诱致性的推荐投标单位，致使更优秀的供应方被瞒报
易与供应商形成战略联盟，风险共担	非共同性物料不适用

集中采购尤其适用于建筑施工企业，一个建筑工程项目材料费用一般占到整个工程建安成本的65％左右，业绩较好的一级建筑施工企业一般年完成产值都在50亿元以上，而成本支出中材料款的支出就达到30亿元以上。当前，人工费不断上涨，工程总体利润率低下，如何在日益激烈的市场竞争中生存下来，获取最大效益，降低材料采购成本已经是一项相当重要的工作。在其他条件一定时，材料采购交易价格已成为施工企业关注的焦点。材料采购价格降低1‰，一个业绩良好的一级建筑施工企业就能节约成本3000万元以上，这个数字是非常庞大的。

案例 2-9：中铁某集团公司物资集中采购管理办法（节录）

......

第二章 组织机构与职责

第四条 根据股份公司"统一领导、两级集中"的原则和"建立股份公司、集团公司两级集中采购管理体系"的要求：

1. 集团公司成立物资集中采购领导小组。组长由主管领导担任，副组长由分管及相关领导担任，成员由集团公司相关部门负责人、子（分）公司、直属项目物资采购领导小组负责人组成，负责物资集中采购的领导和重大事项的决策，集团公司物资管理部负责日常工作。各子（分）公司、直属项目部相应成立物资采购领导小组。

2. 集团公司设立物资采购中心，负责物资集中采购具体工作，物资管理部负责物资采购中心日常工作。

3. 集团公司将所属单位承建的工程项目的物资采购均纳入集团公司物资集中采购管理体系。根据物资采购计划和各项目的实际情况，可以采用多种集中采购形式：属于股份公司集采范围的由股份公司组织集中采购，集团公司参与；属于集团公司集采范围的由集团公司组织集中采购，子（分）公司、直属项目部参与；属于集团公司采购范围由于特殊原因不便于集团公司组织集中采购的，可报集团公司批准或派人指导，由子（分）公司或项目部组织招标采购；地材等适宜在现场组织招标采购的可以采取集团公司主办项目部承办或集团公司派人指导项目部主办，在现场组织招标采购。以上各种形式均属于物资集中采购的执行模式。

第五条 集团公司物资管理部主要职责

1. 负责制定、完善集团公司物资集中采购管理办法等规章制度；

2. 负责集团公司物资采购中心的业务指导及物资信息化网络平台运行管理工作；

3. 负责组织、协调、检查、指导、监督、考核集团公司所属单位物资集中采购工作；

4. 参与股份公司合格供应商选择、评价工作；负责选定集团公司物资合格供应商，公布集团公司《物资合格供应商名册》，组织开展供应商评价工作；

5. 负责集团公司物资集中采购计划及方案的审批工作。

第六条 集团公司物资采购中心主要职责

1. 负责建立集团公司物资集中采购体系，配备专业人员，强化资源掌控，完善服务及保障网络；

2. 负责物资采购计划的收集、统计、汇总及采购方案的编制上报工作；

3. 负责收集、整理、发布集团公司物资集中采购相关信息；

4. 负责编制物资采购的招标文件并提供招标采购服务；

5. 负责维护集团公司物资合格供应商的合作关系，保障集采物资质量合格、价格合理、供应及时、服务周到；

6. 负责协助开展集团公司物资合格供应商的选择、评价工作。

第七条 子（分）公司、直属项目部物资部门主要职责

1. 负责制定、完善本单位物资集中采购管理办法等规章制度；

2. 负责组织、协调、检查、指导、监督、考核本单位所属项目物资集中采购工作；

3. 参与集团公司合格供应商选择、评价工作；子公司负责本单位供应商评价，公布《物资合格供应商名册》；

4. 负责上报本单位物资集中采购计划；

5. 参与集团公司物资集中采购工作；

6. 负责收集、整理、报送本单位范围内物资集中采购信息。

第八条 项目部（工区）物资部门主要职责

1. 负责贯彻落实上级物资集中采购管理规章制度；

2. 负责审核汇总本单位物资集中采购需用总计划，编制本单位物资集中采购计划、技术规格书等资料，及时报送上一级物资部门；

3. 负责推荐物资供应商，收集供应商评价资料；

4. 负责编制、报送项目物资集中采购信息。

第三章 物资集中采购范围及分工

第九条 集团公司物资集中采购的工程范围：集团公司总承包、投资项目、集团公司房地产项目，集团公司及子（分）公司中标项目。

1. 铁路工程及路外大型工程项目物资集中采购，采取工程项目专项招标。

2. 其他工程项目的物资集中采购，按区域由集团公司根据各子（分）公司、直属项目部项目的物资采购计划组织集中招标采购。

第十条 集团公司物资集中采购范围：

1. 钢材及制品（含钢绞线、钢板桩等）、水泥、大宗砂石料、成品油、民爆器材等；

2. 粉煤灰、矿粉、外加剂、商品混凝土、防水材料、土工材料、锚具、锚杆、电线电缆、沥青、桥梁支座等可集中批量采购的物资；

3. 集团公司房地产项目的甲供物资。

第十一条 子（分）公司物资采购的范围：不具备集中招标采购条件的或规格品种繁多、数量较少、低值易耗品等，必须有三家以上竞价采购。

第十二条 集团公司物资管理部和项目部应积极争取甲控物资纳入集团公司集中采购，建设单位对物资采购另有规定的，须将建设单位有关文件报集团公司

物资管理部。

第四章 物资集中采购业务流程

第十三条 项目部按物资集中采购范围编制物资集中采购需用总计划、物资集中采购计划。

1. 集团公司直属项目部采购计划上报集团公司物资采购中心；

2. 子（分）公司项目部采购计划上报公司物资部门，由子（分）公司物资部门汇总上报集团公司物资采购中心。

第十四条 集团公司物资采购中心根据各单位上报的采购计划编制集中采购方案。

1. 在股份公司物资集中采购范围内的采购方案，经集团公司物资部门审批后上报股份公司设备物资部，抄送股份公司物资采购中心。

2. 在集团公司物资集中采购范围内的采购方案，由集团公司物资部门审批，按审批意见组织实施。

第十五条 物资集中招标采购的结果须在中国铁建电子商务平台进行公示。公示无异议后，发出中标通知书，按中标通知书的要求，由采购主体签订采购合同，采购合同须采用集团公司统一制定的合同范本。

第五章 资金结算管理

第十六条 采购主体应根据物资采购计划，有计划地备足采购资金，在上报采购申请时应说明资金落实情况。

第十七条 各采购合同主体应恪守信用，严格履行合同，按合同约定结算、支付货款。子（分）公司负责监督所属项目采购资金的支付，出现支付困难到期不能按约定支付货款时，由子（分）公司协调、督促或代为支付。集团公司负责监督直属项目部采购资金的支付，出现支付困难到期不能支付的由集团公司协调、督促或代为支付。

第六章 供应商管理

第十八条 实行供应商准入制度。强调大企业生产商准入制，集团公司物资管理部分区域建立与大型生产商的战略协作，争取厂家直供。

第十九条 适度选择一些有信誉的大型物流和厂家代理商。集团公司物资管理部负责接受供应商的申请和所属单位的推荐，组织有关人员对供应商的资质、技术、质量、服务、价格、供应、信誉等方面进行资格评审，报集团公司物资集中采购领导小组批准后，发布《物资合格供应商名册》。

第二十条 实行物资合格供应商动态管理和定期评价制度。集团公司物资管理部组织相关人员对物资合格供应商进行定期评价，包括合格供应商的综合实力变化、产品质量以及履约服务等方面内容。评价结果报集团公司物资集中采购领导小组批准后，及时更新《物资合格供应商名册》。

（以下略）

目前大部分建筑施工企业仅将项目部分资金需求量大的物资开始逐步实行了公司总部采购制度，但并未显示出集中采购的规模优势，未能把所有项目的物资统筹起来，仅仅只是采购主体由项目变成了公司，未起到较好的集中采购效应。由于公司总部采购的物资品种相当有限，相当一部分物资仍是以项目为主的分散采购，这种分散采购机制存在明显弊端。各个项目各自采购，需求量比较分散，不能形成批量效应，造成价格居高不下，影响采购成本的下降，并且各个项目的付款结算存在较大差异，导致同种物资在各项目与各个供应商供货价格不一样，资金好付款好的项目供货就比较好，价格也比较低，而资金差付款不好的项目则供货比较差，而且价格还比较高。

2.4.5 分散采购

与集中采购相对应，分散采购（包括没有达到采购限额标准的零星采购）是由企业下属各单位（如子公司、分公司）实施的满足自身生产经营需要的自主采购。其程序与集中采购大致相同，只是取消了集中决策环节，实施了其他的步骤。企业下属单位的生产研发人员根据生产、科研、维护、办公的需要，填写请购单，由基层主管审核、签字，到指定财务部门领取支票或汇票或现金，然后到市场或厂家购买、进货、检验、领取或核销、结算即可。

一些企业因实行项目承包，因此所有材料的采购都由项目部自行完成，这样的采购形式不但有利于采购环节与存货、供料等环节的协调配合，适当的分权也有利于增强基层工作责任心，使基层工作富有弹性和成效。

然而，使用分散采购的方式也容易导致采购能力的分散，使采购活动缺乏规模经济效益，而重复多次的零星采购也势必会对项目的成本造成不必要的增加。此外，由于权利的下放，采购过程中难以进行有效的监管，容易出现舞弊现象。零星分散采购的优缺点见表 2-13。

零星采购的优缺点比较　　　　　　　　　　　　　　　　　表 2-13

优　点	缺　点
能适应不同地区市场环境变化，采购活动具有相当的弹性	部门各自为政，容易出现交叉采购、人员费用较大、物资公用性程度较低
对市场反应灵敏，补货及时，购销迅速	由于采购权力下放，使采购控制难度增大，采购过程中容易出现舞弊现象，质量难以得到保证

优　点	缺　点
由于分部拥有采购权，可以提高一线部门的积极性，提高其士气	计划不连贯，形象不统一，难以实施统一活动，整体利益控制较难
由于采购权和销售权合一，分部拥有较大权力，因而便于分部考核，要求其对整个经营业绩负责	由于各部门或分子公司的采购数量有限，难以获得大量采购的价格优惠

2.4.6　混合采购

集中和分散采购并不是完全对立的，有时仅靠一种采购方式不能满足生产需要。大多数公司在两个极端之间进行平衡。混合采购是兼具集中、分散制的优点的混合采购机制，也是大多数施工企业采取的采购方式。价值高、批量大、有共性的物资均集中由施工企业物资供应部门办理采购；价值小、批量少、临时性的物资则授权分公司或各施工项目部执行采购。既从整体上控制了资金使用，又不失灵活性。

案例 2-10：中港二航路桥建设有限公司重庆石忠高速公路 B18 合同段采购

中港二航路桥建设有限公司是中国港湾建设（集团）总公司在西南唯一的一支公路桥梁、港口码头、市政取水专业施工队伍，是一家多元投资主体的有限责任公司，具有公路工程施工总承包、市政公用工程施工总承包、公路路基工程专业承包、桥梁工程专业承包的壹级资质。主要承建城市道路、桥梁、隧道及公共广场等工程。

中港二航路桥建设有限公司施工的项目分散、主要材料的通用性相对较大、物料品种因设计变更等原因变数不大、工期紧，这就决定了在集中物资采购的确定上需要合理选择，既能满足项目施工生产，又能达到集中的效果，比较合理的办法是"抓大放小"，即抓住重点的多数，起到集中控制目的。确定重点多数的比较科学的办法就是 ABC 分类法，按种类和资金占用的大小确定其管理类别，以下是重庆石忠高速公路 B18 合同段项目的资金品种统计表（表2-14）。

B18 合同段资金品种统计表　　　　表 2-14

类　别	品种数	占品种总量百分比	金额（元）	占总金额的百分比	分　类
钢材	112	20.33%	11515069.11	36.83%	A
建材	12	2.18%	2343956.21	7.50%	B
专用材料	3	0.54%	95720	0.31%	A

类　别	品种数	占品种总量百分比	金额（元）	占总金额的百分比	分　类
委外加工	1	0.18%	12928820.31	41.35%	A
油料	15	2.72%	1740994.08	5.57%	B
五金	96	17.42%	670087.59	2.14%	C
机电	138	25.05%	1295586.20	4.14%	C
化工	38	6.90%	65807.7	0.21%	C
有色金属					
消防	6	1.10%	27149.6	0.09%	C
土产杂品					
劳保	6	1.09%	94670.9	0.30%	C
工具	112	20.33%	398482.9	1.27%	C
周转材料	1	0.17%	39650	0.13%	B
机械配件	11	2.00%	48651	0.16%	C
求和项：数量的求和	551	100.00%	31264645.6	100.00%	

从表 2-14 可以看出，A 类占采购资金总额的 78.49%，数量只占总量的 21.05%，进行重点管理；C 类占采购资金总额的 8.31%，数量占总量的 73.88%，进行一般管理。

因此，对于项目部、分公司的工程结构用材——A 类物资［包括钢材、水泥、专用材料（预应力钢绞线、锚具、支座）等］，必须由公司组织招标或议标进行集中采购，项目部协助。公司不适宜集中进行招标采购的材料则授权项目部进行招（议）标采购，并将评（议）标情况报公司生产管理部进行审批。

3　采购计划管理

俗话说，"好的开始是成功的一半"。采购计划作为采购管理运行的第一步，是启动整个采购管理的开关，采购计划制订得是否合理、完善，直接关系到整个采购运作的成败。它的作用体现在：

（1）能有效地规避风险，减少损失。

采购计划是面向未来的，企业在编制采购计划时，已经对未来因素进行了深入的分析和预测，能够做到有备无患，既保证项目生产需要的人、材、机供应，又降低了库存水平，减少了风险。

（2）为企业组织采购提供依据。

采购计划具体安排了采购物料的活动，企业管理者按照这个安排组织采购就有了依据。

（3）有利于资源的合理配置，以取得最佳的经济效益。

采购计划选择经营决策的具体化和数量化，保证资源分配的高效率，对未来物料供应进行科学筹划，有利于合理利用资金，能最大限度地发挥各种资源的作用，从而获得最佳效益。

3.1　项目采购计划概述

3.1.1　项目采购计划的定义、特征及分类

项目采购计划是指企业根据市场变化的需要，通过各种渠道和方式，向生产部门及其他供应商购进生产资料、服务，以保证计划期内生产运营正常进行的一种经营业务计划。它具有目的性、主导性、经济性三个特征。采购计划又有广义和狭义之分：

（1）广义的采购计划：是指为保证供应各项生产经营活动的物料需要量而编制的各种采购计划的总称。

（2）狭义的采购计划：即年度计划或具体某个工程项目特定的采购计划，前者是对企业计划年度内生产经营活动所需采购的各种物料的数量和时间等所作的安排和部署，后者则是为保证项目施工任务的完成所需要采购的各种材料、设备

和其他物资的安排。

1) 按计划期的长短分类，可分为年度采购计划、季度采购计划和月度采购计划等。

2) 按自然属性分类，可分为金属材料采购计划、机电产品采购计划和非金属材料采购计划、咨询采购计划、劳务采购计划等。

案例 3-1：深圳某建工集团材料采购计划（表 3-1）

材料采购计划　　　　　　　　　　　　　　　表 3-1

| 项目名称：杏坛佳兆业可园一期 | | | 使用时间：2011.03.09 | | |
名称	型号、规格	单位	需用数量	使用部位	验收标准/备注
暗装圆盒单叉	D20	个	550	地下室预埋	
暗装圆盒直叉	D20	个	1796	地下室预埋	
暗装圆盒角叉	D20	个	970	地下室预埋	
暗装圆盒三叉	D20	个	340	地下室预埋	
暗装圆盒四叉	D20	个	400	地下室预埋	
PVC 方盒	77×77×65 (mm)	个	1030	地下室预埋	
PVC 杯疏	D20	个	1780	地下室预埋	
PVC 杯疏	D25	个	100	地下室预埋	
PVC 直通	D20	个	20000	地下室预埋	
PVC 直通	D25	个	4000	地下室预埋	
PVC 电线管	D20	m	14000	地下室预埋	
PVC 电线管	D25	m	3000	地下室预埋	
胶水	0.5kg	瓶	300		
弹簧	20、25、32	条	各10 条		
说明：					

项目经理签字：

日　　　　期：2011.03.08

3) 按使用方向分类，可分为生产产品用商品采购计划、维修用商品采购计划、基本建设用商品采购计划、技术改造措施用商品采购计划和科研用商品采购计划等。

4) 按采购层次分类，可分为战略采购计划、业务采购计划、部门采购计划和项目部采购计划等。

3.1.2 项目采购计划制订的过程

项目采购管理的首要任务是制订项目采购计划，并按计划安排好项目采购工作以实现项目生产的目标。项目采购计划的制订过程就是确定从项目组织外部需要采购哪些材料和服务，从而能够更好地满足项目生产需求的过程，如图 3-1 所示。在采购计划中，应该说明是否需要采购、采购什么、何时采购、采购多少等内容。

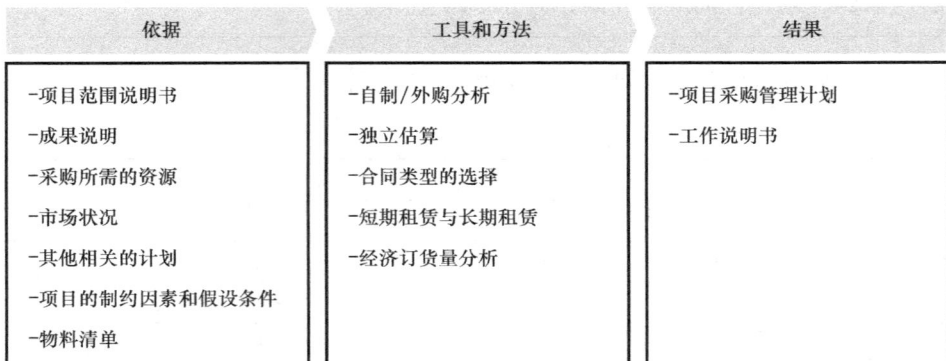

依据	工具和方法	结果
-项目范围说明书	-自制/外购分析	-项目采购管理计划
-成果说明	-独立估算	-工作说明书
-采购所需的资源	-合同类型的选择	
-市场状况	-短期租赁与长期租赁	
-其他相关的计划	-经济订货量分析	
-项目的制约因素和假设条件		
-物料清单		

图 3-1　项目采购计划制定的过程

当项目从执行组织之外获得产品时，每项产品都必须经历一次从询价计划到合同收尾的各个过程。当项目从不执行组织之外获得产品时，就不必执行从询价计划到合同收尾之间的过程。

此外，采购计划还应考虑可能的卖方，特别是买方希望以合同签订加一定程度的影响或控制时更是如此。

3.1.3　项目采购计划的内容

项目采购计划就是确定从项目组织外部采购哪些产品和服务以便能够更好地满足项目生产需求的文件，项目采购计划必须在定义项目范围时完成。项目采购计划需要回答一系列问题，如：采购什么、何时采购、如何采购及采购多少等。

（1）采购什么

项目采购计划管理中的第一要素是"采购什么"，即首先要决定采购的对象。项目采购计划管理要求采购的产品应具有 4 个条件：

① 适用性，即项目采购的产品不一定要有最好的质量，但一定要符合项目实际生产的质量要求；

② 通用性，即项目采购的产品最好能够通用，在项目采购中尽量不使用定制化的产品；

③ 可获得性，即能够在需要的时间内，以适当的价格，及时得到要采购的产品；

④ 经济性，即在保证质量的前提下，从供应来源中选择成本最低的，以降低项目成本。

项目组织应首先将项目采购需求写成规范的书面文件，注明要求的详细规格、质量和时间，然后将它们作为日后与供应商进行交易和开展采购合同管理的依据性文件。这种关于"采购什么"的规范性文件的主要内容应包括：产品名称、产品规格、产品质量标准和要求等。

（2）何时采购

"何时采购"是项目采购计划管理中的第二大要素，这是指项目组织需要安排和计划采购的时间。因为采购过早就会增加库存量和库存成本，而采购过迟又会因库存量不足而导致项目停工待料和工期拖延，造成资源的浪费。经济采购批量模型是一种很好的选择采购时机的定量方法。

由于从开始项目采购的订货、采购合同洽谈与签订到产品入库必须经过一定的时间间隔，所以在决定"何时采购"时需要从采购的产品投入项目使用之日算起到推测出合理的提前期，从而确定出适当的采购订货时间和采购作业时间。

对于项目采购计划管理而言，必须依据项目的工期进度计划和资源计划以及所需产品的生产和运输时间，合理地确定产品的采购订货时间。同时，为了项目进度需要，采购产品的交货时间也必须适时，而且只能有少许提前而不能有任何推迟，这是项目采购计划管理必须遵循的重要原则之一。

（3）如何采购

"如何采购"主要是指在项目采购过程中采用何种工作方式以及项目采购的大政方针和交易条件。项目采购计划管理这方面的工作包括：是否采用分批交货的方式，采用何种产品供给与运输方式，具体项目采购产品的交货方式和地点等。例如，如果采用分期交货的采购方式，对每批产品的交货时间和数量必须科学地制订计划、安排并一条条在该采购合同上明确予以规定；同时一定要安排和约定项目所需要产品的交货方式和地点，以确定究竟是在项目现场交货还是在买方所在地交货；另外，还必须安排和确定项目所需产品的包装和运输方式，明确究竟是由项目组织负责运输，还是由买方负责运输，抑或是由第三方物流服务上门负责运输；最后，还要计划、安排和确定项目采购的付款方式与各种付款条款，诸如预付定金、违约罚款和各种保证措施等。另外，还有一些其他方面的问题也必须予以安排和考虑，如项目采购合同的类型、格式、份数、违约条款等，这些都是需要在采购计划管理的这一工作中确定的。

（4）采购多少

这是有关项目采购数量的管理。任何项目所需产品的采购数量一定要适当，所以都需要进行计划管理。项目所需要的产品的采购数量管理必须根据项目实际情况决定，如大型工厂建设项目所需生产资源多而且消耗快，所以"采购多少"可以使用经济订货批量模型和经济生产批量模型等方法来决定。另外，在计划、安排和决定"采购多少"时还应该考虑批量采购的数量优惠等方式的因素，以及项目存货的资金时间价值等方面的问题，所以实际上项目采购计划管理中有关"采购多少"的问题涉及数量和资金成本两个方面的变量。

一般而言，项目采购计划包括从指定采购文件到合同收尾的全部采购过程，具体内容包括：

1）采用的合同类型；

2）如果评估标准要求有独立的估算，由谁进行估算；

3）如果实施组织设有采购或者发包部门，项目管理团队本身应采取的行动；

4）标准的采购文件（如果需要）；

5）管理多个供应商；

6）协调采购与项目的其他方面，如进度计划与绩效报告；

7）能够对规划的采购造成影响的制约因素和假设条件；

8）处理从买方购买产品所需的提前订货期，并就其与项目进度计划制订过程进行协调；

9）处理自制或外购决策，并与活动资源需求和进度计划制订过程相关联；

10）制订每个合同中规定合同可交付成果的进度计划，并与进度计划制订过程和控制过程进行协调；

11）确定履约保函或保险合同，以降低一些项目风险；

12）制定提供给买方的有关如何制定和维持合同工作分解结构的指导说明；

13）确定合同工作说明书应使用的格式和形式；

14）经过资格预审的优选供应商（如有）；

15）评估买方使用的采购衡量指标。

3.2　项目采购需求与调查

项目采购是一项很复杂的工作。它不但应遵循一定的采购程序，更重要的是，项目组织及其采购代理人，在制订采购计划前必须清楚地知道所需采购的材料或服务的市场情况，包括各种类目、性能规格、质量要求、数量等，必须了解并熟悉国内各地区市场、国际市场的价格和供求情况、所需材料和服务的供求来源、外汇市场情况、国际贸易支付办法、保险、损失赔偿管理等有关国内、国际贸易知识和商务方面的情报和知识。上述几个方面，都必须在采购准备及实施采购过程中细致而妥善地做好。稍有不慎，就可能导致采购工作的拖延、采购预算的超支、不能采购到满意的或适用的货物或服务，而造成项目的损失，影响项目的顺利完成。

3.2.1 采购对象描述

（1）采购对象描述文件分类

项目采购对象可分为工程、设备和咨询服务，采购描述主要指采购对象的技术说明书和要求。一般情况下，市场上能够满足基本功能的产品和设备非常多，具体技术参数和规格差别大，市场价格也相差非常大。

由于土木工程的功能描述相对简单，招标前一般已有明确的设计施工图，因此土木工程的技术说明文件主要指设计施工图及相应的图纸说明文件。

设备比较特别，一般对其描述必须依靠详细的技术规范文件，技术规范文件是设备采购计划的重要内容，而咨询服务难以用技术规范文件明确说明。

（2）技术说明书

技术说明书或技术规范的作用是对图纸的补充及详细说明，技术说明书是招标采购人与投标的供应商、承包商或自荐人为实现订立设备、装备、机器、工具相关服务的买卖合同以及安装工程等的承包合同等，当事人之间规定的有关技术要求事项的文书。在进行设备采购招标时，此技术文件是必须具备的。

对于技术要求的编制，一般需要专业技术人员和咨询专家共同完成，通过熟悉类似工程的技术规范、标准和要求，与设计人员共同商讨编制技术要求文件，使技术说明与项目要求、资金预算、商务条件有机结合。

产品的种类、用途不同，其技术说明书的编制要求也各不相同，很难有一个统一的格式，但是标准化的文件记录事项、内容排列，可以防止和减少技术说明内容标书的遗漏或不确切。同时，标准化的技术说明书，可使投标人能够正确领会招标人的意图。

针对每一个不同的项目、不同的产品设备，其技术要求的编制要求有所不同，采购招标时应根据项目的实际情况（如预算投入资金额、技术先进性要求、质量标准要求需要达到的使用效果等）来编制符合实际需要的技术说明书。

（3）技术说明书的编写原则

根据招标采购的一般原则，编制招标文件的说明书时，应当遵循以下原则：

1）招标文件中不得在无任何理由的情况下，含有对某一特定的潜在投标人有利的技术要求。

2）只能提出性能、品质上的要求，及控制性的尺寸要求等，不得提出具体的式样、外观的要求，避免使用某一特定产品或生产企业的名称、商标、目录号、分类号、专利、设计等相关内容，不得要求或表明特定的生产供应者以及含有倾向或排斥潜在制造商、供应商的内容。

3）应慎重对待商标、制造商名称、产地等的出现，如果不引用这些名称或式样不足以说明买方的技术要求时，必须加上"与某某同等"的字样。

3.2.2　市场调查与分析

采购准备的重要内容之一是熟悉市场情况，掌握有关项目所需的材料及服务的市场信息。缺乏可靠的市场信息，采购中往往会导致错误的判断，以致采取不恰当的采购方法，或在编制预算时作出错误的估算。市场调查和分析被很多大中型企业接受，并且从中获益匪浅。过去有许多企业和项目采购者忽略了采购前期的调查分析，实践证明，有组织地进行采购调查，会极大地改进采购决策，提高项目管理水平。

（1）采购商的市场地位分析

采购商的竞争力是根据其一家能力和在市场中的竞争地位所决定的。采购商对于供应商来讲是心中永远的痛，特别是在目前这样一个买方市场的情况下。如果采购商属于少数几个大的市场垄断者，那么它的议价势力就会很强，它对供应商的影响会很大，很多供应商就会积极和它发展合作关系，哪怕不赚钱也要做。例如，波音、空中客车等公司采购航空发动机，沃尔玛、家乐福等采购零售商品等都非常能说明垄断的采购商议价的强势问题。同样，如果采购商的业务量很小，企业组织也不大，采购商的业务对大多数供应商企业不重要，这个时候采购商在谈判中的议价势力和地位就会很低，对于这样的供应市场，采购商的采购谈判战略也会发生改变。绝不会自作多情地积极和供应商发展战略伙伴关系，而是尽量地提高采购效率，降低采购成本。

（2）供应商分析

为了选择合适的供应商，一般需要对以下几个方面进行分析，包括：财务能力分析、生产设施分析、寻找新的供应源、估计分销成本、预测制造成本、单一货源、所购材料的质量保证、供应商态度调查、供应商绩效评价、供应商销售战略和对等贸易等。

除此之外，还应对潜在供应商进行分析。潜在供应商是指那些可以随时加入到这个市场竞争中的企业。供应商市场所处行业进入的门槛（或者条件），包括技术水平、知识产权、改变客户的成本、规模经济的程度，以及使用渠道的难易程度等方面。

如果这个门槛高，则进入比较困难，供应商在谈判中的议价势力和地位就会很高。反之进入市场能比较容易，竞争激烈，采购商在谈判中的议价势力和地位就比较高。

（3）替代品分析

替代商品就是在市场中存在的同质化可替代的产品或者服务。例如，出远门时候我们的选择就很多，自己开车、乘长途汽车、火车、轮船等，都是可以达到同样目的地和结果。尽管成本上会有一些差别。在非常具有吸引力的服务和条件下，采购商会改变原来的计划改选其他的替代产品和服务，例如放弃火车运输而采用公路汽车运输等，可以不住五星级酒店而改住四星级酒店。在充足的可替代的供应商市场中，采购商具有非常高的谈判议价能力和谈判地位。

（4）竞争态势分析

竞争态势就是一种竞争策略。在充分的市场竞争中，供应商所采用的竞争策略是非常重要的。其中主要的竞争策略包括：①成本领先策略，就是同类商品中的低价策略。格兰仕微波炉就是最著名的例子；②商品差异化策略，就是不同于竞争对手的产品和服务，例如同一档次的轿车之间的竞争；③可靠性策略，其竞争力重在质量、交货和支持服务等方面。在市场为买方市场的情况下，供应商可能采用多种竞争方式进行竞争。采购商通过明确地认识和了解供应商的竞争策略，根据供应商不同的竞争策略采用相对的采购策略。

3.3　采购计划的编制

采购计划由下而上逐级进行编制，各级物资申请单位可以按照生产、基建、市场需求等不同情况，提出计划期的需求量，编制物资申请计划，并按规定的时间、要求，逐级上报。

3.3.1　制订采购计划的目的

（1）预计材料需用数量与时间。

（2）避免材料储存过多，影响资金周转。

（3）配合企业的生产计划及资金统筹安排。

（4）使采购主管部门事先准备，选择有利时机购入材料。

（5）确立材料耗用标准，以便管制用料成本。

3.3.2　制订采购计划要考虑的问题

一般来说，制订采购计划至少要考虑以下 6 个方面的问题：

（1）采购的设备、货物或服务的数量、技术规格、参数和要求。

（2）全部产品采购如何分别捆包，每个捆包应包括哪些类目。

（3）所采购的每一种产品间彼此的联系。

（4）所采购的设备、货物或服务在整个项目实施过程中的哪一阶段投入使用。

（5）对整个采购工作协调管理。

（6）每个捆包从开始采购到到货需要多少时间，从而制定出每个捆包采购过程每个阶段的时间表，并根据每个捆包采购时间制定出项目全部采购的时间表。

3.3.3 制订采购计划的依据

（1）范围说明

范围说明书说明了项目目前的界限，提供了在采购计划过程中必须考虑的项目要求和策略的重要资料。随着项目的进展，范围说明书可能需要修改或者细化，以反映这些界限的所有变化。范围说明书应包括对项目的描述、定义，以及详细说明需要采购的产品类目的参考图或图表及其他信息。具体包括以下内容：

1）项目的合理性说明（设计说明书）。解释为什么要进行这一项目，项目存在的合理性风险是买方承担的。

2）项目可交付成果（执行说明书）。这是一份主要的、属于归纳性的项目清单，其完整、令人满意的角度标志着项目的完成。项目存在的执行风险由承包商承担。

3）项目目标（功能说明书）。项目成功必须要达到的某些数量标准。项目目标至少必须包括费用、进度和质量标准。项目目标应当有属性、计量单位和数量值，未量化的目标未来会存在很大风险。

（2）项目生产实施计划

项目的生产实施计划，提供了有关在采购计划过程中需要考虑的所有技术问题或注意事项的重要资料。项目实施计划明确了项目生产的具体开展方式，对最终的交付产品进行了详细说明，对项目生产活动中所需要的生产资源进行了估算，是采购计划编制的依据文件。

（3）采购活动所需要的资源

如果执行的组织单位没有正式的合同部门，那么项目队伍就必须自己寻找资源和专家以支持项目采购活动。

（4）市场状况

在采购计划编制过程中，必须考虑到市场能够提供何种材料和服务，由谁提供以及使用的合同条件。

（5）其他计划结果

只要有其他结果可供使用，则在采购计划过程中就必须加以考虑。

（6）制约条件和基本假设

制约条件是指限制采购方选择的因素。对许多项目来说，最常见的制约条件之一是资源充裕度。项目在实施采购过程中，面对变化不定的社会经济环境所作出的一些合理推断，就是基本假设。制约条件和基本假设的存在限制了项目组织的选择范围。

（7）物料清单

物料清单是指材料或服务的具体明细表，是采购部门确定采购计划的最重要的依据，是项目生产部门安排生产的依据，是计划部门确定物料需求计划的依据。物料清单按所包括内容详细程度的不同分为单级物料清单、多级物料清单和综合物料清单（表 3-2）。

物料清单 表 3-2

材料名称	规 格	单 位	数 量	单 价	金 额	备 注

3.3.4 制订采购计划的原则

（1）量力而行原则

编制的采购计划要严格按照预算执行，并考虑到企业和项目的及时支付能力。

（2）适度超前原则

编制采购计划时要充分考虑材料或服务的现实需求与前瞻需求，在企业财力允许的情况下，适度提高采购物料的余量与内在品质。

（3）成本经济型原则

编制采购计划时充分考虑采购物料与其后续成本支出，按照降低采购成本的总要求，合适地确定采购材料或服务的类型。

（4）物料分类原则

编制采购成本时需要将采购的材料或服务按照轻重缓急分为不同的等级，对重点产品或急需产品要确保优先安排采购。

（5）提高采购整体效益原则

1）对采购价格容易随季节变化的物料，编制采购计划时应将其安排在价格处于低谷的淡季进行采购。

2）对相近或相同的产品采购，编制采购计划时尽量安排一次性采购。

3）对经过认证能够满足工厂需求的供应商，编制采购计划时尽量将不同的产品安排在一个供应商名下进行集中采购。

（6）落实采购预算原则

采购预算表规定的范围和项目必须列入采购账户，采购产品的数量和资金来源必须与采购计划相对应。

案例 3-2：某公司的材料计划管理规定

为了加强材料计划管理，确定材料管理的控制目标，提高材料管理工作效率，指导材料的采购、供应、储备、使用等活动，特制定本规定。

1. 材料计划成本

1.1 项目承接前，商务部门必须按投标报价书，计算各种材料预算数量和投标单价，确定材料成本收入。

1.2 项目承接后，项目商务部门必须根据施工图和施工方案，计算材料预算数量，并与投标阶段对比分析，确定项目的材料计划消耗数量，公司器材部根据计划采购单价确定计划成本。

1.3 项目商务部门根据每月计划形象进度，计算每月材料消耗计划数量，项目材料部门根据计划采购单价确定月度材料计划成本。

1.4 项目材料部门会同相关部门，根据项目特点，编制项目材料管理策划，确定主要材料控制目标和控制方法。

2. 材料采购计划

2.1 材料总体需用计划

2.1.1 项目材料员根据商务人员提供的分部分项的工程量清单，汇总项目各施工阶段各种规格的材料，在项目策划编制完成后编制总体需用计划，经项目商务部门审核后项目经理批准，项目材料员汇总后提交公司器材部审核，公司器材部提交公司分管领导批准，作为项目材料提供的总体控制依据。

2.1.2 总体计划必须明确物资名称（统一名称）、规格型号、质量（技术要求）、数量及进场时间等。

2.1.3 总体计划一般按单体建筑的垫层，底板，地下、地上各层划分进行细分。

2.1.4 由于工程范围变化或施工方案改变，在变更后的 7 天内编制调整需用计划，修改总体计划。

2.1.5 三边工程在拿到图纸后的 7 天内完成总体需用计划，并及时调整。

2.2 月度物资需用计划

2.2.1 项目部各专业工长每月 20 日前根据工程施工进度计划、施工方案、施工图预算、技术措施等编制月度材料需用计划，提交项目商务部门审核，报项目经理审批，项目物资部门汇总后报公司器材部，公司器材部提交分管领导批准后作为项目月度控制依据。

2.2.2 月度需用计划必须在总体计划范围，如有变更或超出总体计划范围，必须进行说明并附相关单据。

2.3 月度采购计划

2.3.1 项目物资部门根据项目部提交的月需用计划，根据库存和进场时间，进行平衡后，编制材料采购计划，经项目经理批准后报公司器材部，公司器材部报公司分管领导批准实施采购。

2.3.2 已经确定供应商的采购计划，由公司器材部根据月度采购计划分批组织材料进场。

2.4 计划调整

2.4.1 由于施工生产变化和设计变更或其他原因，引起工程量增加投入或新增加物资，项目工长必须及时报"物资调整计划"并说明原因报送项目物资部门，项目物资部门严格核实，及时编报"物资调整计划表"并说明超量和增补原因，项目经理签字批准后，报送公司器材部，公司器材部门报公司分管领导批准。

2.4.2 公司计划统计员、采购员必须随时掌握材料计划、进场和使用情况，做好计划与供应台账，建立计划与供应预警机制，尽量避免供大于求或供不应求的现象。当计划供应量已完成而项目还有需求，或项目计划完成工程量有所减少时，应立即联络项目有关人员进行原因分析，督促项目补报"材料需用追加计划"或"材料需用减少计划"，并根据追加、减少计划调整供应节奏和数量。

2.5 紧急计划

项目紧急情况下需要的物资，由使用工长提出申请，经项目经理批准后，由项目材料组长组织采购；紧急情况下采购的物资可以不签署合同，不组织招标，相关人员必须保存相关记录，口头或电话批准的必须在事后补充手续。

2.6 甲供材计划

如工程所需材料由甲方提供，各专业工长根据月度工程进度编制需用计划，经项目商务部门审核后报项目经理批准，由项目物资部门汇总报公司器材部门和甲方供应部门，作为物资进场依据。向业主提供的物资进场计划不得超过业主结算的数量。

3. 采购资金计划

3.1 项目物资部门根据总体需用计划，编制总体采购资金需用计划。

3.2 项目物资部门根据月度采购计划，编制月度采购资金需用计划。

3.4 制订采购计划的工具和技术

项目实施组织总会拥有一些采购产品的选择权，包括对是否自制或外购、独立估算、合同类型的选择、短期租赁或长期租赁等。制订采购计划的工具和技术有以下几种：

3.4.1 自制或外购分析

利用转折点分析法进行自制或外购选择决策分析，这是一种普遍采用的管理技术，可以用来确定某种具体的产品是否可由实施组织自己生产出来，而且成本又很节约。

其方法为：画出产品外购时的成本曲线及自制此产品的成本曲线，两条曲线有一交点，通过在交点左右的讨论来确定是自制还是外购此产品。

案例 3-3：自制还是外购

某项目实施需用甲产品，若自制，单位产品变动成本为 12 元，并需另外增加一台专用设备，价值 4000 元；若外购，购买量大于 3000 件，购价为 13 元/件；购买量小于 3000 件时，购价为 14 元/件。请问：该项目组织如何根据用量作出甲产品取得方式的决策？

解：对此例进行分析时，有三条成本曲线，根据此题的特点采用转折点分析法较为方便。

设：X_1 表示用量小于 3000 件时，外购产品转折点；X_2 表示用量大于 3000 件时，外购产品转折点；X 表示产品用量。

则：用量小于 3000 件时产品外购成本为 $Y = 14X$

用量大于 3000 件时产品外购成本为 $Y = 13X$

自制产品成本为 $Y = 12X + 4000$

根据上述成本函数可求：

转折点 X_1：$12X_1 + 4000 = 14X_1$，$X_1 = 2000$ 件

转折点 X_2：$12X_2 + 4000 = 13X_2$，$X_2 = 4000$ 件

三条成本曲线及转折点如图 3-2 所示。

决策分析时以下列结果为依据：

当用量在 0～2000 件时，外购为宜；

当用量在 2000～3000 件时，自制为宜；

当用量在 3000～4000 件时，外购为宜；

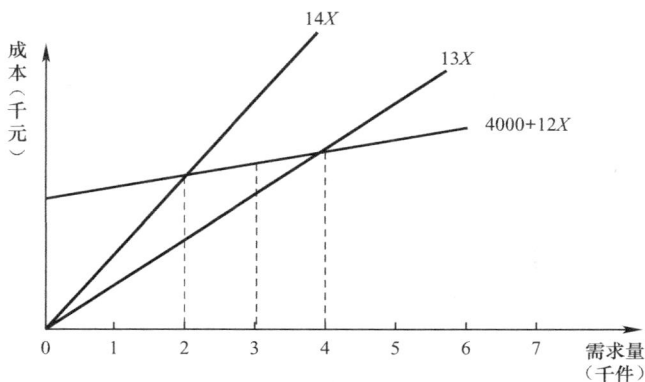

图 3-2　成本曲线

当用量大于 4000 件时，自制为宜。

此外，自制或外购分析还必须反映项目实施组织的发展前景与项目的目前需要的关系。

3.4.2　独立估算

独立估算又称为合理费用估算。在编制项目采购计划时，往往需要预测采购的成本，而采购成本的预测一般是通过独立估算来完成的。项目组织应该对采购产品编制自己的估算，用以检查供应商的报价。如果差异较大，说明项目定义的范围不恰当，或者供应商对采购方的需求有误解或漏项。如果项目组织没有能力进行独立估算时，也可以把独立估算的工作交由外部的咨询顾问来完成。

3.4.3　合同类型的选择

合同类型的选择是根据各采购物料、工程或服务的具体情况和各种合同类型的适用情况进行权衡比较，从而选择最合适的合同类型。一般来讲，合同有三种类型，即固定价格合同、成本补偿合同和单价合同。

（1）固定价格合同

经项目组织和供应商协商，在合同中订立双方同意的固定价格作为今后结算的依据，而不考虑实际发生的成本是多少。

（2）成本补偿合同

成本补偿合同是以供应商提供资源的实际成本加上一定的利润或费用为结算价格的合同。成本补偿合同适用于那些不确定性因素较多，所需资源的成本难以预测又急于开始的项目。

成本补偿合同包括 3 种类型：成本加成合同、成本加固定费用合同和奖励合同。

在成本加成合同中，规定在双方同意的合理范围内，以实际成本为基础，加上按合同规定的成本利润率计算的利润，作为今后的结算价格。相对而言，成本加成合同对于项目组织来说，风险较大，因为供应商所提供的资源的花费很可能超过预定的价格。实际成本越高，供应商获利越多。

成本加固定费用合同规定的结算价格由实际成本和固定费用两部分构成，成本是实报实销的，而固定费用则在合同中明确规定，与实际成本高低无关。对于成本加成合同来说，这种合同可以避免供应商故意抬高成本，减少项目组织的风险，也能保证供应商获得一定的利润，但其不足之处在于不能促使供应商千方百计地去降低成本。

在成本加奖励合同中，订明预算成本和固定费用的金额，并约定当实际成本超过预算成本时，可以实报实销；实际成本如有节约，则按合同规定的比例由项目组织和供应商双方共同分享。奖励合同可以激励供应商想方设法降低成本。

（3）单价合同

单价合同的结算价格是供应商每单位产品付出的劳动与劳动单位价格的乘积。这种合同适用于那些比较正规，但是工作量难以预计的项目。

3.4.4 短期租赁与长期租赁

决定是短期还是长期租赁常常取决于财务上的考虑。原理与自制或者外购分析相同，举例如下。

案例 3-4：短期还是长期租赁

若某项目短期租赁一种设备，租金按天计算，每天 100 元；也可以长期租赁，租金每天为 60 元，但必须在开始时缴纳固定手续费用 5000 元，请进行短期或长期租赁选择。

解：在这种情况下，进行短期还是长期租赁选择，要根据项目对设备的预计使用时间来分析短、长期租赁的成本转折点。

设：在预计租期为 X 时，长、短期租赁费用相等

则：$100X = 5000 + 60X$

$X = 125$ 天

因此，若项目预计租用设备不超过 125 天，应选择短期租赁，若预计租用设备超过 125 天，应选择长期租赁更适合。

3.5 采购方案的选择

采购方案的策划包括上述自制还是外购的选择和采购地点、品种、分散采购

还是集中采购的选择等，现以采购的一个重要内容工程分包为例来说明。

工程分包（包括专业分包和劳务分包）是施工企业弥补资源不足的一种有效手段，是国际工程建设市场经常采用的一种模式，自20世纪80年代起，国内工程市场上也开始采用这种方式。在法律层面，政府和行业主管部门也出台了一系列法律法规，对规范施工企业工程分包起到了积极作用。但是由于种种原因，因分包管理不到位造成的安全、质量事故仍时有发生，给总承包企业造成巨大经济损失。

工程分包策划是合理进行工程分包的首要前提。工程分包策划就是对需要分包的工程，按照策划的依据、把握策划的原则、采用合适的方法、遵循一定的程序进行分析，主要解决分包工程如何划分标段、采用何种分包模式、什么时候确定分包商等相关问题，找出最优的工程分包方案，以实现期望目标的过程。

3.5.1 施工企业加强分包商管理的主要措施

（1）完善分包商准入管理，加强分包商的动态管理

首先，施工企业在遴选分包商时，要对分包商的法人资格、企业资质、市场准入资格、企业信誉、类似项目经验、项目完成绩效、企业财务状况、人力和设备状况等真实性进行慎重审查，确保分包商身份真实合法。其次，根据工程特点，选用合适的分包商，在使用过程中进行动态管理。这些方面本书第2章已经作了较为全面的叙述，这里不再重复。

在分包商关系管理上，德国最大的工程承包商豪赫蒂夫公司每年组织分包商论坛，为分包商提供沟通交流的机会，并组织其对复杂项目如何协作、有效完成进行研讨等。国内像中交四航局二公司等一批施工企业也进行了有益尝试，措施有：制订"最佳分包商计划"，培养最佳分包商，定期对表现最佳的分包商进行奖励，扩大和深化在专业领域的合作，与之建立长期、稳定、利益共享的伙伴关系；为优秀的分包商开通绿色通道，在相关方面提供一定的优惠政策，包括公司在任务分工、合同订立、价格确定、工程款支付、工程结算等方面给予优先政策，简化管理程序，甚至采取议标方式对其进行发包等。

（2）合法合规开展分包活动，加强分包合同管理

完善工程分包有关的制度和流程，明确分包审批程序，形成一套系统化、规范化，同时也易于执行的操作程序。通过制度，确保分包是在合法必要的条件下进行的，避免违法分包和随意分包；在确定实施分包后，要加强内部各级对于分包工程的管理审批工作。中铁二局早在2002年就出台《劳务分包及管理实施办法》，规范公司劳务分包管理工作，并在此后进行修订完善；中石化在《工程承包商安全管理规定》、《工程建设企业施工分包管理办法》中，要求直属企业将分

包商纳入企业管理范围，指出分包商发生安全事故要追究工程发包单位的责任，企业要督促分包商建立健全相应的安全管理规章制度并抓好落实。

在分包合同管理上，总承包企业在合同谈判阶段就应对双方相应权责进行详细约定，制定的分包合同在确保合法有效的基础上，还要尽可能细致和准确地明确总包和分包商之间的工作范围和协调配合责任，使总分包界面责任明确、专业协作有法可依，防止参与方互相推诿责任，避免不必要的纠纷和分歧，降低分包风险，同时，要注意防范分包的隐形风险。企业要遵循"先签合同后开工"的原则，杜绝分包商先进场，后签订合同，避免因受分包商要挟而陷于被动境地。

（3）加强现场工程分包管理，并做好服务工作

总承包企业在分包工程管理中的核心工作是组织、指导、协调、控制各分包商的工作。总承包企业在工程实施中应认真履行合同责任，对分包工程进行跟踪监督和动态管理，确保分包商认真履行分包合同，及时预测风险和分析偏差，采取有效措施，消除风险。在分包质量管理方面，避免以包代管，严格各个环节的管理；在分包进度管理方面，企业应根据项目实际情况合理制订工程分包计划，依据分包合同严格检查分包商资源投入，加强进度统计和考核，并做好现场服务和配合工作；在分包安全管理方面，企业要加强对分包商安全体系建立和完善、安全交底、安全培训、劳动保险等工作的监督，强化分包过程控制，持续开展分包安全隐患排查治理活动，落实责任，降低分包安全风险。

劳务分包方的"实名制管理"是建设部一再强调的管理措施，但这项措施的实施始终不理想，以致有在本现场接受了安全教育和安全交底的劳务工人没有在本工地干活，在本工地干活的却又没有接受本工地的安全教育和交底的现象，安全事故往往就此发生。"实名制管理"的难度确实较大，但"方法总比困难多"，只要开动脑筋，办法总是会有的，就看我们是否认识了这项措施的重要意义。

案例 3-5：中铁二局推行建筑工地务工人员实名制管理

中铁二局在其承包范围下的建筑工地统一使用了"威尔建筑工地实名制管理系统"，对建筑工地的从业人员进行数字化管理。民工们跟办公楼里的白领一样，人手一张 IC 卡，每天也要刷卡进入工地，记下进出工地和每天干活的时间。这样，工人们的出勤记录、工资发放情况等都记录在卡内了。

"每天有没有干活、干了多久活都有记录的，算工钱的时候就是依据，现在基本不用烦恼工资结不清的问题了。这种刷卡上下班考勤，让我心里踏实了很多。"有了这个可靠数据作为民工们工资结算的依据，农民工们也很高兴。

这种实名制考勤，除了保障农民工的利益，对施工单位的管理也带来了很大的帮助。"工地上的农民工，有些是劳务公司带来的，有可能来 10 个人，报 20

个人，拿 20 个人的钱。还有一种可能是明明钱已经给了劳务公司，可没发到农民工手里，就会引发纠纷。有了这种实名制考勤，管理方便了很多，每个月发工资，查他们的考勤就能很快算出工资。而且一旦出了事故，工地现场有多少人，谁在里面就很明了。"每一张"现场考勤卡"都记录着施工作业人员的姓名、性别、籍贯、文化程度、政治面貌，以及何时进入工地、从事何工种等信息。卡的正面还印有持卡人的照片。当持卡人在考勤机上操作时，考勤机上方的摄像头会自动摄取持卡人的头像，并与卡内的照片进行比对，从而杜绝"代刷卡"现象的发生。

此外，总包方还要配合分包商做好分包实施中的服务和指导工作，为分包商创造有利的作业条件。总包方对分包商的服务可以体现在灌输先进的管理经验和管理模式；对分包商的管理方法和形象建设进行指导；协助分包商进行内外关系协调等。

3.5.2 分包模式和分包方案选择的原则

工程的分包主要是两种方式：专业分包和劳务分包。

专业分包，即施工总承包单位将其所承包工程中的专业性较强的专业工程或分部分项工程发包给具有相应资质的其他建筑企业来完成。

劳务分包，即施工总承包单位或者专业承包单位将其承包工程中的劳务作业发包给劳务分包单位来完成。劳务分包形式主有 3 种：包工包料的方式（亦可称为大包、全包等），只包工不包料的方式（又可称为包清工），包工、包一部分周转材料和小型工具的方式（又可称为扩大的劳务分包）。劳务分包采用哪种分包方式也要按实际情况来进行策划。

不论采用哪一种分包的方式，都要遵循以下原则：

（1）合法合规的原则

目前工程分包受法律、法规、规章、制度的约束较大，工程分包策划应以合法合规为前提，防范或规避法律方面的风险。例如，不能把分包异化为转包、挂靠，后者是国家明令禁止的行为。各级领导及商务管理人员应提高法律法规意识，及时掌握法律法规的变动情况。

案例 3-6：建设部《房屋建筑和市政基础设施工程施工分包管理办法》

第一条 为了规范房屋建筑和市政基础设施工程施工分包活动，维护建筑市场秩序，保证工程质量和施工安全，根据《中华人民共和国建筑法》、《中华人民共和国招标投标法》、《建设工程质量管理条例》等有关法律、法规，制定本办法。

第二条　在中华人民共和国境内从事房屋建筑和市政基础设施工程施工分包活动，实施对房屋建筑和市政基础设施工程施工分包活动的监督管理，适用本办法。

第三条　国务院建设行政主管部门负责全国房屋建筑和市政基础设施工程施工分包的监督管理工作。

县级以上地方人民政府建设行政主管部门负责本行政区域内房屋建筑和市政基础设施工程施工分包的监督管理工作。

第四条　本办法所称施工分包，是指建筑业企业将其所承包的房屋建筑和市政基础设施工程中的专业工程或者劳务作业发包给其他建筑业企业完成的活动。

第五条　房屋建筑和市政基础设施工程施工分包分为专业工程分包和劳务作业分包。

本办法所称专业工程分包，是指施工总承包企业（以下简称专业分包工程发包人）将其所承包工程中的专业工程发包给具有相应资质的其他建筑业企业（以下简称专业分包工程承包人）完成的活动。

本办法所称劳务作业分包，是指施工总承包企业或者专业承包企业（以下简称劳务作业发包人）将其承包工程中的劳务作业发包给劳务分包企业（以下简称劳务作业承包人）完成的活动。

本办法所称分包工程发包人包括本条第二款、第三款中的专业分包工程发包人和劳务作业发包人；分包工程承包人包括本条第二款、第三款中的专业分包工程承包人和劳务作业承包人。

第六条　房屋建筑和市政基础设施工程施工分包活动必须依法进行。

鼓励发展专业承包企业和劳务分包企业，提倡分包活动进入有形建筑市场公开交易，完善有形建筑市场的分包工程交易功能。

第七条　建设单位不得直接指定分包工程承包人。任何单位和个人不得对依法实施的分包活动进行干预。

第八条　分包工程承包人必须具有相应的资质，并在其资质等级许可的范围内承揽业务。

严禁个人承揽分包工程业务。

第九条　专业工程分包除在施工总承包合同中有约定外，必须经建设单位认可。专业分包工程承包人必须自行完成所承包的工程。

劳务作业分包由劳务作业发包人与劳务作业承包人通过劳务合同约定。劳务作业承包人必须自行完成所承包的任务。

第十条　分包工程发包人和分包工程承包人应当依法签订分包合同，并按照合同履行约定的义务。分包合同必须明确约定支付工程款和劳务工资的时间、结算方式以及保证按期支付的相应措施,确保工程款和劳务工资的支付。

分包工程发包人应当在订立分包合同后7个工作日内,将合同送工程所在地县级以上地方人民政府建设行政主管部门备案。分包合同发生重大变更的,分包工程发包人应当自变更后7个工作日内,将变更协议送原备案机关备案。

第十一条　分包工程发包人应当设立项目管理机构,组织管理所承包工程的施工活动。

项目管理机构应当具有与承包工程的规模、技术复杂程度相适应的技术、经济管理人员。其中,项目负责人、技术负责人、项目核算负责人、质量管理人员、安全管理人员必须是本单位的人员。具体要求由省、自治区、直辖市人民政府建设行政主管部门规定。

前款所指本单位人员,是指与本单位有合法的人事或者劳动合同、工资以及社会保险关系的人员。

第十二条　分包工程发包人可以就分包合同的履行,要求分包工程承包人提供分包工程履约担保;分包工程承包人在提供担保后,要求分包工程发包人同时提供分包工程付款担保的,分包工程发包人应当提供。

第十三条　禁止将承包的工程进行转包。不履行合同约定,将其承包的全部工程发包给他人,或者将其承包的全部工程肢解后以分包的名义分别发包给他人的,属于转包行为。

违反本办法第十二条规定,分包工程发包人将工程分包后,未在施工现场设立项目管理机构和派驻相应人员,并未对该工程的施工活动进行组织管理的,视同转包行为。

第十四条　禁止将承包的工程进行违法分包。下列行为,属于违法分包:

(一)分包工程发包人将专业工程或者劳务作业分包给不具备相应资质条件的分包工程承包人的;

(二)施工总承包合同中未有约定,又未经建设单位认可,分包工程发包人将承包工程中的部分专业工程分包给他人的。

第十五条　禁止转让、出借企业资质证书或者以其他方式允许他人以本企业名义承揽工程。

分包工程发包人没有将其承包的工程进行分包,在施工现场所设项目管理机构的项目负责人、技术负责人、项目核算负责人、质量管理人员、安全管理人员不是工程承包人本单位人员的,视同允许他人以本企业名义承揽工程。

第十六条　分包工程承包人应当按照分包合同的约定对其承包的工程向分包工程发包人负责。分包工程发包人和分包工程承包人就分包工程对建设单位承担连带责任。

第十七条　分包工程发包人对施工现场安全负责，并对分包工程承包人的安全生产进行管理。专业分包工程承包人应当将其分包工程的施工组织设计和施工安全方案报分包工程发包人备案，专业分包工程发包人发现事故隐患，应当及时作出处理。

分包工程承包人就施工现场安全向分包工程发包人负责，并应当服从分包工程发包人对施工现场的安全生产管理。

第十八条　违反本办法规定，转包、违法分包或者允许他人以本企业名义承揽工程的，按照《中华人民共和国建筑法》、《中华人民共和国招标投标法》和《建设工程质量管理条例》的规定予以处罚；对于接受转包、违法分包和用他人名义承揽工程的，处1万元以上3万元以下的罚款。

第十九条　未取得建筑业企业资质承接分包工程的，按照《中华人民共和国建筑法》第六十五条第三款和《建设工程质量管理条例》第六十条第一款、第二款的规定处罚。

第二十条　本办法自2004年4月1日起施行。原城乡建设环境保护部1986年4月30日发布的《建筑安装工程总分包实施办法》同时废止。

（2）利益主导的原则

利益主导原则就是以利益为主导因素，以利益为先决条件。首要考虑项目的利益，也要考虑分包商的利益，合理把握尺度，实现互利共赢。

（3）整体策划的原则

整体策划原则就是要处理好整体利益与局部利益、近期利益与长远利益的关系。

（4）客观可行的原则

客观可行就是策划必须基于项目内外部环境资源要素，从实际出发，不能脱离客观条件的允许，方案要可行，能够或便于操作。

（5）随机制宜的原则

方案的制定应符合项目的特点。在执行过程中，应根据实际情况把握好调整或修正的力度。

3.5.3　工程分包方案选择的依据

（1）工程施工承包合同（与发包人签订的合同）。

（2）《中华人民共和国合同法》及与工程分包有关的法律法规、部门及地方的规章制度。

（3）公司颁发的《工程分包管理办法》、《在建工程管理实施细则》、《合同管理办法》或其他有关工程分包管理的相关制度。

（4）工程项目的特点、施工方案。

（5）拟投入的人力资源、机械设备状况，项目自身的技术水平、施工能力。

（6）目前市场分包商的能力、数量等状况。

案例3-7：某工程钢结构分包模式的选择

北京某工程钢结构分包模式选择时，比较了两种形式：钢结构制作、安装整体分包，钢结构制作、安装分别分包。两种方案的比较：

方案一：制作、安装整体分包（表3-3）

制作、安装整体分包　　　　　　　　　　　　　表3-3

序号	分项工程名称	工程量（t）	报价（元）	合价（元）	综合单价（元）
1	钢柱制作安装	540	10400	5616000	
2	钢梁制作安装	230	9435	2170050	
3	螺栓费用	17560	5	87800	
4	吊车机械费			200000	
总计				8073850	10485.52

方案二：制作、安装分别发包（表3-4）

制作、安装分别发包　　　　　　　　　　　　　表3-4

序号	分项工程名称	工程量（t）	组装单价（元）	合价（元）	综合单价（元/t）
1	钢柱钢梁材料费	770	5253	4044810	
2	制作及运输	770	2000	1540000	
3	安装	770	1200	924000	
4	螺栓费用	17560	5	87800	
5	吊车机械费			200000	
6	其他不可预见费用			300000	
总计				7096610	9216.38

两种方案比较（表3-5）

两种方案比较　　　　　　　　　　　　　表3-5

模式类别	总价格（元）	技术管理	质量标准	安全	进度
方案一	8073850	主要技术管理由分包队伍进行，项目管理相对轻松	质量主要是靠制作厂家及安装队伍决定	安全决定于项目管理及安装队伍	一致

续表

模式类别	总价格（元）	技术管理	质量标准	安全	进度
方案二	7096610	技术管理难度加大，主要是制作尺寸及运输的控制，但项目能力足以满足要求	分开管理，对质量无影响	安全管理主要在吊装和安装上，素质取决于安装队伍	一致

结论：采取第一种方案虽然项目的管理较为轻松，只对一个分包队伍，但成本增加了97.7万元以上。采用第二种方案主要管理难度在制作与安装队伍的配合协调上。同时要求项目技术深化能力及技术管理能力能够满足专业要求。对加工厂家的下料尺寸可以准确控制，对于安全和质量除了加工厂家外，对队伍的素质主要是在安装工序上，因此项目应采取方案二，组装分包，同时选择过硬的钢结构安装队伍。

3.6 采购计划的审核与执行

3.6.1 采购计划的审核

采购计划的审批，指上级主管物资采购的部门对采购计划的审查和批准。有的采购计划审批还包括企业上级领导机关对物资采购计划的批准。

审查的内容主要有：

1）是否符合上级计划安排的原则和国家的方针政策。

2）任务是否合理适当，物资的消耗定额是否准确、先进、可靠。

3）各期的库存储备量的预计有无高估或低估现象。

4）各种物资采购是否配套。

5）是否遵循了成本最优化原则，在保证质量的前提下，企业是否达到了先进性和效益性。

6）计算是否有误。

审批后的计划才能作为物资采购的依据。

3.6.2 采购计划的执行

（1）组织订货与采购

首先对于国家计划分配的物资、大宗物资可参加有关订货会议与物资生产企业签订订货合同，直接从生产企业取得物资，不需要经过中间流通机构，这样可优化供需衔接，缩短供货时间，减少流通费用等，即直接订货方式。它适合于产品定型、生产稳定、需要量大的原材料、燃料、大件设备和专用物资；小额物资一般可通过中间机构，即通过物资流通企业订购物资，一般采用就近原则，这样可使企业进行灵活采购，减少库存费用等，但需支付中间流通费用，这就是间接订货方式。它适合使用量不大，但使用范围较广的通用物资。非计划分配物资或零星需要物资，企业可按实际需要，根据经济合理性原则，向物资部门、商业部门、供销系统和其他企业单位自由组织实施。

（2）慎重选择合适供货单位，大力推行招标订货

计划性分配的物资，其采购单位、采购品种、数量均由国家按有关规定安排，企业与指定的供货方需签订相应的供需合同；非计划性分配物资在选择供货单位时，应考虑对方的生产能力、技术能力、信誉度和所供物资的质量、价格、数量和服务质量等方面，选择最佳的供应商。

（3）加强订货合同管理

订货合同是根据采购双方协议条件而签订的责任契约。订货合同要明确规定物资的牌号、规格、质量、数量、交货期、交货方式、运输方式、验收方式、付款形式、违规的处理方法等。它一经签订，即具有法律效力，要认真签订和执行，及时检查执行情况，积极促使双方均按合同要求行使，对不执行合同或歪曲合同的企业，要追究经济或法律上的责任。

4 工程项目采购控制

在制订好工程项目采购计划之后，就要按照采购计划的工作步骤来开展工作。在实际工程项目采购过程中，要进行采购的控制管理，将实际与目标产生的偏差修正，以使得采购工作最终达成既定的目标。一般对于采购过程的控制从采购成本控制、采购进度控制、采购质量控制、采购结算控制四个方面来进行。

4.1 采购成本控制

4.1.1 采购成本的概念

（1）采购成本

狭义的采购成本是指采购过程中发生的物流费用，包括持有成本、订购成本及缺货成本，但不包括所购产品的价格。采购成本除了包括订购活动的成本费用（包括取得货品的费用、订购业务费用等），还包括因采购而带来库存维持成本及因采购不及时而带来的缺货成本。

狭义的采购成本又称为采购管理成本，即采购部门在采购过程中的管理费用支出。

（2）总采购成本

总采购成本是指在采购全过程中所支付的全部费用，包括产品购置费、安装费、运输费、检验费、库存成本、维修费、采购不当引起的风险费用，以及相关税费等。总采购成本也称为总购置成本或总所有权成本（total cost of owner-ship，TCO）。

一般情况下，采购成本指总采购成本。

总采购成本包括三大部分内容：

1）所采购的原材料费用、运杂费、保险费等原材料成本。

2）采购过程的成本。即采购部门完成采购过程所付出的成本，主要是采购部门人工和差旅费。采购过程是指从采购计划、采购询价、采购合同签订，到采购材料进场为止的过程。

3）因采购失误而造成的损失成本。即质量成本、效率成本、资金占用成本、风险成本、其他浪费。

（3）采购的显性成本与隐性成本

采购的显性成本就是采购时的产品价格，是最容易被关注的成本。采购的隐性成本是指除产品价格以外的不易统计和计算的采购成本，比如采购的产品质量成本、管理成本等。采购的隐性成本是最容易被忽视的成本。

传统的采购交易重点放在产品价格谈判上，其次才考虑产品的质量性能和交货期等因素。因此采购成本主要围绕与产品价格等相关的显性成本，较少考虑采购的总体成本。

采购的隐性成本包括产品价格之外的很多方面，如单纯追求产品低价而导致供应商选择不当，长远看频繁更换供应商所带来的管理成本、过量存货的积压损失、进货不足的短缺损失、货物到达时间过早或延误形成的费用或损失等。

总采购成本包括采购的显性成本和隐性成本，跨越单一的采购部门的管理职能，从供应链管理的层面上来考虑，则包括材料价格以及与采购活动相关和因采购行为不当形成的所有费用或造成的损失。

（4）项目采购成本

项目采购成本是项目采购过程中所支付的全部费用，包括项目采购管理费用，项目交易价格（例如工程价格、设备价格、设计费、咨询服务费等），材料设备的运输费、库存费、检验费，以及项目的维修保养费等。全寿命周期的项目总采购成本除上述费用外，还包括维持项目正常运行的运营费用，例如燃料费、电费、运营维修费、运营管理费等。

在实际采购工作中，很多采购者只关注供应商的投标报价，而忽视了招标成本、建设成本和所有权损耗成本等项目总采购成本。

1）招标成本

招标成本指招标过程中发生的费用支出，是项目采购管理成本的一部分。通常招标活动包括：

① 发出招标要约前的行为。如招标方确定招标目标、调查主题、编写需求建议书、考察和认同供应商、获取内部的授权、寻求预算支持等，然后发出要约。该过程的成本大约占整个项目合同价的 $2\%\sim5\%$。

② 竞标者对招标方的招标文件编制相应的投标建议书。如果每个竞标者在编制投标书时花费合同价的 $1\%\sim6.7\%$，如果有 5 个竞标者的话，那么投标人的总成本将达到合同价的 $5\%\sim30\%$。表面上看，这笔款项由竞标者承担，但是从长远看是由招标方承担。因为竞标者会将投标成本分摊到每次竞标的项目上。

③ 进入评标程序，招标方完成包括开标、评标、定标、谈判、签订合同等事项。这个成本可能占合同价的 2%～5%。

④ 如果因为某种原因必须重新招标时，招标成本将大幅增加。因此，对于一般行业来说，竞标的总成本可能占到合同价的 10%～40%。

2）建设成本

施工企业是以一定的合同价格从项目业主那里承包工程施工的，这个合同价格如果施工过程中没有变更将是不会变化的，工程承包的这个合同价格也是供应商/分包商投标报价的主要依据，是买卖双方关注的重点。一般包括如下几个方面：施工准备、施工、竣工后的拆除退场费用等。

3）所有权损耗成本

所有权损耗成本指长期损耗成本，包括项目回访保修成本和设备退场、维护、可能的闲置成本。它们可能会持续多年，并且可能是前期费用的几倍；在设备面临报废之时还需考虑其销毁或处理的处置成本。

4.1.2 采购成本的构成

对于工程承包企业来说，项目采购成本包括货物采购（建筑材料、施工设备、工具、办公用品、劳动防护用品、临建设施等）成本、工程分包（专业分包、劳务分包、检验检测等）成本和服务采购（如生活后勤、现场保安、垃圾清运等）成本。

（1）按采购阶段划分的采购成本

根据项目采购的阶段不同划分，可以将项目采购成本分为交易前的成本、交易中的成本和交易后的成本。

1）交易前的成本。

项目采购交易前的成本，指采购方准备项目采购需求、确认需求、调查市场、编写招标文件、委托招标代理机构、考察和选择承包商、人员培训以及各种许可办理等成本。

2）交易中的成本。

项目交易中的成本，一般指采购交易过程中发生的费用，比如采购对象的合同价格、合同变更价格、索赔费、运输费、进场验收复试及检查费、现场搬运贮存管理费、项目实施过程中的各种管理费、许可费等。

3）交易后的成本。

项目采购交易后的成本，指项目采购结束后发生的相关费用，如项目的维修费、采购不当造成的损失、低劣的采购产品质量造成的间接损失等等。

以设备采购成本为例，可将项目采购成本分解如图 4-1 所示。

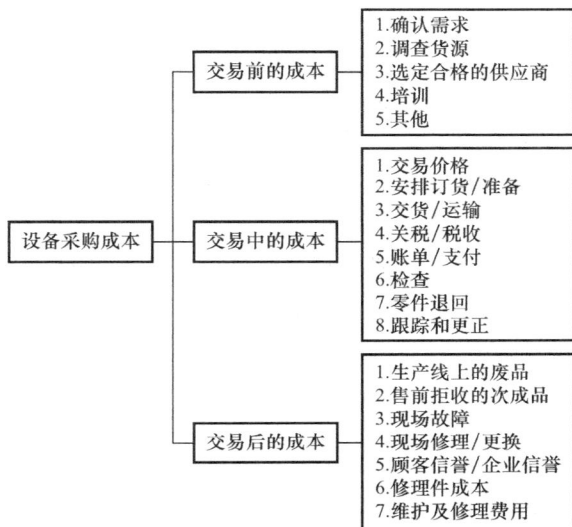

图 4-1　设备采购成本的阶段分解示意图

（2）按支付对象划分的采购成本

根据成本支付对象划分，将项目采购成本分为采购方的外部成本和采购方的内部成本。

1）采购方的外部成本。

采购方的外部成本一般以合同为依据，在合同执行过程还可能存在合同变更费和索赔费等调整，在合同执行结束后进行最终决算。

2）采购方的内部成本。

采购方的内部成本指采购方为保证项目采购顺利完成而组建项目采购班子、编制项目采购计划、采购询价和市场调查、采购过程和所购对象的检查、监督、控制等在采购班子内部的费用支出，以及由于采购不当等造成的各种损失等。

4.1.3　影响采购成本的因素

影响项目采购成本的因素很多，不同类型的项目，影响其采购成本和价格的因素也不同。一般来说，可以归纳为以下九个方面：

（1）市场竞争关系

所采购物资的市场竞争关系是影响项目采购成本的重要因素之一。供求关系一旦发生变化，虽然项目的组成成本不会发生大的变化，但是供应商的报价就会发生变动，从而影响项目的采购成本。市场充分竞争时，价格就会下降；不充分竞争时，价格就会上升。

（2）项目的技术复杂程度、质量标准和工期

项目的技术复杂程度、质量标准和工期会影响项目的成本，从而影响分包商的报价。项目要求的技术越复杂、质量标准越高、性能越先进，则项目的竞争程度会下降，则项目的采购成本就越高。工期要求越紧，则采购成本也越高。

（3）原材料、组成品、设备等价格变动

项目的原材料、组成品、设备等价格变动，项目的采购成本均会变化。

项目的原材料、组成品、设备的价格受到市场波动、季节变化、采购数量、标准件还是非标准件、功能设计、承包商的市场能力、国际市场价格、物流、保险等因素影响。

（4）项目采购数量

一般来说，大批量采购由于数量较多，供应商为从采购方获得更多的机会就会选择报低价，从而降低项目的采购成本。虽然一次性采购大量的材料设备可以降低供应商的报价，但是可能增加仓储费用，所以材料设备的采购数量应该合理优化，采取合适的管理制度。

（5）付款条件

项目的付款周期越长，供应商的财务成本和风险增加，则供应商倾向于提高报价，从而增加项目的采购成本。

（6）项目管理模式和合同条件

项目管理模式有传统模式、设计建造模式、施工管理模式等，合同条件有固定总价、单价、成本加酬金等不同计价方式和风险分配原则，这些不同的项目管理模式和合同条件都会影响项目的管理效率和分包商的积极性，从而影响项目的实际采购成本。

（7）采购方的管理能力

采购方的采购管理能力和合同执行能力既可以影响供应商的报价和实际成本变更，也可以影响内部的采购管理成本。采购方的管理能力与人员配置、采购方式、采购管理制度、管理流程、组织管理能力等密切相关。

（8）采购不当和管理不善

因采购不当和管理不善可能引起成本增加，比如材料质量不合格导致质量损失成本，库存不足造成效率损失成本，交货延迟造成的效率损失成本，过量采购形成的资金占用成本，原材料价格大幅波动造成风险损失成本。

（9）采购流程的计划性和透明性

项目采购是项目资金的主要支出方式，采购资金占项目资金的比重较高。由于采购部门的特殊性，其工作职责与风险不相一致，因此容易导致出现采购

问题和失误。严格按照采购计划进行采购，没有列入采购计划的内容不得采购。采购的计划性从源头控制采购资金的随意支出。合理采购流程要求采购流程透明，职责划分能够形成相互监督。透明的采购流程有利于监督控制采购活动，保证采购按照制度规范操作，降低采购纠纷和冲突，减少隐性成本支出，降低采购成本。

4.1.4 货物采购的成本控制方式

直接和间接的货物采购成本是项目采购的主要工作，货物采购成本占项目采购成本的比例高，加强对货物采购成本的控制具有重要意义。

（1）货物采购的成本控制重点

货物采购成本的控制主要是针对物料采购价格、运杂费和仓储费、数量进行控制。具体控制内容为：

1）控制物料采购价格。可以在采购过程中充分利用市场关系与供应商进行谈判和协商，以达到降低采购价格的目的。

2）控制采购物料的运杂费。综合选择运输方式、运输路线、物料供应来源地、包装方式，满载荷运输、保险、运输护理等，降低货物运价。

3）控制仓储费用。一般考虑仓库使用成本、物料管理成本等。

4）控制数量。对批量采购的，用控制采购批量的方法以降低资金占用成本和仓储成本。根据相应的生产条件，通过定量订货模型、定期订货模型、批量订货折扣模型等，确定订货批量。

5）控制质量。通过对采购物料的质量控制，降低采购、运输过程造成的废品、次品出现的概率。

案例 4-1：某公司订货批量控制方案（节录）

一、目的

（略）

二、适用范围

本方案适用于公司所有物资，特别是生产所需物资的采购订货批量的确定工作。

三、相关术语解释

1. 订货费用是指为采购物资所花费的各项进货费用，包括采购人员的差旅费、办公费、运输费、检验费等各类费用。

2. 存储费用是指物资在仓库中存储和保管所需的各项费用，包括物资占用资金的机会成本、仓库管理人员的劳务费、物资折旧费以及物资损耗费等。

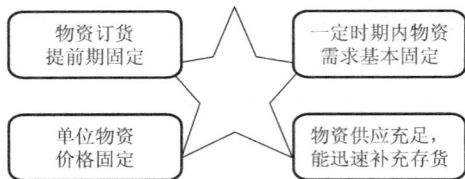

图 4-2　订货批量原则

进行订货数量决策。

四、订货批量确定原则

订货批量的确定原则如图 4-2 所示。

五、订货批量决策准备

1. 采购人员在进行订货批量计算之前，应确定库存成本控制目标，以便进行订货数量决策。

2. 采购人员需及时从仓库管理人员处获得库存变动信息，掌握过去库存变化的规律。

3. 采购人员需及时了解请购部门的物资使用情况，对未来物资需求数量作出正确的预测，避免出现存货过少或过多的情况。

六、选择订货批量计算方法

（一）定量订货法

定量订货法是指预先确定一个订货点和订货数量（一般以经济批量 EOQ 为标准），随时检查库存，当存量下降到规定的订货点时，就立即提出订货的方法。

（二）定期订货法

定期订货法是指按预期确定的订货时间间隔（T）按期进行订货以补充库存的一种库存控制方法。定期订货法的计算程序如下。

1. 确定订货周期

（1）订货周期 T 可以根据自然日历习惯，例如，以月、季、年等设置，或根据公司的生产周期、供应周期等因素设置。

（2）也可以借用经济订货批量的计算公式确定使库存成本最有利的订货周期：$T = \dfrac{1}{\text{订货次数}}$。

2. 确定目标库存水平

（1）目标库存水平包括两个部分：一部分是订货周期加提前期内的平均需求量；另一部分是根据服务水平保证供货概率的保险储备量。

（2）目标库存水平：$Q_{max} = (T+L)r + ZS_2$

（3）T 为订货周期、L 为订货提前期、r 为平均日需求量、Z 为服务水平保证的供货概率（查正态分布表对应的 t 值），S_i 订货期加提前期内的需求变动的标准差。若给出需求的日变动标准差 S_0，则 $S_2 = S_0 \sqrt{T+L}$

3. 确定订购量

（1）依据目标库存水平 Q_{max} 以及第 t 期中检查时的实际库存量 Q，可得到每次检查库存后提出的订购批量 Q。

（2）$Q=Q_{max}-Q_t$

（三）定量订货法与定期订货法的比较

上述两种方法的使用条件及优缺点比较见表 4-1 所示。

订货量计算方法比较说明表　　　　　　表 4-1

方法名称	特点	使用条件	优点	缺点
定量订货法	采购批量固定，时间不固定	不考虑缺货、数量折扣及其他问题，在理想状态下进行计算	订货时间和订货量不受人为判断的影响，能够保证库存准确性，便于按照经济订货批量订货，节约库存成本	需要经常对物资进行详细检查和盘点，花费大量时间，增加了库存保管维护成本，并且要求对每个品种单独订货，增加订货成本
定期订货法	采购周期固定，采购批量不固定	必须对物资未来的需求数量作出正确预测	盘点和检查次数较少，能够降低库存保存保管维护成本	只在盘点期进行库存盘点，可能会出现刚订完货就出现大量的需求而又使库存降为 0 的情况

七、计算订货点和订货量

根据物资的实际情况选择好订货批量计算方法后，采购人员应根据年度物资需求、提前期、价格、订货成本、年度库存成本等因素计算订货批量。

八、优化订货点

1. 在采购工作进行过程中，采购人员应跟踪实际运作情况，记录库存水平和采购情况，并填写"采购补货记录表"。

2. 采购人员应会同库管计算库存成本、采购成本等，确定物资供应的总成本。

3. 采购人员可会同库管，根据实际运作情况和相关数据优化订货点和订货批量，不断降低供应总成本。

（2）货物采购的成本控制方式

货物采购的成本控制方式主要有：比价采购、实行招标采购、经济订货批量法、增加库存法、改善运输条件、专家采购、寻求替代材料七种。

1）比价采购。

在物资的采购过程中，实行货比三家，即采购货物时，对比三家以上的供货单位。在同等条件下同样的货物则比质量，同样的质量比价格，同样的价格比服务。

2）实行招标采购。

实践证明，降低采购价格的一个有效方法就是实行竞争招标。所以要尽量采取招标方式采购货物。通过招标，从厂商选择、采购价格、合同签订等各个环节，进一步确定招标采购的范围和品质，杜绝回避招标、小范围议标及个别行政领导确定厂商等不规范现象，从而规范采购方式。

3）经济订货批量法。

以库存总费用（买价、订货费用和库存保管费用）最小的原则来确定货物订货批量，如果材料的买价相对固定，则与订货次数和订货批量关系不大。而订货费用和库存保管费用则是企业追求库存总费用最小时相互矛盾的两种费用。订货费用是随订货批量的增加而减少，而库存保管费用则是随订货批量的增大而增大。两种费用之和最小时，才是物料的经济订货批量。

4）增加库存法。

这是一种简单而有效的方法，即在市场价值较低的时候尽最大的资金能力大量地购入预计要上涨的物资，来减少因价格上涨而增加的成本。这种方法的关键在于对市场信息的搜集、正确分析市场的变化、准确预测和及时决策。

案例 4-2：某公司库存成本控制方案（节录）

一、目的

1. 为避免采购存货短缺，保证公司正常生产物料的供应和日常经营活动。

2. 尽量减少不必要的库存堆积，避免增加人工成本、仓储成本，产生呆滞料、废料损失。

二、适用范围

本方案适用于采购所得存货的持有成本控制。

三、相关释义

1. 存货持有成本是指储存在仓库中的物资成本，具体指因存货占用的资金，使公司丧失了使用这笔资金的投资机会，相应地损失了这原本能得到的投资回报。

2. 采购周期是指一次采购作业所需要消耗的时间。

3. 请购点是指当库存存货达到一定量时，采购部须执行采购作业。

4. 装运延误时间是指采购物资在运输途中因装卸和搬运的原因而造成物资延期到达仓库的时间。

四、岗位职责分工

各部门的岗位职责划分见表 4-2 所示。

五、库存量控制对公司的现实意义

存货的持有成本与库存量有关，库存量过多会增加库存成本和呆滞料损失；库存量过少，则供应不足，会延误生产。因此，公司须制定合理的安全库存量和请购点，以此降低库存量，从而降低存货持有成本。

部门职责 表 4-2

部门	岗位	岗位职责
采购部	采购部经理	1. 审批采购申请和采购作业流程 2. 审批请购点和请购量的设置
	采购专员	1. 分析制定采购流程与采购作业周期，报采购部经理审批后，通报相关部门 2. 根据生产部门、使用部门和仓储部门提供的资料，设置请购点与请购量
仓储部	仓储部经理	1. 领导及监督仓库管理员的库存管理工作 2. 组织制定并监督执行安全库存量
	仓库管理员	1. 负责仓库存货的日常管理工作 2. 执行安全库存量管理
财务部	财务部经理	1. 审查安全库存量和请购点的设定 2. 组织分析存货仓储成本占有率
	成本会计	负责核算库存成本和存货仓储成本占有率等

六、设定安全库存量

安全库存量是为了防止由于不确定性因素（如大量突发性订货、交货期突然延期等）而准备的缓冲库存。安全库存量的制定方法有以下三种。

1. 预估存货的基准日用量

（1）用量稳定的存货。仓储部会同生产部依据去年的日平均用量，结合今年的销售目标和生产计划，预测常用存货的基准日用量。当产销计划发生重大变化时，应及时对相关存货的日用量作出相应的修正。

（2）用量不稳定的存货。由生产部相关人员根据生产要求，参考销售部提供的销售量，结合市场情况，按照在前一个使用周期中产品生产所消耗的单位用量预估此存货当前的日用量。

2. 确定采购作业周期

采购周期由采购专员依照采购作业各阶段所需时间来设定，其具体方法如下。

（1）采购专员按照采购作业各阶段所需的时间来设定采购作业期限，并将设定的作业流程和作业天数报采购部经理核准。

（2）采购部经理结合公司的具体情况和发展规划核准其作业流程和作业天数。

（3）采购部拟定相关文件传达到有关部门，作为请购需求及采购数量的参考。

（4）相关部门根据采购部发布的采购作业周期，预估此期限内的存货用量。

3. 确定安全库存量

（1）安全库存量的计算公式如下。

安全库存量＝采购作业期间的需求量×差异管制率＋装运延误期间的用量

采购作业期间的需求量＝采购作业天数×预估日用量

装运延误期间的用量＝装运延误天数×预估日用量

（2）差异管制率。公司生产部门或使用部门应根据以往用量经验和实际情况预估用量，但往往与实际用量存在差异。用量差异率是指实际用量超出预估用量的比例。公司的差异管制率是指公司设定的允许用量差异的范围，公司设置的差异管理率为_____%。

（3）装运延误天数。一般情况下，对于省内采购，公司设置的搬运延误天数为1天；其他国内地区为2天；亚太地区为4天；欧美地区为6天。

（4）修改安全库存量。用量差异管理人员应于每月初针对上月开立的"用量差异反应表"查明差异原因，拟定处理措施，研究是否修正预估月用量。如需修订，应在反应表的"拟修订月用量"栏内填写修订内容，经主管副总核准后，送仓储部用于修改安全存量。

七、设定请购点与请购量

采购部应根据生产部门或使用部门设定的预估日用量和仓储部设定的安全库存量设定请购点和请购量，在保证物资供应及时的同时减少库存堆积，从而降低成本。由于不同物资的性能与用途不同，因此，公司须针对重要存货设置不同的请购点和请购量。

（一）设定请购点

请购点是采购部执行采购的预警信号，有利于降低库存成本。请购点库存量计算公式为：

某存货请购点的库存量＝采购作业期间的需求量＋安全库存量

（二）设定请购量

对不同的物资需设定不同的请购量，影响请购量的因素主要有以下四点。

1. 采购周期。

2. 最小包装量。

3. 最小交运量。

4. 仓储容量。

八、检查与考核

公司应定期检查采购部请购点的设置是否合理，是否需按照已制定的物料消耗定额和安全库存量来制定，考核相关存货仓储成本占用率、采购延误次数等。

5）改善运输条件。

交通运输条件在某些地区和某些情况下，已经成为制约经济发展的瓶颈，需要采取积极措施加以改善。譬如可与铁路、公路、水路等部门加强协作。

6）专家采购。

为了增加采购环节的公开和透明度，可成立跨部门的采购小组和谈判小组等，建立高效率和相互监督且透明的采购流程。如根据货物需求情况和质量要求，就采购的数量、质量、价格及付款方式、售后服务等方面，逐一与供应厂商进行谈判，实现交易环节和交易过程公开，与多个供应厂商达成一揽子采购协议，使得在进行货物采购时不仅能保证质量，又能及时交货，而且还可以得到其付款及价格的更多优惠，从而大大降低采购成本。

7）寻求替代材料。

采购部门与技术部门、质量管理部门等合作，积极寻求更具有经济性的可替代材料和货物，如房建施工地下回填用素土替代水泥焦砟，公路施工用河滩料替代二灰砾石等，既降低了材料价格，又降低了运输成本，从而降低材料采购成本。

4.1.5 采购计价

（1）采购成本核算的范围

项目采购成本核算的范围包括采购总成本、直接材料成本、直接劳动力成本以及间接采购成本四个方面，具体说明见表4-3。

采购成本核算的范围   表4-3

核算内容	具体说明
采购总成本	采购总成本就是采购成本，运输成本，以及间接操作程序、检验、质量保证、设备维护、重复劳动、后续作业和其他相关工序所造成的成本的总和
直接材料成本	用经济可行的办法能算出的、所有包含在最终产品中或能追溯到最终产品上的原材料成本
直接劳动力成本	用经济可行的办法能追溯到采购过程中的所有劳动力成本
间接采购成本	除了上述成本以外，所有和采购过程有关的成本

（2）采购成本核算控制措施

企业财务部应建立完善的会计核算制度以及采购成本核算制度，确保各类采购成本、费用能够准确地核算，从而为采购成本控制提供重要的依据。加强采购成本核算控制的主要措施包括四项，具体见表4-4。

采购成本核算控制措施 表4-4

控制措施	具体说明
科学设定科目	财务部应科学设定与采购会计处理有关的科目，包括原材料、包装物及低值易耗品、在途物资、应付账款、应付票据、预付账款、应交税费等科目
记录各项资金和物流	全面、真实地记录和反映企业采购各环节的资金流和物流状况
选择合理的核算方法	常见的采购成本核算方法包括品种法、分批法、分步法、分类法和ABC成本法等，会计人员应选择合适的成本核算办法
全面核算采购成本	会计和采购人员在统计采购成本时，不仅仅应记录显见的物资获得成本，还需将物资的持有成本也计算在内，计算采购总成本

（3）采购成本管理常用工具表单（表4-5～表4-12）

采购支出登记台账 表4-5

申报部门：_____ 填表日期：_____年_____月_____日

物资名称	采购价		人工费		运杂费		仓储费	
合计								

制表人： 审核人：

采购成本汇总表 表4-6

物资		采购地区		价格	进口费用	运输费用		取得成本	付款条件与方式
名称	编号	国别	供应商			金额	方式		

采购成本计算表 表4-7

材料名称	采购价		人工费		运杂费		仓储费		采购成本合计	
	单位成本	总成本	单位成本	总成本	单位成本	总成本	单位成本	总成本	单位成本	总成本

续表

材料名称	采购价		人工费		运杂费		仓储费		采购成本合计	
	单位成本	总成本	单位成本	总成本	单位成本	总成本	单位成本	总成本	单位成本	总成本
合计										

成本差异汇总表　　　　　　　　　　　　　　　　　表 4-8

采购物资名称	数量	物资价格			各种费用合计			总成本合计		
		估计	实际	差异率（％）	估计	实际	差异率（％）	估计	实际	差异率（％）

采购成本年度预算表　　　　　　　　　　　　　　　表 4-9

时间段：_____　　　　　　　　　　　　　填报日期：_____年_____月_____日

物资名称	型号规格	单位	使用部门	第一季度		第二季度		第三季度		第四季度	
				数量	金额	数量	金额	数量	金额	数量	金额
合计											

制表人：　　　　　　　　　　　　　审核人：

平均成本季度预算表　　　　　　　　　　　　　　表 4-10

时间段：_____　　　　　　　　　　　　　填报日期：_____年_____月_____日

物资类别	物资名称	型号规格	____月份		____月份		____月份	
			采购量	成本额	采购量	成本额	采购量	成本额
原材料								

物资类别	物资名称	型号规格	____月份		____月份		____月份	
			采购量	成本额	采购量	成本额	采购量	成本额
	小计							
辅助材料								
	小计							
生产设备								
	小计							
办公耗材								
	小计							
其他								
	小计							
	合计							

制表人：　　　　　　　　　　　　　　　　审批人：

采购成本分析比较表　　　　　　　　表 4-11

项目		本月		上月		本年累计		上年累计	
		金额	%	金额	%	金额	%	金额	%
原材料									
辅助材料									

续表

项目		本月	上月	本年累计	上年累计
其他物料					
采购费用支出					
成本合计					

采购费用分配明细表　　　　　　　　　　表 4-12

材料名称	人工费分配			运杂费分配			仓储费分配			合计
	分配标准	分配率	金额	分配标准	分配率	金额	分配标准	分配率	金额	
合计										

（4）采购价格计算方法

项目采购价格计算的方法很多，不同的方法计算的结果也不同，需要的相关数据资料也不同，花费的时间和费用也有差异。在项目管理过程中，为了使时间、费用和工作范围内的资源得到最佳利用，可以选择相应的成本估算方法，以尽量得到较好的估算结果。项目采购价格的计算方法常见的有成本分析法、参数估算法、市场调查法和预期收益法等。

在掌握上述方法之前，需要了解项目价格计算的基础。

项目价格就是项目交易的市场价格，即买卖双方的项目交易价。采购招标前，准确的项目价格估算有利于项目决策、制订项目采购计划、形成正确采购意识、项目实施和控制、项目评估等。

项目价格计算一般采用综合估算法，包括三个基本内容：

1）项目的工作分解结构（WBS）

项目的工作分解结构是项目管理的一种基本工作，WBS 为定义项目的所有组成及其相互管理，为确定项目的成本，以及整合项目管理活动提供了一个框架。

施工企业的项目生命周期可以分为项目启动、项目策划、项目实施、项目检测和项目收尾五个阶段，采购是项目实施阶段中起始过程的重要工作。

2）项目的成本分类

作为施工企业的项目生命周期内的主要成本可以分为：

① 固定资产投资；

② 流动资产投资；

③ 人工成本；

④ 材料成本；

⑤ 维修费；

⑥ 税费和保险费用；

⑦ 损耗费用；

⑧ 管理费；

⑨ 资产处理费；

⑩ 残值回收。

3）估算方法

根据项目所处的不同阶段、数据详细程度、估算精度和用途等，项目价格估算方法有初步估算（即项目建设概念设计方案的估算）、准详细估算（即相当于建设工程中的概算）和详细估算。项目详细估算的结果可能成为施工企业中标合同价的重要依据，也将成为项目采购的主要依据。

4.1.6 项目采购成本控制的方法

项目采购成本控制的方法在实践中有很多，最常用的一般有以下几个方面：

（1）竞争招标方式

对非单一性货源的产品及大宗材料的采购，降低费用与成本的最佳方法是实行竞争性招标；项目采购部可通过同一档次合格供应商之间的相互比价，最终得到合理的底线价格。

对需求量较大的材料采购，采购部应通过对不同供应商的选择和比较，形成供应商之间相互牵制的局面，从而使项目部在采购谈判中处于主动、有利的地位。

（2）选择付款条件

在项目资金充裕或银行贷款利率较低、供应商的产品质量近5年一直处于稳定可靠状态、供应商诚信度好的情况下，项目采购部可采用提高预付款比例或货到付全款的方式，来促使供应商给予所供产品以较大的价格折扣。

（3）把握价格变动趋势

市场规律表明，产品价格一般会随着季节、市场供求情况波动，尤其是建设高峰时期，价格变化尤为明显。通常情形下，年末的价格最低（供应商考虑减少库存和资金回笼原因所致）、年初的价格次之（供应商为多争取到当年合同份额所致）、年中的价格最高（供应商当年的生产任务相对饱满所致），因此在采购中，采购工程师既要关注国家建设资金投入量对市场整体价格的影响，更要仔细揣摩供应商在一年生产中的供货心理变化，学会把握价格变动的规律，抓住采购的最佳价格时机，有效降低采购费用。

（4）直接采购或结成同盟采购

除非施工进度急需，采购部所购产品应尽量向制造商直接订购，这样既可以减少中间环节、降低采购成本，又可以直接与制造商保持较好的联络，以获得及时的技术、售后服务。

在同一大型项目的分包工程中，项目部可就同类产品与其他项目部结成同盟联合采购，通过需求数量大来获得供应商更多优惠的折扣，以降低产品成本。但在同一个施工企业中，依靠项目部的联合采购毕竟其采购规模仍然受到限制，而且牵扯项目部精力过多。正确的做法是公司的集中采购，这部分内容详见本书的其他相关章节。

（5）利用保险

利用保险可以有效控制风险损失、降低由于风险引起的缺陷成本。

对由供应商组织的运输，项目采购部应在采购合同（订单）中设立专门保险条款，明确规定供应商有为所供产品购买保险的义务，保险责任期应为从供应商处运输到项目部所在地的全部期间，并且这种保险的直接受益人为项目部。

对自行组织的运输，项目部还应根据产品重要程度以及货物补充来源及时性等条件，为已到货产品办理意外风险保险，使那些重要程度等级高、货物补充来源困难的产品始终处于第三方的保险状态下，以减小由于风险损失而引起产品成本增加的可能性。

（6）提高项目管理人员和采购人员薪酬

提高采购人员工资和待遇，减少不良行为造成的损失。采购是项目资金对外支出的窗口之一，因其特殊岗位，采购工作人员常常成为供应商重点"关照"的对象。采购工作人员的不良行为也经常导致采购产品质量下降、费用增加、成本上升。分析产生这种现象的原因，除了采购制度不严谨、采购程序不完善之外，采购人员待遇偏低也是一个不容忽视的因素。采购工作人员相对于项目部其他人员而言，出差的机会明显偏高，并且不少项目所规定的差旅费标准时常使得他们在外的衣食住行陷入困境。在这种环境下，既可能造成合同差错的增多，也给不法供应商留下了可乘之机，进而导致采购费用增加，成本上升。

所以，在完善的采购制度、程序之外，适当提高项目管理人员和采购人员的薪酬和待遇标准，使他们无需为自己的衣食住行操心，珍惜工作机会，努力工作，是一项控制采购费用与成本的积极措施。也许从管理成本方面来看，费用是增加的，但这个成本的增加相对采购人员不良行为、不法供应商私下交易所带来的损失而言，应当是利大于弊。

在探讨工程项目采购管理中降低成本的问题时，应该确立采购全流程成本的概念，企业所应该关注的是整个工程项目流程中的成本降低，是对总成本的控制，而不是单一的针对采购货物或服务的价格。获得了低价的采购物品固然是成本的降低，但获得优质的服务、及时快速的供货、可靠的货源保证等也无疑是获得了成本上的利益。同时，降低采购成本不仅指降低采购工程项目本身的成本，还要考虑相关方面的利益，成本就像在 U 形管中的水银，压缩这边的成本，那边的成本就增加。单独降低某项成本而不顾及其他方面的反映，这种成本降低是不会体现在工程项目采购管理的利润之中的。所以，需要建立全流程成本的概念，来达到对整个工程项目采购管理总成本的控制和降低。我们不应该仅仅只看到最直接的成本降低，还应该从工程项目采购的全过程来衡量成本上的收效，从工程项目采购的全过程来探求降低总成本的有效措施。只有这样，才能在采购过程中发掘无处不在的降低成本的机会。

总之，采购费用与成本控制问题涉及项目采购全过程，既需要合格人员，也需要良好制度；既需要适宜的方法，也需要责权利的有机统一。后续环节的纰漏，可能使在前面环节的心血付诸东流。在前面环节的差错，可能需后续环节付出成倍努力方能弥补，唯有每个管理者、操作者自始至终地不懈努力，方能取得良好成效。

4.2 采购进度控制

4.2.1 采购进度控制概述

采购进度是采购管理中重要的一项工作，企业对采购进度进行管理，可以规范企业在采购过程中各项工作的执行，确保采购按照计划要求开展。项目采购的进度控制一方面是为了保证项目进度的正常推进；另一方面，通过合理有效的进度控制可以节约成本，缩短工期，保证质量。

　　要想控制采购进度，首先要有效控制订单处理周期，及时跟进并解决采购订单处理过程中的问题，可确保采购物资按期交付、采购过程顺利完成，同时也保证了企业在经营活动中能够获得必要的原材料、设备、辅助材料等，减少因采购作业延误而造成的停产、延期交付、计划调整等问题，降低采购成本。

　　采购订单管理是企业根据本企业的销售计划、生产计划、用料计划等，并结合自身实际能力及相关因素，所制订的切实可行的采购订单计划，并下达至订单部门执行。在执行过程中要注意对订单进行跟踪，以使企业能从采购环境中购买到企业所需的商品，为生产部门和需求部门输送合格的原材料、辅助材料、零部件、配件等物资。

　　采购进度管理是企业采购人员对采购询价、订购、交货等一系列作业程序所需时间及其作业期限的分析、确定与应用管理，主要包括订单处理周期管理和紧急采购管理。

　　订单处理具体包括的事项有订单准备、订单传递、订单登录、按订单供货、订单处理状态跟踪等。改善订单处理流程，缩短订单处理周期，提高供应商交期准确率，可以大大提高企业的物资供应服务水平，同时也能对控制本企业的库存水平和物流总成本起到一定的作用。

　　紧急采购是企业在生产经营紧急的情况下，来不及纳入正常的采购计划而必须立即进行物资采购的行为。采购人员在执行紧急采购作业时，重点是要做好该项作业的申请与审批、询价与谈判、交期设定与催货等工作，最大限度地缩短采购作业周期，满足紧急需求。

4.2.2　采购订单管理

　　（1）采购订单的制作依据

　　1）年度经营计划。

　　经营计划是各项计划的基础。年度经营计划是在参考了过去年度本企业和对市场形势分析基础上列出的有关合同额及营收计划。要想制订准确的采购计划，必须依赖于对市场营销的准确预测以及经营计划的准确制订。

　　2）年度施工计划。

　　年度施工计划是依据年度合同额加上预期的上年结转而得出的。有了年度施工计划，就可以在正常的提前期内进行采购并获得有利的最终价格。要想制订准确的采购计划，必须有一份准确的施工计划。

　　3）物料清单。

　　物料清单表面上是由市场投标部门制定的，在清单报价环境下，工程量清单对应所需物料清单，根据物料清单可以比较精确地计算出每一项工程的物料需求数量。然而清单报价是在有了具体工程对象时才可能发生的，年初只能根据经营计划和计划中的营销对象再加上以往年度的经验来预测物料清单。

4）库存记录卡。

库存记录卡可以用来表明某一材料目前的库存状况，包括账目和物料数量是否一致、物料存量是否全部符合要求。一个记载正确的库存记录卡是采购计划准确性的重要保证。

5）物料标准成本的设定。

在编定采购预算时，由于很难预测将来拟采购物料的价格，故多以标准成本替代。标准成本与实际购入价格之间的差额就是采购预算正确性的评估指标。

6）生产效率。

生产效率的高低将使预计的物料需求量与实际的耗用量产生误差。

（2）采购订单的编制步骤

通常来说，采购订单的编制包括以下四个步骤。

1）准备订单计划。

准备订单计划主要有四个方面的内容：接受市场需求、接受生产需求、准备订单环境资料和制作订单计划说明书，具体内容见表4-13。

准备订单计划的内容　　　　　　　　　　　　表 4-13

主要内容	具体说明
接受市场需求	市场需求是物资采购的"发动机"，要想制订比较准确的订单计划，必须了解市场营销和投标报价情况，通过对市场形势进一步分解得到物资需求计划
接受生产需求	生产需求对于采购来讲可以称为生产物资需求。生产物料需求的时间是根据施工计划而产生的，通常生产物资需求计划是订单计划的主要来源
准备订单环境资料	准备订单环境资料是准备供应商群体的供应信息资料，是准备订单计划中的一个非常重要的内容；订单环境是在订单物料的认证计划完毕之后形成的
制作订单计划说明书	制作订单计划说明书也就是准备好订单计划所需的资料

2）评估订单需求。

评估订单需求是采购计划中非常重要的一个环节，企业准确地评估订单需求能为计算订单容量提供参考依据，以便制订出好的订单计划。它主要包括分析营销形势、分析生产需求、确定订单需求三个方面内容。具体内容见表4-14。

3）计算订单容量。

计算订单容量也是采购计划中的重要组成部分，只有准确地计算订单容量，才能对比需求和容量，再经过综合平衡，最后制订出正确的订单计划。计算订单容量主要有分析项目供应资料、计算总体订单容量、计算承接订单量、确定剩余订单容量四个方面的内容。具体内容见表4-15。

评估订单需求的内容   表 4-14

主要内容	具体说明
分析营销形势	订单计划不仅仅要考虑生产计划，还要考虑市场需求，分析要货计划的可信度，仔细分析承包合同签订数量、合同剩余量的各项数据，研究其变化趋势，全面考虑物资需用计划的规范性和严谨性
分析生产需求	分析生产需求，先研究生产需求的生产过程，再分析需求量的要货时间
确定订单需求	根据对市场需求和对生产需求的分析结果，可以确定订单需求

订单容量的计算   表 4-15

主要内容	具体说明
分析项目供应资料	在采购过程中，物料和项目都是整个采购工作的操作对象。对于采购工作而言，在目前的采购环境中，所要采购物料的供应商信息是一项非常重要的信息资料
计算总体订单容量	总体订单容量涉及许多内容，主要包括两个方面：一是可供给的物料数量；二是可供给物料的交货时间
计算承接订单容量	承接订单量是指某供应商在指定的时间内已经签下的订单量。承接订单容量的计算过程较为复杂
确定剩余订单容量	剩余订单容量是指某物料所有供应商群体的剩余订单容量的总和，用公式表示为：物料剩余订单容量＝物料供应商群体总体订单容量－已承接订单量

4）制订订单计划。

制订订单计划是采购计划的最后一个环节，也是最重要的环节，这一环节主要包括对比订单需求量和订单容量、综合平衡、确定余量认证计划、制订订单计划四个方面的内容。具体内容见表 4-16 所示。

制订订单计划内容   表 4-16

主要内容	具体说明
对比订单需求量和订单容量	对比需求与容量是制订订单计划的首要环节，只有比较出需求与容量的关系，才能有的放矢地制订订单计划
综合平衡	综合平衡是指综合考虑市场、生产、订单容量等要素，分析物资订单需求的可行性，必要时调整订单计划，计算容量不能满足的剩余订单容量
确定余量认证计划	在对比需求与容量的时候，如果容量小于需求，就会产生剩余需求，对于剩余需求，要提交认证计划的制订者处理，并确定能否按照物料需求规定的时间及数量交货
制订订单计划	制订订单计划是采购计划的最后一个环节，订单计划做好之后就可以按照计划进行采购工作。订单包含的内容有下单数量和下单时间两个方面，其计算公式为：下单数量＝生产需求量－计划入库量－现有库存量＋安全库存量下单时间＝要求到货时间－认证周期－订单周期－缓冲时间

（3）采购订单异常的类型

对于在订单履行过程中会出现的各类异常问题，采购人员都必须事先进行了解，以便在出现此类问题时能够及时给出有效的处理措施。一般来说，在订单履行过程中，会出现以下四种异常情况。

1）采购订单的交期异常。

采购人员在遇到交期异常时，可以采取以下处理措施：

① 采购人员需在下单后及时跟踪订单情况，及时获取订单交货进度，并与供应商联络，及时获知交期异常情况。

② 采购人员得知异常后，应及时向采购部经理和请购部门反馈信息，以便及时进行补救或调整。

③ 采购人员需要采取积极措施尽量挽回损失，可以采用跟催法催交货物，也可以根据具体情况变更采购订单或替换供应商等。

④ 采购部应积极联络相关部门评估损失费用，并可视情况向供应商索赔。

2）采购订单的品质异常。

采购人员在遇到品质异常现象时，可以采取以下处理措施：

① 发现供应商所供物料品质异常且无法解决时，采购人员应及时以书面形式将问题反馈给采购部经理，请示解决办法。

② 由采购部和请购部门协商能否进行特采，必要时，采购人员可以召集请购部门到供应商生产现场协助解决异常。

③ 如因品质问题返工或拒收，影响本公司正常生产的，采购部应组织相关部门评估损失费用，并可视情况向供应商索赔。

3）采购订单的下单异常。

采购人员在遇到下单异常时，可以采取以下处理措施：

① 采购人员如发现订购单等收据没有及时发出，应立即联系下单人员。

② 如果发现采购部下错订单，采购人员应与供应商协商能否撤单，尽可能避免呆、废料，同时下达正确的订购单。如不能撤销，采购部应与相关部门沟通，尽量将问题订单内部消化。

③ 如果订单不能撤销也不能内部消化，则应由责任部门承担损失费用，并按照企业的相关规章制度对责任部门进行惩罚。

4）采购订单的突发异常。

采购人员在遇到突发异常时，可以采取以下处理措施：

① 经确认发生重大的事故或自然灾害，造成供应商短期内无法恢复生产的，或者突发事故造成原料严重短缺的，属于突发异常。

② 出现突发异常时，采购人员应及时向采购部经理汇报，并通过多种的渠道了解市场行情，力求减少损失。

③ 因突发异常而影响正常生产时，采购人员应向请购部门确认，考虑是否

可以通过高价调拨或采用其他减少公司损失的方式进行采购。

5）采购订单的弹性处理。

由于企业生产或销售订单变更需要改变采购订单时，采购人员应与供应商协商解决。

4.2.3　采购进度管理

（1）采购订单跟催方法

采购订单下达后，采购人员需要定期或不定期地与供应商进行沟通，了解供应商的备货情况，防止出现交期延误的现象。

1）订单跟催措施。

订单跟催的措施主要包括掌握备货进度、订单到期前的跟催和发出"催货通知单"三项内容，具体见表 4-17 所示。

制定跟催措施　　　　　　　　　　　　　　表 4-17

主要内容	具体说明
掌握备货进度	采购人员需及时用邮件或电话形式询问供应商的备货进度，必要时可以请供应商提供生产计划，据此掌握并督促进度
订单到期前的跟催	在订单约定到货日期的前一天，采购人员需通过电话进行跟催，弄清楚供应商的具体备货情况、预计发货日期等详情
发出"催货通知单"	如果供应商未按时交货，可能影响企业的正常生产经营，采购部需向供应商发送催货通知单，催货通知单发出后，需及时联系供应商，要求其提供确切的交货时间

2）交期跟催方法。

物资采购中经常用到四种交期跟催方法：订单跟催、定期跟催、物资跟催表、物资跟催箱，具体见表 4-18 所示。

交期跟催方法具体说明　　　　　　　　　　表 4-18

主要内容	具体说明
订单跟催	按照订单预订交付日期，并提前一定时间进行跟催
定期跟催	每周固定时间将要跟催的订单整理好，打印成报表，统一进行跟催
物资跟催表	采用物资跟催表掌握供料状况，明确跟催对象，确保采购顺利
物资跟催箱	设置物资跟催箱，取代传统翻页打钩办法，在跟催箱里规划 32 格，前 31 格分别代表每月的第一天，第 32 格是急件处理格

（2）采购交期定义与构成

采购交期是指从采购订货之日开始到供应商送货到库之日为止。交期由以下六项前置时间所构成。

1）行政作业前置时间。

行政作业前置时间是指采购部与供应商之间共同为完成采购行为所必须进行的文书及准备工作。

2）原材料采购前置时间。

原材料采购前置时间是指供应商为了完成客户订单，也需向其分供应商采购必要的原材料而花费一定的时间。

3）生产制造前置时间。

生产制造前置时间是指供应商内部的生产线制造出订单上所订物资的生产时间。

4）运送前置时间。

运送前置时间是指当订单完成后，将物资从供应商的生产地送到采购合同指定的交货点所花费的时间。

5）验收检验前置时间。

验收检验前置时间是指卸货与检查物资种类、数量、质量等的时间。

6）其他零星前置时间。

其他零星前置时间包括不可预计的外部或内部因素所造成的延误，以及供应商预留的缓冲时间。

（3）交期延误的原因

采购人员除了对某项具体采购的采购业务进行交期控制外，也需要定期根据业务采购经验，对交期延误的原因进行总结。

1）供应商原因。

具体包括接单量超过供应商的产能，供应商技术、工艺能力不足，供应商对时间估计错误，供应商管理不当，供应商的生产材料出现货源危机，供应商的质量管理不当，供应商经营者的客户服务理念不佳，供应商欠缺交期管理能力等。

2）采购方原因。

采购部责任具体包括供应商选定错误，业务手续不完整或耽误，价格决定不合理，进度掌握与督促不力，经验不足，下单量超过供应商的产能，更换供应商，付款条件过于严苛或未及时付款，缺乏交期管理意识等。

采购人员责任。因采购人员导致交期延误的原因主要有三类，具体见表 4-19 所示。

3）其他部门责任。

请购前置时间不足，技术资料不齐备，紧急订货，生产计划变更，设计变更或标准调整，订货数量太少，供应商质量辅导不足，点收、检验等工作延误，请购错误，其他因本公司人员原因所致的情形。

因采购人员导致交期延误的原因   表 4-19

交期延误原因	具体内容
紧急订购	1. 因库存数量计算错误等情况导致必须紧急订购，但供应商可能没有多余的生产能力来消化临时追加的订单 2. 采购人员未能正确地把握商品的供应来源与时机 3. 与供应商议价时日耗费太久，导致购运时间不足
选错订购对象	采购人员可能因为贪图低价，选择了没有制造能力或商品来源困难的供应商，若该供应商没有如期交货的责任心，便不可能按期交货
跟催不积极	在市场出现供不应求时，采购人员没有及时跟催，而供应商则会选择谁催得紧或谁的价格出得高，商品就往哪送，由此导致交期延误

4）其他原因。

① 采供双方沟通不良。

因采购方与供应商双方沟通不良而导致交期延误的原因包括但不限于以下九个方面。

a. 未能掌握一方或双方的产能变化。

b. 双方的指示、联络不确实。

c. 技术资料交接不充分。

d. 质量标准沟通不一致。

e. 单方面确定交期，缺少沟通。

f. 首次合作出现偏差。

g. 缺乏合理的沟通窗口。

h. 未达成交期、单价、付款等问题的共识。

i. 交期理解偏差等。

② 偶发不可抗力因素。

导致交期延误的偶发不可抗力因素主要有五大类，具体见表 4-20 所示。

偶发不可抗力因素的五种类型   表 4-20

因素	具体说明
①战争因素	主要指地区战争和武装叛乱等，可能发生使所需物料受到阻断的情形
②自然灾害	主要是指台风、暴雨或地震等事先难以预防的灾害
③经济因素	主要是指经济危机、通货膨胀以及汇率和利率变动，这些因素会使供应商生产成本大幅增加，若无适当补偿办法，必然会导致毁约停产
④政治因素	主要指应政府政策变化或政府之间关系改变而影响正常商务交往活动，导致无法履约或取得商品供应
⑤法律因素	法律上的严格禁止或限制也存在一定影响，如商标专利、通关等对所需物料会有限制，应随时预防，以免措手不及而造成延误

（4）交期延误的补救方法

企业在面临供货商交期延误时，较为主动的补救方法是从了解交期的构成基本前置时间要件开始，只要找到问题的源头，就能有效地管理供货商的交期。以下介绍六种交期延误补救方法，供读者参考，具体见表 4-21 所示。

交期延误补救方法　　　　　　　　　　　表 4-21

方　　法	具体说明
降低供货商接单的变异性	供货商的产能短期是固定的，需求的变动会影响供货商的工作量，也会直接导致交期时间延长。因此，采购人员最好将重点放在与供货商沟通上，采购人员应了解供货商的产能分配状况，而供货商也能了解客户的实际需求，使供货商产能的分配能配合客户需求的变动
缩短整备时间	供货商整备时间的改善可以增加生产的弹性，并且降低生产的时间，在准时生产环境下，其影响尤其显著。降低整备时间包括但不限于以下五种方法： 1. 购买新机器设备，或机台重新设计变更 2. 使用电动或气动辅助设备 3. 安装快速夹持设备 4. 透过工业工程，进行工作流程分析改善 5. 使用标准零件与工具
改善运送的时间	运送时间与供货商之间的距离，交货频率，以及运输模式之间有直接的关系。使用当地的供货商可大幅度降低运送的时间
减少行政作业时间	减少行政作业的时间，可以通过良好的沟通、正确的资料以及有效率的采购作业流程来达成。采购作业在公司内部与各公司间信息的流通占有相当大的比重
及时供货采购	及时供货的特性可从数量、品质、供货商以及制程四个方面来观察
让供应商管理库存	让供应商承担库存管理的责任是一种新兴的做法，在这个观念下，供货商负责库存的计划与保持，所以，库存的所有权在供货商，直到原料被提领消耗掉或被转换为产品为止，所有权方可转移至客户

案例 4-3：某公司采购交期控制制度

第 1 章　总　　则

第 1 条　目的

1. 在必要的时间内准时获得生产经营活动必需的原材料，维持正常的生产活动。

2. 减少因采购交期延误造成的公司损失。

第 2 条　适用范围

在采购过程中对采购交期确定、交期控制、采购跟催的相关事项，均依照本制度进行处理。

第 2 章　合理确定交货期限

第 3 条　合理确定采购物流方式

采购人员需在签订合同之前，合理确定交货方式、运输方式、运输路线等，并提供承运商建议，确保不因物流因素导致交期延误。

第 4 条　合理规划进货时间

采购人员在与供应商进行洽谈时，应事先估计供应商准备、运输、检验等各项作业所需的时间，以便在合适的时间进货，既能够确保准时供应请购部门，又能确保库存成本最小化。

第 5 条　明确交期违约责任

采购人员在进行采购洽谈时，应在明确交货期限的基础上，与供应商达成对交期违约责任的共识，并以合同条款的方式在采购合同中体现。

第 3 章　采购进度控制

第 6 条　及时掌握备货进度

1. 采购部人员在同供应商确定交货期限后，采购人员应及时要求供应商提供生产计划或者生产日程表，采购人员根据其提供的计划和日程表掌握并督促进度。

2. 采购人员应及时与供应商进行沟通，了解其备货进展，防止出现交期延误或者提前交货。

3. 采购人员发现供应商供货进度可能会影响正常的交货期限时，应及时采取措施，消除进度滞后。

第 7 条　期中跟催

1. 通常情况下，采购人员应注意是否能按照规定时间收到验收报表，未及时收到验收报表的情况下应采取电话查询的方式进行跟催。

2. 对于重要物资采购，除要求供应商按时报送进度表之外，还应前往供应商工厂进行实地访问查证，此查证工作应于合约或者订单中明确。

第 8 条　验收入库进度控制

1. 为了提高物资供应效率，采购专员和质检专员在进行物资验收时，应尽量简化检验步骤，提高检验效率，减少入库手续。

2. 进行物资采购时，应优先选择通过本公司质量评估验证的供应商，对质量有保障的优秀供应商提供的物资可实行"免检"处理，以缩短验收入库时间。

第 4 章　交期延误管理

第 9 条　交期延误原因分析

采购专员除对具体采购业务进行交期控制外，还需定期根据采购经验，对交期延误原因进行总结。常见交期延误原因包括表 4-22 中所示的 3 种。

第 10 条　交期延误处理

针对不同原因的交期延误，采购人员应采取相应的解决方案。

1. 因供应商原因导致的交期延误，采购人员应及时进行催货，要求供应商

交期延误原因 表 4-22

原因	具体内容
供应商责任	供应商接单量超过产能，生产计划不合理，出现采购和供应危机，质量管理不当
本公司责任	采购部供应商选择错误，业务手续不完整，价格决策不合理，进度掌握与督促不力，经验不足，频繁更换供应商、条件过于严苛等
	采购专员采用了紧急订购方式，选择了错误的订购对象，跟催不积极等原因
	其他部门责任请购前置时间不足，技术资料不齐备，设计变更或标准调整，订购数量过少，点收、检验延误，请购错误等
其他原因	采供双方沟通不良，未能掌握一方或者双方的产能变化，联络未得到落实，技术资料不充分，质量标准沟通不一，未达成单价、付款、交期的共识等造成延误
	偶发不可抗拒因素，如自然灾害，经济、政治、法律因素的变动等造成延误

根据合同条款承担违约责任。

2. 因本公司采购部原因造成的交期延误，应加强采购人员交期意识，提高采购人员业务素质，并对相关责任人进行批评。对公司造成严重损失的，应记失职一次，并处一定数额的罚款。

3. 因双方沟通不畅造成的交期延误，采购部首先应加强内部控制，改进采购工作业务水平，加强同供应商沟通，建立完善、畅通的沟通机制。

4. 因偶发不可抗力因素造成的交期延误，应与供应商协商进行处理。自然灾害造成的损失应寻求保险公司进行赔偿；其他偶发因素造成的损失，应和供应商协商解决，力求将双方损失减小到最低。

第 5 章　附　　则

第 11 条　本制度由采购部制定，呈请总经理办公室进行批准通过后生效，修改和废止亦同。

第 12 条　本制度自审核通过之日起生效并予以执行，执行中涉及的相关事项和问题由采购部负责解释和处理。

（5）采购进度管理工具表单（表 4-23～表 4-29）

物资订购单 表 4-23

编号：＿＿＿＿＿　　　　　　　　　　　　　　　　　日期：＿＿＿年＿＿＿月＿＿＿日

订单编号		请购单编号	
供应商名称		联系人	
收货地址			
用途		包装	
交货日期		分批交货数量	

续表

采购负责人				订单状态		
编号	品名与型号	规格	等级	单价	数量	总价
总计						
备注						

采购订单跟踪表 表 4-24

编号：_____ 日期：___年___月___日

序号	订单号	供应商名称	物资名称	采购数量	下单日期	拟交货日期	实交数量	未交数量	预计补交日期

订单变更申请表 表 4-25

请购部门		原订单号		采购日期	
物资名称			物质规格		
变更内容					
变更原因					
经办人			联系电话		
请购部门意见	签字（盖章）：			日期：___年___月___日	
采购部门意见	采购专员	采购主管	采购经理		
	年___月___日	年___月___日	（盖章）___年___月___日		
总经理意见	签字（盖章）：			日期：___年___月___日	
备注	1. 随附资料：原采购请购单和订购单复印件； 2. 本表一式四份，请购部门、采购部、财务部、总经理办公室各执一份。				

平均进度控制表 表 4-26

编号：_____ 　　　　　　　　　　　　　　　　　日期：____年____月____日

请购单号	请购部门	请购日期	物资名称	供应商	订购				需要日期	交货期	付款条件	付款情况	交货记录	备注
					日期	数量	单价	金额						

采购催交通知单 表 4-27

编号：_____ 　　　　　　　　　　　　　　　　　日期：____年____月____日

_____：
　　贵公司与本公司签订的下列合同已到期，迄今尚未交货，请于收到本通知后一周内交清！

　　　　　　　　　　　　　　　　　　　　　　　　　_____公司

到期未交货的物资一览表							
请购日期	合同编号	物资名称	规格	数量	单位	约定交货日期	备注

注：本单一式三联，第一联送供应商处催交，第二联送仓储部门，第三联留采购部存查。

采购交期变更联络单 表 4-28

编号：_____ 　　　　　　　　　　　　　　　　　日期：____年____月____日

物资编号		品名			
		规格			
请购单编号	请购量	原需要日	预到日	紧要日	采购部答复

采购交期延迟分析表 表 4-29

采购订单号				请购部门			
供应商							
采购员				跟单员			
订购情况	规格	品名	数量	原定交期	已交量	延迟天数	备注
延迟事由							
处理方案							
请购部门意见							
最终完成情况							

4.2.4 经济订货采购模型

项目采购是以满足工程项目过程中的所有要求为目的，随着过程概念的深入人心，越来越多的企业试图衡量总成本，而不是单一岗位上的成本，希望能使整个系统达到最优而不是局部最优。经济订货采购模型就是产生于这种思想之下。

首先要了解一下库存。库存是指那些已经由供应商处进入项目仓库或处于运输中但尚未投入生产领域的物资。一般来说，工程项目中的库存有以下几类：

① 生产库存。是为了在两次进货间隔期间能够维持生产的正常供应而建立的储备。它在进货时达到最大值，随着生产消耗，库存量逐步下降，在下一次进货前储备量为零；

② 安全库存。为了应付供应过程中发生的意外中断而建立的库存，例如，遇到货物延期、到货实物数量与质量和要求不符等特殊情况时，安全库存的存在可以保证工程项目施工的正常进行。

③ 季节库存。这是为了适应进料、用料的季节性特点而建立的库存，在原材料盛产时节囤积物资以供全年使用就是十分典型的例子。

由于库存与项目采购决策所处环境的快速变化，库存管理非常复杂，然而对于那些需求十分稳定的项目来说，其生产与施工过程同样十分稳定。对于这样的工程施工单位来说，用一些简单的模型确定采购数量和时间是一种简单易行又很实用的方法。这里介绍常用的经济订货采购模型。

（1）定量模型

在了解定量模型前，我们先了解以下几个概念：

1）生产准备成本。它是准备一次生产运行所需的全部成本。生产准备费用的高低与生产时间的长短、生产过程的复杂程度、生产准备的时间长短有关。

141

2）订货、采购成本。与进行项目采购交易相关的费用就是订货、采购成本，诸如电话、邮件、传真、运输、检验、接收等费用。

3）储存成本。包括处理费用、存储设施成本、库存租金、劳务与作业成本等。公司的储存成本有可能会很高，生产性存货的年储存成本占库存总值的25％～50％。只要企业能估计出储存成本占库存总值的百分比，就可以按照下面的公式计算出库存的年储存成本。

4）价格变化成本。这是由于价格浮动而带来的成本，有时供应商会为了鼓励购买或用现金支付而提供价格折扣。

$$年储存成本 = 平均库存价值 \times (库存储存成本 / 库存价值)$$
$$平均库存价值 = 平均库存单位数 \times 单位价格$$
$$用字母表示则为：C = Q/2 \times I \times K$$

式中　C——年储存成本；

　　　Q——订货数量；

　　　I——单位价格；

　　　K——物料的库存储存成本占库存价值的百分比。

了解了以上库存成本的概念之后，我们来介绍一下定量模型。该模型的目的是为了寻找一个使年总成本最小的经济订货批量，为了使问题简单化，这里的年总成本只考虑采购成本、订货成本和储存成本，即：

$$TC = RC + RS/Q + QCK/2$$

式中　TC——总成本；

　　　Q——经济订货量；

　　　R——年需求量；

　　　S——交易费用；

　　　C——单位价格；

　　　K——储存成本百分比。

使总成本最低的订货量 Q 就是我们所需寻找的经济订货数量。运用微积分的知识，对上一公式求导，我们可以得出：

$$Q = \sqrt{\frac{2RS}{KC}}$$

（2）再订货点

确定了 Q 点后，还需要进一步确定采购发生的时间。在这里我们引入两个概念：

1）再订货点。指采购发生时的库存额。

2）提前期。指采购发生和材料进仓之间的间隔期，用 L 来表示。

3）缺货成本。是企业未能在适当的时间、适当的地点，获得所需物料所带来的损失。它可以包括丧失商机所带来的销售损失、改变原有方案而带来的费用支出以及人力与设备的空闲而带来的损失等。

由于从采购到产品入库还需要一段时间，因此我们不可能在库存用完时才进行采购，而要根据提前期和消耗量确定一个再订货点 P。

$$P = LR$$

式中　P——再订货点；

　　　L——提前期；

　　　R——日消耗量。

如果我们考虑到安全库存，上面的公式还需要改动一下：

$$P = LR + D$$

式中　D——安全库存。

（3）定期模型

还有一种运用定期模型而不是再订货点来确定采购时间的方法。定期模型的目的是确定最优的订货期间，它的原理同上述的定量模型一致。

$$T = Q/R$$

式中　Q——每次订货量；

　　　R——需求。

将 $T = Q/R$ 带入 Q 的公式得出：

$$T = \sqrt{\frac{2S}{RKC}}$$

4.3　采购质量控制

项目采购质量管理的总体目标是严格检验采购物资，杜绝不合格品入库，对采购物资进行质量控制管理，确保采购的物资符合企业生产及经营的规定和要求。一般采购质量控制从采购物资检验、不合格物资处理和供应商综合质量评估三个方面入手。

4.3.1　采购物资检验和验证

（1）采购物资检验和验证的内容

采购物资检验的内容包括以下七个方面：

1）确认供应商交货和验收日期。

2）比对采购单，确定物资名称、规格。

3）清点物资数量，确保数量准确。

4）检验物资质量，填写物资检验清单及采购检验报告单。

5）确定物资并上报验收结果。

6）处理短损物资，退还不合格品。

7）清理检验现场，标识合格品并组织入库。

（2）采购物资检验的方法和方式

采购物资检验的方法一般分为感官鉴定、核对质量证明文件和理化检验。

1）感官鉴定法：是验收人员凭自己对物料知识的了解程度和工作经验，用视觉、听觉、嗅觉、触觉等来判断质量；其优点是简便易行，缺点是检验有一定的局限性。

2）核对质量证明文件：是对供应商提供的产品合格证和质量检验报告等质量证明文件同所运到现场的材料进行核对，以确认所提供的质量证明文件确为所提供的材料的质量文件。例如，钢材的质量检验报告所标明的钢材的炉批号同进场钢材所附标牌是否一致等。

3）理化鉴定法：是用各种设备、仪器、试剂对物料进行物料、化学和生物分析，从而判别物料质量是否符合要求。理化检验一般需工程甲乙双方会同监理方一道在进入现场的材料中按相关要求的一定批量抽取试样，送第三方检验机构进行。在公路、铁路、桥梁等施工现场，同时还要求施工项目部具备相应的检验能力，在施工项目部下设专职的试验室进行这项工作。

采购物资检验的方式一般分为全数检验、免检和抽样检验。

全数检验适用于采购物资数量少、价值高、不允许有不合格品的物资，或工厂指定进行全检的物资；免检适用于大量低值辅助材料、从经认定的免检厂采购货物以及因生产急用而特批免检的物资，对于后者，采购货物检验专员应跟踪生产时的质量状况；抽样检验适用于平均数量较多、经常性使用的物资。不具备检验手段且第三方亦不具备相应检验手段的物资，在核对相应质量证明文件后会采用此种检验方式。

案例 4-4：×××通信工程公司水泥电杆进货检验工作规程

一、基本要求

1.1 为本局提供电杆的供货方必须是本局或辽宁电力公司定点制造厂。

1.2 电杆表面必须符合国标 GB 396 要求。

1.3 每批电杆必须附有该批电杆的出厂证明书，其内容包括：

a）证明书编号；

b）产品标准编号；

c）制造厂厂标及制造年、月；

d）产品规格及数量；

e）离心混凝土强度检验结果：

f）力学性能检验结果：

g）外观尺寸检查结果：

h）制造厂技术部门、检验人员签章。

二、检验项目及内容

2.1 进货检验包括：

a）基本要求审查；

b）电杆型号、类别及外观质量检查；

c）尺寸检查。

2.2 基本要求审查按本规程第一条执行，出厂证明书由物资科保存。

2.3 外观质量检查

a）一根电杆外表应光洁平直，在每米长度内局部麻面和粘皮面积不大于同长度面积的5％时，允许修补。

b）合缝处不允许漏浆。

c）梢端及根端不应有碰伤漏浆，但当环向碰伤或漏浆长度不大于周长的1/4，且纵向长度不大于50mm时，允许制造厂修补。

d）钢板圈或法兰盘与杆身结合面不应漏浆。

e）外表面环向裂缝宽度不超过0.05mm。

f）不得有纵向裂缝，但网状裂纹、龟裂、水纹不在此限。

g）内外表面均不得露筋，内表面混凝土不应有塌落。

h）钢板圈焊口处内壁的混凝土端面与焊口处距离不得小于10mm。

2.4 电杆尺寸检查，电杆各部尺寸允许误差应符合国标GB 396—84中有关规定。

三、检验规则

3.1 外观及尺寸应进行全数检查，检查中发现有不符合本规程者，即为不合格，可停止检查，待制造厂对交验的电杆进行全检精选后再进行检查，仍有不合格者，应拒绝验收。

3.2 长度、外径及两端壁厚用精度为1mm的钢尺测量。

3.3 裂缝宽度不小于20倍的读数放大镜测量。

3.4 漏浆深度用精度为0.05mm的深度游标卡尺或专用工具测量。

3.5 其余外观质量用目测检查。

3.6 基本要求不符合规定者，其产品不予检验，也不准验收。

四、检验中发现的不合格品，由检验员标识，物资科负责退货或退换。

五、电杆检验可在指定场所由授权检验人员进行。

六、电杆保管

6.1 经检验合格的电杆应堆放在平整场地上。

6.2 根据杆长的不同，分别采用两支点和三支点堆放：

杆长小于 12m 时，采用两支点；

杆长大于 12m 时，必须采用三支点支承。

6.3 产品应按规格型号分别堆放。锥形杆梢径大于 270mm 和等径杆直径大于 400mm 时，堆放层数不宜超过 4 层；锥形杆梢径小于 270mm 和等径直径小于 400mm 时，堆放层数不宜超过 6 层。

6.4 产品堆垛应放在支垫物上，层与层之间用支垫物隔开，每层支承点在同一平面内，各层支垫物位置在同一垂直线上。

对采购物资进行检验时应当注意的是，不论采用什么检验验证方法，都必须是在货物进场后，在进场货物中按规定批量随机抽取样本进行检验。在货物生产地抽取的样本只能作为合格供应商评价的依据，不能作为进场货物合格与否的证据。

4.3.2 不合格物资处理

企业需要加强对采购检验过程中发现的不符合要求的不合格物资的管理，坚持"三不放过"原则，即不查清不合格原因不放过、不查清责任人不放过、不落实改进措施不放过，为企业的产品质量把关。不合格物资的处理措施具体如图 4-3 所示。

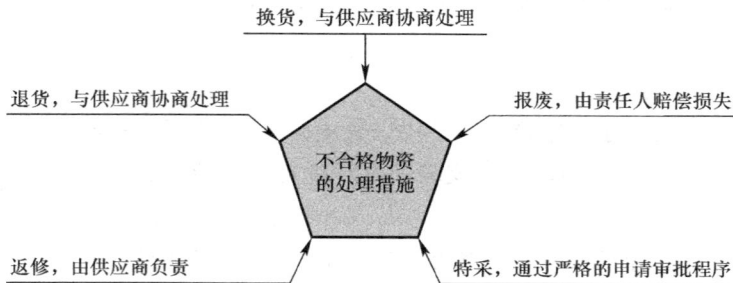

图 4-3 不合格物资的处理措施

4.3.3 采购物资质量控制的措施

（1）审核供应商的质量管理体系

1）确定审核的时机。

为了确保供应商的交货质量，采购人员需要定期对供应商的质量管理体系进行审核。对供应商质量体系进行审核的情况包括以下两种。

① 新供应商要审核一次到几次，以后每半年或一年审核一次。

② 出现重大质量问题或近期经常被退货且又难以变更供应商时，必须对供应商进行一次质量体系审核。

供应商获得了 ISO 9001 的认证证书是供应商质量保证能力的证据之一，但这并不能表示可以免除对供应商的质量管理体系审核。

2）确定审核方式。

大多数企业在对供应商的质量管理体系进行审核时，会聘请质量认证方面的专家定期实施对供应商的审核，全面掌握供应商的综合能力，尤其是产品质量水平。一旦发现了供应商在质量保证体系中的薄弱环节，应及时对供应商提出，督促供应商及时进行完善。

① 通过独立的体系认证机构。当今流行的 ISO 9001 等独立的体系认证机构，如国内的中质协质保中心、中建协质量认证中心，国际的 BSI、SGS、DNV、TUV 等认证机构，它们促进了国内质量管理水平的提高。

② 通过第三方权威机构检验以确保质量。例如，美国某企业要从国内购买一批产品，因双方距离太远，不一定能到实地考察或验证，于是委托一个中间机构，帮助验证该批产品的质量，以避免产品到美国之后再协商及处理。目前在国际上从事此类业务的机构有 SGS 和 TUV 等。

③ 通过产品单项认证，即将产品送到指定的机构进行检验，同时获得相关的证书，也可以说是"特种行业证"，如美国的 UL 认证、欧洲的 CE 认证等。

（2）在合同条款中明确质量要求

1）质量保证基本条款。

在采购合同条款中，应明确对采购物资的质量要求，应当表明所采购物资的名称、型号、规格、数量、价格、质量保证及技术要求等。质量保证条款应明确规定这些内容。

① 验证产品质量的方式、方法、地点，产品改进、改型以及验证结果的处理等。必要时安排本企业质量人员、技术人员到供应方处进行验证。

② 双方发生质量争端时的协调处理方式。

③ 供应方不合格品的处理方式。

④ "三包"服务承诺。

2）质量保证补充条款。

对于技术性产品，还应当签订"技术服务协议书"，其中涉及技术服务质量的条款内容有以下三项。

① 双方共同确认的图样、技术条件、产品标准和验收标准。

② 对于新产品，需签订"新产品开发技术协议书"和"知识产权保护协议书"。

③ 对于配套产品技术资料的发放、更改、回收等，应按"技术文件和资料控制程序"的有关条款进行控制。

（3）监督供应商的生产过程

采购人员在同供应商签订合同后，要对供应商的订单生产过程进行监督控制，确保供应商能够按照合同条款质量要求组织生产，确保产品质量的稳定性。供应商生产过程的监督方式有两种。

1）要求供应商提供相关的生产数据。

2）定期派人到供应商生产现场进行生产质量的监督，及时提出意见，与供应商进行沟通协调。

（4）设备监造

当采购者购买价值高、体量大、构造复杂的大型设备时，往往自行或委托具备相应资质的第三方，在合同约定的范围内，按照法律、法规、规章和标准，对产品制造过程的质量实施监督的活动。设备监造时要对工程项目所需设备在制造和生产过程中的工艺流程、制造质量及设备制造单位的质量体系进行监督，以确保所采购的设备材料质量、进度等充分满足合同要求和工程进度要求，包括对供方设备材料的制造计划、质量计划、制造过程监造、产品检验、验收、包装、发运出厂等流程的控制。

一般情况下，项目采购合同签订后，采购经理应及时向监造小组负责人提交相应的采购合同信息，并根据总包合同的相关要求，编制该项目需要重点控制检查的设备清单，经部门讨论后提交监造小组负责人。监造工程师供应商催要质量控制计划，并确认具备进度及设备具体检查的时间，监造负责人适时安排进行监造检验工作，及时派遣监造检验人员。

在质量检验现场，监造工程师必须随时协调解决业主方/业主指定第三监造方工程师提出的各种相关的问题，并敦促业主方/业主指定第三监造方人员现场出具质量检验报告，必须三方检验，采购方、供货商签字确认。

监造工程师需根据检查情况，现场编制《供方生产及质检情况汇报表》，回公司后将报告交给监造小组。对一次未通过验收或检验中出现重大问题的，监造工程师应及时电话通知监造小组负责人及部门负责人，详述存在问题。项目采购经理或其指定的检验人员有权通知供方停工整改直至复工。

对于有特殊要求的设备、材料，根据设备、材料的要求，可委托工程设计单位或设备设计单位或有相应资格和能力的第三方进行检验。项目采购经理或其指定的检验人员有权依据合同对第三方的检验工作实施监督和控制。

设备监造的前提是监造方对制造厂的高度控制能力，而完善的监造体系包括完善的管理程序及监督导则、高效的监造管理信息平台以及经验丰富的监造队伍则是成功设备监造的保障。

设备监造可分为自主监造和第三方监造。

一般情况下的设备监造分为以下几个阶段：

（1）监造准备

1）熟悉与被监造设备有关的法规、规范、标准、合同等资料文件；

2）熟悉被监造设备的图纸和相关技术条件；

3）熟悉被监造设备的加工、焊接、检查、试验、无损探伤等主要工艺方法及相应标准；

4）熟悉制造厂的质量保证大纲（生产大纲）及相应的程序；

5）编制或熟悉有关设备监造的管理程序。

（2）质量计划文件准备

设备制造厂应根据相关法律、法规、规章和标准编制质量计划，质量计划中应对每条要求进行细化，即确定明确的检查内容。监造代表对质量计划进行审核，选取 H 点（即停工待检点）和 W 点（即见证点），并按相应程序完成质量计划的审批。

（3）驻厂监造实施

1）对质量计划的控制点（W 点、H 点）进行见证，并签字确认。

2）对过程中发生的不符合项处理进行跟踪，按照程序要求对不同类别不符合项进行见证处理、关闭和签字确认。

3）参加制造厂有关工艺和技术修改的审查等。

4）定期或不定期地编制监造报告，及时向公司或项目反映制造过程中存在的问题、处理情况以及对设备制造质量、交付进度、经费等可能产生的影响。

（4）出厂验收

出厂验收是按合同和规范要求，对设备制造质量和应交付文件进行全面的最后检查、试验和清点。主要包括：

1）硬件验收，包括有关的功能、性能试验和必要的动作演示，总体尺寸、接口尺寸和关键尺寸的复测，零部件和备品备件的检查和清点。

2）文件验收，按合同和验收相关程序要求，清点交工资料文件，审查其合格性，检查装箱文件等。

3）包装及有关标识检查。

案例4-5是中铁某集团公司曾参与数台盾构和施工配套设备监造的专业人员的体会。

案例4-5：某市过江隧道工程泥水盾构机的监造

盾构（或TBM）是隧道掘进的专用工程机械，集机、电、液、传感、信息技术于一体，具有开挖切削岩土、输送土渣、拼装隧道衬砌管片、测量导向等功能。盾构及TBM已广泛用于地铁、铁路、公路、市政、水利水电隧道工程。

某市过江隧道施工泥水盾构机主要技术参数见表4-30。

盾构机技术参数 表4-30

项　目	主要技术参数
刀盘开挖直径	ϕ11380mm
推进油缸最大推力	121220kN
刀盘转速	0～2.3rpm
最大掘进速度	40mm/min
总装机功率	3200kW
整机总重	1100t
整机长度	56m

盾构及TBM监造主要指设备制造、调试阶段的质量控制、进度控制和投资的控制，即监造中的"三控制"，其中质量控制是最主要的，而质量控制的关键是设备制造、调试的过程控制，如图4-4所示。

质量控制方式（即监造方式）包括文件见证、现场见证和停工待检三种。（1）文件见证（Record point，简称R点）：见证项目由制造商自行进行检验，监造方按规定的要求对制造商的检验记录、试验报告和技术文件等进行查阅。（2）现场见证（Witness point，简称W点）：指监造方与制造商在现场对见证项目实施会同检验，监造方不如期参加时，制造商可以自行进行检验，自行检验合格后，即可转入下一道工序。（3）停工待检（Hold point，简称H点）：指监造方与制造商在现场对见证项目实施会同检验，没有监造方参加并签字认可的，制造商不得自行检验并转入下一道工序。制造商应与监造方商定更改见证日期，如更改时间后，监造方仍未按时参加，则认为放弃监造。

三种质量控制方式的区别见表4-31。

盾构及TBM监造

监造协议　　监造大纲

三控制

质量控制　　进度控制　　资金控制

文件见证（R）　　现场见证（W）　　停工待检（H）

一般检测｜外协件｜外购件｜主要材料｜检验工器具｜关键件跟踪｜重要检测试验｜大件装配｜调试与验收｜巡检｜抽检｜监检

合同控制进度｜进度调整｜合同付款结算｜禁止挪用

不合格品控制

实际进度

监造记录

监造日志｜周报、月报｜专题报告｜会议纪要｜验收记录｜监造通知｜质量事故表｜文件见证表｜现场见证表｜付款结算单

监造总结

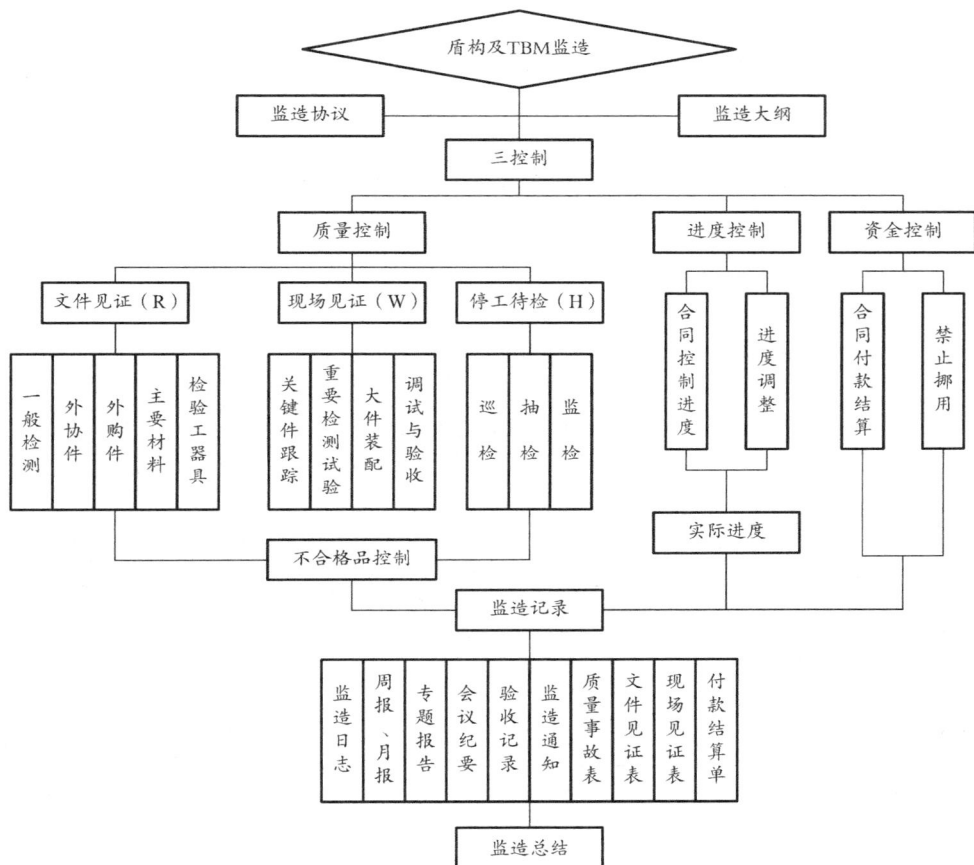

图 4-4　盾构制造、调试控制

三种控制方式的区别　　　　　　　　　　　　　表 4-31

项目	监造方是否在现场	监造方不参加时的处理
停工待检（H点）	必须有监造方在场，并且参加现场检验和签证	若转为R点，需得到监造方同意的书面通知，否则制造商不能自行转入下道工序
现场见证（W点）	应有监造方在场	自动转为R点
文件见证（R点）	监造方可以不在场	

　　某市过江隧道工程的两台 ϕ11.38m 泥水盾构制造工期为 10 个月，造价约 30000 万元。该盾构的刀具、人仓、泥浆泵、主驱动的轴承和电机、PLC 控制系统和激光自动导向等主要部件采用国外进口，其他部件和结构件（主机、管片机、后配套拖车）在国内 SZ 工厂加工制造，最后在 SZ 工厂组装、调试与验收。

　　（1）盾构的监造点

　　盾构的监造点分为一级监造点和二级监造点。一级监造项目少，是重点监

检，是最低要求；二级监造项目多，齐全、具体，是更高要求，是对制造过程的跟踪检查。同时，盾构及 TBM 设备监造点的设置需要遵循以下原则：

1）对关键工序进行监检，只有抓住关键点才能既经济又可靠地保证设备质量。

2）针对设备特点、制造厂薄弱环节进行有选择的控制。

3）需要有适当的覆盖率，最大限度地减少抽样的风险。

4）调查以往的监造经验，以便在生产过程中设置相应监造点，避免类似缺陷重复发生。

管片安装机的监造点设置见表 4-32。

管片安装机的监造点设置 表 4-32

监造项目			监造点					
			二级监造			一级监造		
项目名称	内容	技术要点	R点	W点	H点	R点	W点	H点
技术文件	设计图纸	根据以往使用经验，要求功能和谐、结构合理	※					
	制造工艺	焊接工艺、热处理工艺、机加工工艺	※					
	生产标准	ISO，DIN（德国工业标准），EN（欧洲标准）	※					
原材料	质量证明文件	是否与设计相符，是否合格	※					
	原材料代替品	要得到设备使用方的签字认可	※				※	
外购（协）件	制造商	主要考察生产规模、垫资能力、业绩等	※					
	机械部件	真空吸盘，旋转马达与减速器总成		※				
	液压部件	液压泵站，各类油缸，阀组，国内加工的硬管		※				
	电气元件	配电柜，控制电缆，PLC控制程序		※				
机械结构件	毛坯件拼装	焊口外观检查（外形，尺寸及表面质量）		※				
	焊接	焊缝内部质量（探伤报告）	※					
	焊后尺寸检查	外形尺寸，各局部定位尺寸，平面度，垂直度		※				
	热处理	热处理参数，热处理后的机械性能			※			
	精加工	设计图纸的精度、尺寸检查，表面粗糙度检查		※				
	试拼装	主要是连接螺栓、结构干涉、整体外观检查		※				
组装调试	资源的准备	人、机、料、场地的配置，技术方案	※					
	组装	高空作业、大件吊装、特殊岗位作业的安全	※					
	功能性调试	管片机的平移、旋转、举升、抓取能力的调试		※			※	
	参数性调试	旋转范围及速度，各油缸的行程和速度	※			※		
设备运输	运输线路	运输方案，检查超宽、超高、超重	※					
	装、卸设备	工厂、码头、施工工地等地的吊装设备	※			※		
	装、卸车	包装，装卸车顺序，装卸车场地面积及承载量	※					

监造项目			监造点					
			二级监造			一级监造		
项目名称	内容	技术要点	R点	W点	H点	R点	W点	H点
生产进度	进度计划	进度网络图，检查各工序间的逻辑关系	※					
	进度控制	盲目加快进度，控制不良工艺和工艺间的衔接		※				
资金使用	支付控制	用户投资计划，制造商结算工程量、费用支付	※					
	索赔处理	合同变更的真实性、有效性、合理性	※					

（2）影响盾构制造进度的因素分析

该两台盾构最后于 2006 年 6 月初交货，滞后于合同要求，当然原因是多方面的：

1）SZ 厂的管理水平、技术水平的影响。厂家的质量管理体系缺乏对制造质量的有力监督，没有真正起到监督作用。例如，盾构的中盾、管片机的轨道梁和底盘等大型结构件发生螺栓孔错位、漏加工工序、重要部位的粗糙度达不到要求。

2）SZ 厂对工件出现的质量问题处理不及时、不果断。在组装调试过程中发现的问题和故障未能及时给予处理反馈，有些问题一直不给答复和解决，还出现过欺骗、隐瞒的现象，对产品的制造质量和工期进度的影响较大。

3）外购成品设备。SZ 厂未能专款专用，盾构用户支付的设备款挪为他用，造成外购成品设备购买资金未能及时到位，对方厂家一直拖着不给发货，影响了整体组装、调试的进度，例如液压系统的钢管、管接头、电控柜、泥浆系统钢管等。

（5）加强交货质量验收管理

在物资验收环节，质量验收是验收的重要内容，也是进行质量控制的必然要求。

1）质量验收标准是否完善。

质量验收标准是针对物资验收过程所制定的质量管理条款，质量检验人员在验收时要根据质量验收标准进行检验。完善的质量验收标准能避免因质量检验不到位而产生的质量问题。

质量验收标准一是简单以物资好坏为标准，二是在验收检查时的试验标准。前者常常有限制，可因人而异，所以并不具体；后者则视抽样松紧方法的不同而定，有时因供应商信用可靠，不经检验即可通过。

2）选择正确的质量验收方法。

对于一般产品而言，质量验收比较简单；而对于技术性能比较复杂的物资而言，则需要根据物资的要求选择正确的验收方法。如有一些物资对检验的温度、湿度等有所要求，这就需要创造符合温度、湿度要求的检验环境。必要时，还要送专门检测机构进行质量检验。

企业在对采购的物资进行质量验收时，对于一些国家或行业规定需要进行第三方检验的物资，应委托有资格的部门进行质量检验。

3）记录质量检验数据。

质量检验数据体现了质量检验的过程和结果，数据不完整可能导致检验无效，数据失真则可能带来质量隐患。在保存质量检验记录数据时，应确保以往的数据资料完备，以备参考。

案例 4-6：某公司采购质量控制管理制度（节录）

……

第三条：采购质量控制的基本原则

1. 必须向评定合格的供应商采购；

2. 采购前应提供有效的采购文件和资料；

3. 对突发所需的特殊物资和急用物资，可向未评定过的供应商采购，由采购部进行物资的验证，验证合格后，即可进行订购。

……

第五条：采购物资检验的依据

1. 采购部与供应商签订的采购合同。

……

3. 供应商出示的质量认证证书。

4. 供应商出示的产品合格证和产品质量报告。

5. 采购物资技术标准。

6. 物资工艺图纸。

7. 供应商提供的样品和装箱单。

第六条：影响采购物资检验方式、方法的因素

1. 采购物资对产品质量、经营活动的影响程度。

2. 供应商质量控制能力及以往的信誉。

3. 该类物资以往经常出现的质量异常情况。

4. 采购物资对本公司运营成本的影响。

第七条：采购物资检验方式的选择

1. 全数检验

适用于采购物资数量少、价值高、不允许有不合格品的物料或企业指定进行全检的物料。

2. 免检

适用于大量低值辅助性材料、经认定的免检厂采购货物以及因生产急用而特批免检的物资。对于后者，采购货物检验专员应跟踪生产时的质量状况。

3. 抽样检验

适用平均数量较多，经常性使用的物资。一般物资采购均采用此种检验方式。

第八条：技术部编制《采购物资质量标准》，由技术部经理批准后发放采购检验人员执行。

第九条：质检部编制《采购物资检验控制标准及规范程序》，经质检部经理审批后发放相关检验人员执行，检验的规范包括货物的名称、检验项目、方法、记录要求。

第十条：采购部根据到货日期、到货品种、规格、数量等，通知仓储部和质检部准备检验和验收采购物资。

第十一条：采购物资运到公司后，由仓储部库管人员检查采购物资的品种、规格、数量（重量）、包装情况，填写"采购物资检验报告单"，并通知检验人员到现场抽样进行检验，未经检验合格的物资不得用于生产。

第十二条：采购检验人员接到检验通知后，按相应的标准对采购物资进行检验，并填写"采购物资检验报告单"，该单作为检验合格物资的放行通知，交库管人员办理入库手续。库管员对采购物资按检验批号标识后入库，只有入库的合格品才能由库管员控制、发放和使用。

第十三条：检测中不合格的采购物资根据公司制定的《不合格品控制程序》的相关规定处置，不合格的采购物资不允许入库，由采购人员移入不合格品库，并进行相应的标识。由采购部办理善后处理相关事宜。

第十四条：如果是紧急采购物资，来不及检验和试验时，需经法定代表人书面批准方可执行。

······

4.3.4 采购质量控制表单（表4-33～表4-37）

采购认证计划表   表4-33

编号：_____   日期：___年___月___日

供应商名称		联系人		电话	
地址					
采购认证项目					

续表

序号	物资名称	物资编号	规格	数量	单位	单价	年供应量	订单周期	付款周期	比例	备注
合计	年容量总金额（小写）										
	年容量总金额（大写）	____佰____拾____万____仟____佰____拾____元整									
主要条款描述											
品质规格				付款方法							
交货地点				包装要求							
验收方式				售后服务							
其他				其他							
购买方签字盖章				供应商签字盖章							
认证人员				主办人员							

采购物资检验清单 表 4-34

编号：_____ 　　　　　　　　　　　　　　　　　日期：____年____月____日

订单号	物资名称	物资规格	数量			外包装检验	质量			签字确认	备注
			应交数量	交货数量	数量结论		检验项目	检验标准	检验结论		

采购检验结果报告单 表 4-35

编号：_____ 　　　　　　　　　　　　　　　　　日期：____年____月____日

材料名称		材料规格		供应商	
订购部门		采购日期		到货日期	
订购数量		实收数量		检验员	

续表

数量验收结果	□ 足交					□ 短缺____				□ 溢交____	
外观状况								检验员			
损失数量及情况								检验员			
检验记录	检验项目	检验标准	检验结果					判 定		备 注	
			1	2	3	4	5	合格	不合格		
检验结果判定						是否特采			□ 是		□ 否
处理方式											
采购检验主管						采购检验专员					
质量管理部经理											
备 注											

特采处理作业申请书 表 4-36

编号：_____　　　　　　　　　　　　　　　　　　　　　日期：___年___月___日

申请部门		采购单号		检查记录编号	
品 名		数 量		申请人	
异常状况描述					
申请特采理由					
请购部门意见	签字（盖章）：			日期：___年___月___日	
采购部意见	签字（盖章）：			日期：___年___月___日	
质量管理部意见	签字（盖章）：			日期：___年___月___日	
分管副总审批	签字（盖章）：			日期：___年___月___日	

供应商退换货清单 表 4-37

收货单号		采购计划单号		订货合同号	
合同签订人					
物资名称	物资号	收货数量	物资单位	供应商	退（换）原因	处理意见

采购部经理：　　　　　　　采购专员：　　　　　　　收货员：

4.4 采购结算控制

采购结算控制是通过对采购预算、合同、相关单据凭证、审批程序等进行审核确认无误后，按照采购合同规定及时向供应商办理支付款项。在供应商按期交货后，企业相关部门应根据"采购订单"的要求进行验货、入库并认真填写"验收单"等相关单据。采购人员将采购过程中的"订购单"、"采购订单"、"采购物资验收单"及发票等凭证和单据进行整理，并据此向财务部申请付款。然后，采购部将确认过的"应付账款单"交与财务部门，财务人员根据"采购订单"、"采购合同"、"验收单"等单据进行审核，查验各类单据是否符合财务规定、数据是否相符等。最后，相关单据核对无误，经上级领导审批后，可安排付款结算等相关工作。

4.4.1 采购货款结算步骤

采购货款结算包括填写并发出采购订单、验收入库、采购订单核对、催收与协调、订单状态确认、填写应付账款单和结算付款七个步骤。

（1）填写并发出采购订单

采购部根据企业生产的实际需要发出采购订单，明确说明采购货品的型号、种类、价格、数量、技术指标等。

（2）验收入库

供应商进行备货准备，并根据订单要求按期交货。企业相关部门根据采购订单要求验货、入库，认真填写验收单等相关单据。

（3）采购订单核对

采购人员将货品验收单与采购订单进行核对，并进行单据汇总，将各项数据进行整理。

（4）催收与协调

若存在验收单不齐全或与采购订单不符的情况，采购人员应及时与相关部门沟通协调和催收。

（5）订单状态确认

采购人员应针对相关部门提出的问题及时与供应商确认订单状态，了解产生问题的原因，然后进行单据汇总。

（6）填写应付账款单

采购部采购人员根据汇总的各项数据填写"应付账款单"，列明应付款项明细。

（7）结算付款

对于采购部与供应商均确认通过的应付账款单，由采购部交予财务部。会计人员根据采购合同、采购订单、验收单等进行审核，查验各类单据是否数据相符、符合财务规定等。经财务部审核无误后，根据企业的审批制度进行审批，并由财务部安排付款。

4.4.2 采购结算方式

常见的采购结算方式主要有汇票、支票、信用卡、本票、汇兑、异地托收承付和委托银行收款七种。

（1）汇票

汇票是由出票人签发的、委托付款人在见票时或指定日期无条件支付一定金额给收款人或持票人的票据。当事人一般包括出票人、付款人和收款人，汇票对收款人的资格一般不加限制。

（2）支票

支票是出票人签发一定的金额，委托银行或其他金融机构见票无条件支付给收款人或持票人的票据。支票的当事人有出票人、付款人和收款人三方。其中，付款人仅限于办理支票存款业务的金融机构，出票人签发的支票金额应在其存款余额或与付款人约定的透支额度内。如不足支付的，付款人可拒绝付款，出票人应承担相应的法律责任。

（3）信用卡

信用卡是由银行及某些酒店、旅馆和其他专门机构发给私人使用的短期消费信贷凭证。

（4）本票

本票是一种无条件支付的承诺，是出票人签发并承诺自己在见票时无条件支付确定金额给收款人或持票人的票据。本票当事人就是出票人与收款人，出票人始终是债务人。

（5）汇兑

汇兑是汇款人委托银行将款项汇给异地收款人的一种结算方式，包括电汇和信汇。

（6）异地托收承付

异地托收承付是收款人在发货后，根据购销合同，委托银行向异地付款人收取款项，并由付款人向银行承担付款的一种结算方式。

（7）委托银行收款

委托银行收款是指收款人向银行提供收款依据，委托银行向付款人收取款项的结算方式。委托银行收款分为邮寄和电报划回两种，并且不受金额起点的限制，由收款人选择使用。付款期为三天，付款期满，付款人存款余额不足的，按无款支付办理，不予延期。对于拒付的情况，银行一般不负责审查拒付理由。

4.4.3 采购付款步骤

采购付款操作步骤包括五个方面：查询物品入库信息、准备付款申请单据、付款审批、资金平衡和向供应商付款。

（1）查询物品入库信息

供应商的付款操作一般是在物品检验通过并且完成入库操作后进行的，所以订单操作人员要查询物品入库信息，并对已经入库的物品办理付款手续。对于长期采购的供应商，可以采用谈判的方式达成一定的付款周期。

（2）准备付款申请单据

对于国内供应商的付款，应拟制付款申请单，并随附合同、发票、物品检验单据、物品入库单据等。作为付款人员要注意五份单据：付款申请单、合同、发票、物品检验单、物品入库单。其中的合同编号、物品名称、单价、总价、数量、供应商必须一致。

（3）付款审批

付款审批包括以下三个方面的内容：

1）数据的真实性。包括发票的真假鉴别，检验单、入库单的真假识别等。

2）单据的匹配性：包括付款申请单、合同、发票、物品检验单、物品入库单在合同编号、物品名称、数量、单价、总价、供应商的填写的一致性和正确性。

3）单据的规范性。特别是发票、付款申请单，要求格式标准统一、描述清楚。

（4）资金平衡

在采购过程中，企业必须合理利用资金，要综合考虑物品的重要性、供应商的付款周期等因素，从而确定付款顺序。对于不能及时付款的物品，要与供应商进行充分沟通，以便征得供应商的谅解和同意。

（5）向供应商付款

企业财务部门在接到付款申请单及通知后，便可向供应商付款，并提醒其注意收款。

案例 4-7：采购结算控制管理制度（节录）

……

二、适用范围

1. 公司须集团采购部集中采购的原材料的付款结算。

2. 公司经集团采购部授权批准自行采购的少量辅助原材料的付款结算。

三、结算依据及其要求

结算依据是物流部门申请付款和财务部门审核付款业务的原始凭证，主要包括以下各项（简称"七单一票"）：

1. 付款申请单：是办理申请付款业务的基本依据，由物流部门办理结算申请付款时填制。

付款申请单所载内容必须有：收款单位名称（全称）；收款单位开户行名称（全称）及地址、账号；材料名称、规格及型号、数量、单价、金额、入库时间；申请付款日期；付款方式；大小写金额；经办人及相关负责人的签字等。

2. 采购订单：是采购材料是否经过审批的依据。

3. 采购合同（单）：是采购结算的重要依据，须将复印件提交财务部门备案，便于财务审核时查阅。

4. 材料验收单：是开具材料入库单的重要凭据，也是财务部门审核所购材料是否合格入库的证明，须有指定授权验收人签字。

5. 货运单据：是厂家送货时随车送交我公司作为收货的依据，是采购结算中的重要依据之一；须盖有供货商公章或发货专用章等。

6. 过磅单：是指购回非定额包装类材料（如乙酯、丁酯等材料），须由物流专员和责任保管员监督过磅、联合签字的本公司自制过磅单。

7. 材料入库单：入库单上所载信息应与相对应的货运单据、发票信息一致；必须有物流专员和责任保管员的签字。

8. 发票：是记载和证明交易行为最根本的凭证，必须按照采购合同和采购订单分批次，按材料类别和规格开具：

（1）我公司材料采购必须取得税率为17%的增值税专用发票；

（2）公司经集团采购部授权批准自行采购的少量辅助原材料无法取得税率为17%的增值税专用发票的，经集团采购部批准后可取得其他税率的增值税专用发票、增值税普通发票、一般工商业发票等税务机关监制的正规发票。

四、结算单据的收集

1. 公司须集团采购部集中采购的原材料的付款结算必须取得"六单一票"，过磅单的取得由所购材料确定。

2. 公司经集团采购部授权批准自行采购的少量辅助原材料的付款结算可只取得材料入库单和发票。

五、付款审批流程

1. 票据的审核：财务部门授权指定会计员进行票据审核：

（1）"七单一票"必须由指定授权人员办理签字后即时交财务部门审核，公司应将指定授权人员名单及其签字样本交财务部门备案。

（2）"七单一票"所载内容一致，材料名称、规格、分类、计量单位、数量、金额等信息必须口径统一。

（3）"七单"中是一式多联单据的，必须用复写纸复写，不得用笔直接写在非第一联上，如不是最后一联，必须双面复写。

（4）增值税发票的审核：

1）集团采购部应将供应商开票与付款详细信息签署后交公司财务部门备案。

供应商开票与付款详细信息包括：①单位名称（全称）及住所；②单位开户行名称（全称）及地址、账号（指收款账户）；③税号；④发票专用章预留印鉴；⑤收款人姓名及联系方式；⑥收件人姓名及联系方式、邮编（寄承兑汇票使用）等。

2）增值税发票信息必须与备案的供应商开票信息一致；

3）增值税发票记载材料信息必须与"七单"一致；

（5）其他发票的审核

1）手工填制发票：

①填写的交款单位必须是我公司全称；②必须写明与所收款项一致的规范的金额大小写；③材料名称和数量必须与实物一致；④必须用复写纸复写，不得用笔直接写在发票联上，如发票联不是最后一联，必须双面复写；⑤收款方必须加盖其公章或发票专用章；⑥剪贴式发票无剪贴监督券无效。

2）一般工商业定额发票：①同类别同一批次所购材料的发票必须盖有同一收款单位的公章或发票专用章；②相同面额的定额发票必须连号，如有断号，不得出现两次断号。

3）所有发票均不得用其他发票替代。

2. 分公司经理审批

3. 集团采购部总经理审批

4. 财务部经理审批

5. 出纳付款：出纳依据审批手续齐全的付款申请单执行付款，付款时必须注意以下事项：

1）材料付款申请单必须有集团采购部负责人的签字审批，否则不予付款（公司经集团采购部授权批准自行采购的少量辅助原材料的付款除外）。

2）公司经集团采购部授权批准自行采购的少量辅助原材料的付款必须有分公司经理的审批，否则不予付款。

3）材料付款申请单须有经办人、审核会计、财务部经理、分公司经理、集团采购部总经理签字，签字样与财务部备案的以上人员预留签字样一致后方可执行付款。

4）付款申请单必须要素俱全，所载信息清晰、完整，无歧义、无涂改痕迹，空白行须画满斜线。

六、预付款的审批与支付

1. 支付预付材料款时，财务部门必须取得材料采购订单和采购合同。

2. 按照采购合同约定的付款额度审核付款金额。

3. 材料预付款申请单必须有集团采购部负责人的签字审批，否则不予付款。

4. 材料预付款申请单须有经办人、审核会计、财务部经理、分公司经理、集团采购部总经理签字。

七、付款方式

本公司材料款支付方式只有网银支付、承兑汇票、现金三种。

1. 网银支付：出纳支付，另指定一名财务人员授权。

2. 承兑汇票：此处承兑汇票指本公司往来款结算中收到的承兑汇票，本公司现不具备出票人资格。

供应商要求邮递承兑汇票的，应先出具"承兑汇票邮递风险免责证明"，在邮递过程中发生的一切损失本公司概不负责，收到承兑汇票后及时给本公司开具盖有收票方单位公章的合规收据，作为本公司的入账凭据。

3. 现金支付：只有经集团采购部授权批准分公司自行采购的少量辅助原材料的付款结算，分公司经理审批后可现金支付；但1000元以上的材料款支付尽量使用银行转账。

八、付款追踪调查与应付账款的核对

1. 出纳付款后及时通知物流专员付款情况。

2. 物流专员通过集团采购部与供应商核实材料款是否到位，如有异常，物流专员应第一时间反馈到财务部，采取应急补救措施以阻止或减少损失。

3. 出纳付款执行完毕后及时登记银行或现金日记账，往来会计及时编制相关记账凭证，登记应收账款明细账。

4. 财务部门至少每月末通过集团采购部与供应商对账一次，如有差错，找出原因，及时纠正。

九、附则

1. 本制度的解释和修改由财务部负责；

2. 本制度自总公司审批之日起执行。

4.4.4　采购结算控制相关表单（表 4-38～表 4-44）

预付款申请表 表 4-38

编号：_____　　　　　　　　　　　　　　　　　　　日期：____年____月____日

申请部门		申请人	
付款类型	☐ 订金（尚未开发票） ☐ 分批交货暂支款		
付款金额			
说明			

审核人：　　　　　　　　　财务部：　　　　　　　　　总经理：

采购付款申请表 表 4-39

编号：_____　　　　　　　　　　　　　　　　　　填表日期：____年____月____日

企业名称：_____　　　　地址：_____　　　　电话：_____								
收款单位名称：_____　　　地址：_____　　　　电话：_____								
序号	材料编码	名称	型号描述	合同编号	单位	单价	入库数量	金额
合计金额								
总金额（大写）		佰　　拾　　万　　仟　　佰　　拾　　元　　角　　分						
特别说明	后付单据							
	其他说明							

现金采购申请表 表 4-40

编号：_____　　　　　　　　　　　　　　　　　　　日期：____年____月____日

采购物资：_____				支票号码_____：	
支汇/汇现票款/票金	用途	金额	供货单位全称	开户银行	账号
申请人					
财务部经理意见					
总经理意见					

委托付款申请表 表 4-41

项目名称		申请单位 (盖章)	单位领导签名：	
立项申请表编号				
采购编号		日期	_____年_____月_____日	
项目合同总金额	￥：_____元 人民币：____佰___拾___万___仟___佰___拾___元___角___分			
	付款期数共（　　）期　本次为第（　　）期			
委托付款金额	￥：_____元 人民币：____佰___拾___万___仟___佰___拾___元___角___分			
	收款单位			
	开户银行		银行账号	
退回采购单位剩余金额	￥：_____元 人民币：____佰___拾___万___仟___佰___拾___元___角___分			
	收款单位			
	开户银行		银行账号	
本次申请支付金额合计	￥：_____元 人民币：____佰___拾___万___仟___佰___拾___元___角___分			
采购部经理审批意见	签名：		日期：___年___月___日	
财务部经理审批意见	签名：		日期：___年___月___日	
总经理审批意见	签名：		日期：___年___月___日	

采购结算请款表 表 4-42

请款金额		请款部门		请款人		请款日期	
合同编号		合同经办人		签订付款额		已付款额	
入库验收人		入库时间		付款时间		欠付款	
财务部审核意见							
收款单位							
开户银行							
银行账号							
请款理由							
采购部审核意见							
总经理审批意见							

采购付款通知单   **表 4-43**

合同编号：_____   填表日期：____年____月____日

合同名称			
物资名称			
收款单位			
合同金额（元）		人民币大写	
本次应付款（元）		人民币大写	
累计付款（元）		人民币大写	
合同余额（元）		人民币大写	
备注			

经办部门：   经办人：

采购结算计划表   **表 4-44**

部门		执行人		日期	
序号	结算项目	结算金额	收款单位资料	付款方式	备注

5 招标采购

5.1 概述

工程项目招标采购是企业作为招标方，事先提出采购的条件和要求，邀请众多单位参加投标，然后由企业按照规定的程序和标准一次性地从中择优选择交易对象，并与提出最有利条件的投标方签订协议的过程。一般来讲，工程项目招标采购工作包括招标准备工作、开标评标工作、定标管理工作三个环节。

（1）招标准备工作

招标准备工作要做好编制招标文件、发布招标公告和供应商资格预审三项重要工作。

1）编制招标文件。

招标领导小组应当及时编制招标文件。招标文件需要包含投标邀请书、招标物资技术规范、投标人须知、投标书格式以及经济合同条款等内容。

2）发布招标公告。

招标领导小组通过网站、报纸、杂志、电视等渠道发布招标公告，并向一部分熟悉的供应商发布招标邀请。

3）供应商资格预审。

在正式组织招标前，招标领导小组需要对供应商的资格和能力进行资格预审，资格预审一般包括基本资格预审和专业资格预审。招标领导小组应向通过招标资格预审的供应商发售招标文件；如果没有资格预审环节，应将招标文件发售给所有对招标作出反应的供应商。

（2）开标评标工作

开标评标工作重点要做好组织开标会议、唱标管理和标书评审。

1）组织开标会议。

招标领导小组应根据开标方案，在投标截止日后，及时组织开标会议，开标会议需要邀请所有投标人参加。

2）唱标管理。

招标领导小组需要以公开的方式检查投标文件的密封情况，当众宣读供应商名称、有无撤标情况、提交投标保证金的方式是否符合要求、投标项目的主要内容、投标价格以及其他有价值的内容。

3）标书评审。

评标领导小组需要按照招标文件中规定的方法对标书进行评审并编制评标报告，向招标领导小组推荐中标候选人。

（3）定标管理工作

定标管理工作需要完成确定中标人、核准中标人和签订合同三项工作。

1）确定中标人。

招标领导小组需要根据评标领导小组的评标结果，在中标候选人中选择中标人，一般情况下，需选择综合评价排在第一位的中标候选人。

2）核准中标人。

招标领导小组在确定中标人后，应于五日内持评标报告到招标管理机构核准，待招标管理机构提出核准意见后，方可向中标人发放中标通知。

3）处理招标争议。

招标领导小组确定招标争议的类型之后，需要根据不同的争议类型采取不同的处理措施，尽快解决招标争议，以确保招标工作的顺利进行。

4）签订合同。

招标领导小组发放中标通知并按照相关规定收取履约担保金后，应在规定的期限内与中标人签订合同。

5.2 招标准备工作

5.2.1 编制招标文件

（1）招标文件编写依据

1）遵守法律法规。

招标文件的内容应符合国内法律法规，如招标投标法、合同法、知识产权法、商业竞争法等多项有关的法律，遵循国际惯例、行业规范等。如有的招标文件中要求必须有本省的某行业领域资格证书，限制外地供应商竞争的区域规定，就与我国法律相背离。

我国《招标投标法》第十九条规定：招标人应当根据招标项目的特点和需要编制招标文件。招标文件应当包括招标项目的技术要求、对投标人资格审查的标准、投标报价要求和评标标准等所有实质性要求和条件以及拟签订合同的主要条款。国家对招标项目的技术、标准有规定的，招标人应当按照其规定在招标文件中提出响应。招标项目需要划分标段、确定工期的，招标人应当合理划分标段、确定工期，并在招标文件中载明。第二十条规定：招标文件不得要求或者标明特定的生产供应者以及含有倾向或者排斥潜在投标人的其他内容。

2）全面反映使用单位需求。

招标的目的就是为需求服务，招标文件全面反映使用单位需求是编制招标文件的一个基本的要求。技术规格书是对拟采购产品的技术描述，是反映招标采购产品具体而详细的内容要求，是招标采购产品的一个比较清晰的框架。技术规格书提供的要求越详细、越接近采购人合法的实际要求，才能使采购结果更符合采购需求。招标文件应能全面准确反映用户的需求，功能描述准确，技术指标、工艺方法、质量水平档次要求、验收标准明确，当投标人阅读招标文件时，知道应该以什么档次的产品报价可满足采购方的要求；商务条款、使用环境、地理位置条件也应明确，这些因素会影响到产品的配置和质量，影响到投标人的正常报价和投标方案。这些问题没有明确，招标文件就不能贴近用户需求，不仅给投标人编制投标文件带来很多困惑和疑问，最终会影响招标成效和质量。

3）公正合理。

公正是指公正、平等对待使用单位和供应商。招标文件是具有法律效力的文件，双方都要遵守，都要承担义务。合理是指采购人提出技术要求、商务条款必须依据充分并切合实际。技术要求根据可行性报告、技术经济分析确立，不能盲目提高标准、提高设备精度等，否则会多花不必要的钱。

4）公平竞争。

公平竞争是指招标文件不能存有歧视性条款。招标的原则是公开、公平、公正，只有公平、公开才能吸引真正感兴趣、有竞争力的投标厂商竞争。招标文件应载明配套的评标因素或方法，尽量做到科学合理，这样会使招标活动更加公开，人为因素相对减少，也会使潜在的投标人更感兴趣。还应该注意的是，招标文件的各项规格不得要求或者标明某一特定的专利、商标、名称、设计、型号、原产地或生产厂家，不得有倾向或排斥某一有兴趣投标的法人或者其他组织的内容。

5）科学规范。

以最规范的文字，把采购的目的、要求、进度、售后服务等描述得简捷有序、准确明了。招标文件的用词、用语一定要准确无误，表述清楚，不允许用大概、大约等无法确定的语句以及表达上含糊不清的语句，尽量少用或不用形容词，禁止使用有歧义的语言，防止投标人出现理解误差。一份招标文件要做到"五个统一"，即格式统一、字体统一、语言统一、数字运用统一、技术要求使用标准统一。

6）维护企业利益。

招标文件编制要注意维护使用单位的秘密，维护企业利益。

（2）招标文件编写的内容

招标文件是供应商准备投标文件和参加投标的依据，同时也是评标的重要依据。招标文件至少应包括九个方面的内容，具体见表5-1所示。

招标文件内容 表5-1

内　容	具体说明
投标邀请	1. 明确文件编号、项目名称及性质 2. 投标人资格要求，不同项目根据性质不同，邀请的投标人资格也不同 3. 发售文件时间应从公告时间开始到投标截止时间之前结束 4. 提交投标文件方式、地点和截止时间
投标须知	投标须知中应包括资金来源、投标商的资格要求、原产地要求、澄清程序、投标内容要求、投标语言、投标价格和货币规定、修改和撤销投标的规定、评标的标准和程序、投标截止日期、开标的时间以及地点等
合同条款	1. 合同条款包括一般合同条款和特殊合同条款 2. 特殊合同条款是因具体采购项目的性质和特点而制定的补充性规定，是对一般条款中某些条款的具体化，并增加一般合同中未作规定的特殊要求
技术规格	1. 技术规格规定所购货物、设备的性能和标准 2. 采购技术规格不得要求或标明某一特定的商标、名称、专利、设计、原产地或生产厂家，不得有针对某一潜在供应商或排斥某一潜在供应商的内容
标书编制要求	标书是投标商投标编制投标书的依据，投标商必须对标书的内容进行实质性的响应，否则将被判定为无效标（按废标处理）
投标保证金	1. 投标保证金可采用现金、支票、不可撤销的信用证、银行保函、保险公司或证券公司出具的担保书等方式交纳 2. 招标完成之后应及时退还投标商所押投标保证金，若供应商有违约、违规、违纪的情况发生，应没收其投标保证金
供货表和报价表	1. 供货表中应包括采购商品品名、数量、交货时间和地点等 2. 在报价表中要填写商品品名、商品简介、原产地、数量、出厂单价、价格中境内增值部分所占的比例、总价、中标后应缴纳的税费、涉及境外进口的材料、设备还要写明离岸单价及离岸港、到岸价单价及到岸港以及到岸价总价等
履约保证金	履约保证金是为了保证采购单位的利益，避免因供应商违约给采购单位带来损失；一般来说，货物采购的履约保证金为合同价的5%～10%
合同协议书格式	主要内容包括协议双方名称、供货范围或工程简介、合同包括的文本以及协议双方的责任和义务等

（3）招标文件编制的注意事项

1）时间要求。

对于时间，投标文件中一般会有很严格的要求。如招标人对已发出的招标文件中有关设备、材料选型、设计图纸等问题进行必要的澄清或者修改的，应当在招标文件要求提交投标文件截止时间至少15日前，以书面形式通知所有投标人。

如招标人发出的对招标文件的修改在提交投标文件截止时间 15 天以后，则开标时间应相应顺延，以保证投标人有足够的投标准备时间。

① 资格预审文件的售价。一般资格预审文件的售价会控制在一定金额内，如不超过 500 元人民币。

② 保证金的比例与范围。

投标保证金的金额和履约保证金的金额一般是按照一定的比例来控制的，如投标保证金的金额按照招标文件售价的 10 倍控制；履约保证金的金额按照招标采购合同价的 2%～5%控制，但最低不少于 1 万元人民币等。

2）招标文件中要约定材料价格的风险范围。

部分建材价格涨幅较大，一些项目由于供应方在投标时难以预计市场风险，致使合同不能正常履行，给甲乙双方都带来不可估量的损失。现阶段我国市场机制还不健全，价格的决定因素并不局限于竞争格局和供求关系本身，市场参与的主体各方还难以对价格的涨跌局势作出准确的判断，因此要投标人全部承担不可预测的整个施工期间的价格风险是不公平的，招标文件中应对材料价格的风险范围作出约定，风险范围以内的价格变化由投标人承担，风险范围以外的价格变化由招标人在招标文件中约定分担比例，以化解风险，维护当事人双方的利益。约定的方式有两种，一种是约定价格涨跌的比例，比例以内的价格涨跌不再调整；另一种是约定时间区间，时间区间内的价格涨跌不再调整。

风险范围的约定并不只对投标人有利，价格上涨时可能对投标人有利，价格下跌时可能对招标人有利，应本着公平、客观的原则，不能以损害对方的利益为前提。

5.2.2 发布招标通告

《招标投标法》第十六条规定："招标人采用公开招标方式的，应当发布招标公告。依法必须进行招标项目的招标公告，应当通过国家指定的报刊、信息网络或者其他媒介发布。"

招标公告应当载明招标人的信息，包括：

（1）名称；

（2）地址；

（3）招标项目的性质；

（4）数量；

（5）履约地点；

（6）时间；

（7）获取招标文件的办法等事项。

对比货物（材料、设备）采购和施工（分包）采购，招标公告中应该包括的内容稍有区别，见表5-2。

招标公告内容   表5-2

30号令（施工）	27号令（货物）
第十四条 招标公告或者投标邀请书应当至少载明下列内容： 1. 招标人的名称和地址； 2. 招标项目的内容、规模、资金来源； 3. 招标项目的实施地点和工期； 4. 获取招标文件或者资格预审文件的地点和时间； 5. 对招标文件或者资格预审文件收取的费用； 6. 对投标人的资质等级的要求。	第十三条 招标公告或者投标邀请书应当载明下列内容： 1. 招标人的名称和地址； 2. 招标货物的名称、数量、技术规格、资金来源； 3. 交货的地点和时间； 4. 获取招标文件或者资格预审文件的时间和地点； 5. 对招标文件或者资格预审文件收取的费用； 6. 提交资格预审申请书或者投标文件的地点和截止日期； 7. 对投标人的资格要求。

招标公告案例详见案例5-1。

案例5-1：贵州乌江××工程第一批设备采购招标公告（节录）

发布日期：2013-04-26

一、工程概述

1.1 项目名称及内容（略）

1.2 项目进展情况、招标条件落实情况、准备工作情况概述（略）

1.3 招标内容：贵州乌江沙沱升船机设备项目EPC总承包工程第一批设备采购，详见表5-3。

设备采购单   表5-3

序号	标段名称	招标编号	招标范围
1	主机房检修桥机、闸门检修台车	CHDT432/13-SB-0101	升船机主机房1250/2×150kN双向检修桥机；上下闸首检修闸门2×1000kN检修台车
2	液压油缸	CHDT432/13-SB-0102	承船厢和闸首卧倒门液压油缸
3	液压系统	CHDT432/13-SB-0103	承船厢和闸首卧倒门液压系统
4	液压启闭机	CHDT432/13-SB-0104	上下闸首、闸门启闭机
5	升船工程厂房室内装饰、设备安装	CHDT432/13-SB-0105	室内装饰、升船机机电、金结、启闭设备安装
6	提升卷筒装置、同步轴制造和厂内联调	CHDT432/13-SB-0106	提升卷筒装置等设备制造（同步轴系统、联调机架、检修平台、附件）及组装试验附属工作（制动系统、传动系统、电控设备的安装）和联调设备的运输（由厂至工地）

序号	标段名称	招标编号	招标范围
7	安全卷筒装置制造	CHDT432/13-SB-0107	安全卷筒装置制造（卷筒、机架）和运输至工地
8	制动器系统采购	CHDT432/13-SB-0108	工作制动器、安全制动器、液压系统、液压管路和备品备件
9	高、低速减速机	CHDT432/13-SB-0109	4台高速减速机、4台低速减速机、4套润滑泵站及机架

二、资金来源：自筹

三、投标人的资格应具备下列条件

投标人应具有圆满履行合同的能力，具体应符合下列条件：

投标人应具有圆满履行合同的能力，资格后审文件内容包括但不限于以下内容：

（1）中华人民共和国境内具有独立法人资格或由多个具有独立法人资格的企业（公司）。（不同标段要求有别）

（2）具有权威机构颁发的 ISO 9000 系列质量保证体系认证证书。

（3）具有良好的银行资信和商业信誉，财务状况良好，具有足够的流动资金来承担本项目设备的制造和供货。没有处于被责令停业、财产被接管、冻结、破产状态。

（4）不存在尚未了结的重大诉讼案件，投标人在近 3 年内不曾在任何合同中违约，或被逐，或因投标人的原因而使任何合同被解除。

（5）法定代表人为同一个人的两个及两个以上法人，母公司、全资子公司及其控股公司不得在本项目同时投标。投标人不能作为其他投标人的分包人同时参加投标。

（6）特别资质要求见表 5-4。

投标特别资质要求 表 5-4

标段名称	资格条件
主机房检修桥机、闸门检修台车	1）有独立设计或制造、供应过相同或者类似设备的经验并安全稳定运行的业绩（投标人应提供设计、制造、供货及安全稳定运行业绩的用户证明或鉴定证明，以证明投标人的设计和制造能力） 2）持有国家质量监督检验检疫总局颁发的有效的桥式起重机 A 级特种设备制造许可证和安装许可证书，有独立设计、制造、供应过起重量不小于 150t 的桥式起重机 3 台以上
液压油缸	有独立设计或制造、供应过相同或者类似设备的经验并安全稳定运行的业绩（投标人应提供设计、制造、供货及安全稳定运行业绩的用户证明或鉴定证明，以证明投标人的设计和制造能力）

标段名称	资格条件
液压系统	有独立设计或制造、供应过相同或者类似设备的经验并安全稳定运行的业绩（投标人应提供设计、制造、供货及安全稳定运行业绩的用户证明或鉴定证明，以证明投标人的设计和制造能力）
液压启闭机	1) 有独立设计或制造、供应过相同或者类似设备的经验并安全稳定运行的业绩（投标人应提供设计、制造、供货及安全稳定运行业绩的用户证明或鉴定证明，以证明投标人的设计和制造能力） 2) 具有水利部颁发的大型液压启闭机使用许可证书
升船工程厂房室内装饰、设备安装	1) 水利水电工程施工和建筑安装施工总承包壹级或以上资质，项目经理为国家注册一级建造师，并取得《中华人民共和国一级建造师注册证》，企业有类似施工业绩，具有良好社会信誉，并在人员、设备、资金等方面具备相应的施工能力 2) 具有国家特种设备安装改造维修行政许可证（桥式起重机 A 级和升降机 A 级） 3) 具有权威机构颁发的质量管理（含 GB/T 50430）、环境管理、职业健康管理、GB/T 50430 工程建设施工管理体系系列质量保证体系认证证书；（标准号写进） 4) 银行信誉等级：具有 AAA 信用等级企业 5) 申请人应能保证及时提供本合同工程所需的施工设备且设备应完好，其数量和种类应能满足本合同施工要求 6) 具有建筑安装企业安全资格证书及近三年的安全施工记录，提供安全机构及安全专职管理人员配备情况，提供安全生产管理制度等
提升卷筒装置、同步轴制造和厂内联调	1) 有独立设计或制造、供应过相同或者类似设备的经验并安全稳定运行的业绩（投标人应提供设计、制造、供货及安全稳定运行业绩的用户证明或鉴定证明，以证明投标人的设计和制造能力） 2) 具有加工直径 4.0m 以上卷筒专用车床，大于 5.0m 的数控立式车床 3) 具有对主提升设备进行出厂组装试验的室内拼装场地；主提升的厂内总装与调试场地要求不小于：55m×27m，具有单钩起重量大于 80t 的起重设备
安全卷筒装置制造	1) 有独立设计或制造、供应过相同或者类似设备的经验并安全稳定运行的业绩（投标人应提供设计、制造、供货及安全稳定运行业绩的用户证明或鉴定证明，以证明投标人的设计和制造能力） 2) 具有加工直径 4.0m 以上卷筒专用车床，大于 5.0m 的数控立式车床
制动器系统采购	1) 有独立设计或制造、供应过相同或者类似设备的经验并安全稳定运行的业绩（投标人应提供设计、制造、供货及安全稳定运行业绩的用户证明或鉴定证明，以证明投标人的设计和制造能力） 2) 具有中华人民共和国国家质量技术监督中心颁发的特种设备型式试验许可证 3) 同一品牌只能由唯一指定代理商进行投标
高、低速减速机	1) 有独立设计或制造、供应过相同或者类似设备的经验并安全稳定运行的业绩（投标人应提供设计、制造、供货及安全稳定运行业绩的用户证明或鉴定证明，以证明投标人的设计和制造能力） 2) 具有模数 30mm 及以上硬齿面齿轮加工设备，并设计、制造过模数 30mm 及以上的硬齿面减速器；有独立设计、制造、供应过相同或相近设备的经验并安全稳定运行的业绩（投标人应提供设计、制造、供货安全稳定运行业绩的用户证明或鉴定证明）

注：业绩请提供证明材料，使用单位的联系人及联系方式或用户证明的盖章材料。

（7）有不良业绩者取消其入围资格。

（8）特别说明：按照业绩、信誉、注册资金、综合实力等条件择优入围；提供虚假资料的，一经查实，取消其入围资格。

四、招标安排

1. 招标文件将于 2013 年 04 月 26 日 9：00 时至 2013 年 05 月 03 日 17：00 时（北京时间，以下同）出售。每套招标文件收取成本费如下（略）：售后不退；标书款支付方式：电汇方式支付。

请将电汇底单复印件及投标回函发送至下列邮箱，收到邮件后我公司将开通下载标书权限。

2. 接收投标文件的时间为 2013 年 05 月 21 日 9：00 时，投标截止时间为 2013 年 05 月 21 日 9：00 时，请在截止时间前将投标文件送达杭州，具体地点待定，在此时间后送达的投标文件将不再接收。

本次招标定于 2013 年 05 月 21 日 9：00 时在杭州，具体地点待定，公开开标。各投标人的法定代表人或其授权代表出席开标会议。

五、上述日期与时间如有变动，将及时以书面形式通知投标人。

联系人：陈××

手机：

传真：

邮箱：

5.2.3 供应商资格预审

（1）资格审查

招标人应当对投标人进行资格审查。资格审查分为资格预审和资格后审。判断一个施工招标项目是否需要组织资格预审，是由满足该项目施工条件的潜在投标人数的多少来决定的。潜在投标人过多，造成招标人的成本支出和投标人的投标花费总量大，与项目的价值相比不值得时，招标人需要组织资格预审。反之，则可以组织资格后审。

资格审查主要内容为：

1）营业执照、注册地点、主要营业地点、资质等级（包括联合体各方）；

2）管理和执行本合同所配备的主要人员资历和经验情况；

3）拟分包的项目及拟承担分包项目的企业情况；

4）银行出具的资信证明；

5）制造厂家的授权书；

6）生产（使用）许可证、产品鉴定书；

7）产品获得的国优、部优等荣誉证书；

8）投标人的情况调查表，包括工厂规模、财务状况、生产能力及非本厂生产的主要零配件的来源、产品在国内外的销售业绩、使用情况、近2～3年的年营业额、易损件供应商的名称和地址等；

9）投标人最近3年涉及的主要诉讼案件；

10）其他资格审查要求提供的证明材料。

资格审查标准分为初步审查标准、详细审查标准和评分标准三部分内容，见表 5-5～表 5-7。

初步审查标准 表 5-5

审查因素	审查标准
申请人、法定代表人名称	与营业执照、资质证书、安全生产许可证一致
申请函	有法定代表人或其委托代理人签字或加盖单位章，委托代理人签字的，其法定代表人授权委托书须有法定代表人签署
申请文件格式	符合资格预审文件对资格申请文件格式的要求
申请唯一性	只能提交一次有效申请，不接受联合体申请；法定代表人为同一人的两个及两个以上法人，母公司、全资子公司及其控股公司，都不得同时提出资格预审申请
其他	法律法规规定的其他资格条件

详细审查标准 表 5-6

审查因素		审查标准
营业执照		具备有效的营业执照、相应的工业产品生产许可证
安全生产许可证		具备有效的安全生产许可证
资质等级		专业分包单位必须具有所分包项目的专业承包资质，劳务分包单位必须具有相应劳务资质
财务状况类似项目业绩		财务状况良好，上一年度资产负债率小于95%，近三年完成过同等规模的专业工程一个以上
信誉		近三年获得过工商部门"重合同，守信用"荣誉称号。建设行政管理部门颁发的文明工地证书。金融机构颁发的 A 级以上信誉证书
项目管理机构	项目经理	具有相关专业一级建造师执业资格，近三年组织过同等规模的专业施工，且承诺仅在本项目上担任项目经理
	技术负责人	具有相关专业高级工程师或工程师资格，近三年组织过同等规模的专业施工的技术管理
	其他人员	岗位人员配备齐全，具备相应岗位从业人员职业/执业资格
主要施工机械		满足工程建设需要
投标资格		有效，投标资格没有被取消或者暂停

续表

审查因素	审查标准
企业经营权	有效，没有处于被责令停业、财产被接管、冻结，破产状态。
投标行为	合法，近三年内没有骗取中标行为
合同履约行为	合法，没有严重违约事件发生
工程质量	近三年工程质量合格，没有因重大工程质量受到质量监督部门通报或者公示
其他	法律法规规定的其他条件

打分标准   表 5-7

评分因素	评分标准
财务状况	A. 相对比较近三年平均净资产额并从高到低排名，1~5 名得 5 分；6~10 名得 4 分；11~15 名得 3 分；16~20 名得 2 分；20~25 名得 1 分；其余 0 分
	B. 资产负债率在 75%-85%之间的，15 分；85%＜资产负债率＜95%的 8 分；资产负债率＜75%的，10 分
类似项目业绩	近三年承担过 3 个及以上同等建设规模项目的，15 分；2 个的，8 分；其余 0 分
信誉	A. 近三年获得过工商管理部门"重合同，守信用"荣誉称号 3 个的，10 分；2 个的，5 分；其余 0 分
	B. 近三年获得建设行政管理部门颁发文明工地证书 5 个及以上的，5 分；2 个以上的 2 分；其余 0 分
	C. 近三年获得金融机构颁发的 AAA 级证书的，5 分；AA 证书的 3 分；其余 0 分
认证体系	A. 通过了 ISO 9001 质量管理体系认证的 5 分
	B. 通过了环保体系 ISO 14001 认证的 3 分
	C. 通过了安全体系 GB/T 28001 认证的 2 分
项目经理	A. 项目经理承担过三个及以上同等建设规模项目经理的，15 分；2 个的，10 分，1 个的 5 分
	B. 组织施工的项目获得 2 个以上文明工地荣誉的，10 分；1 个的，5 分；其余 0 分
其他主要人员	岗位专业负责人均具备中级以上技术职称的，10 分，每缺 1 个扣 2 分，扣完为止

（2）资格预审

资格预审是指在投标前招标人对潜在投标人投标资格进行审查。资格预审不合格的不得参加投标。

1）资格预审的程序。

一般情况下，资格预审需要按照以下四个步骤来完成。

① 编制资格预审文件。

② 邀请潜在的供应商参加资格预审。

③ 发售资格预审文件和提交资格预审申请。

④ 采购部进行供应商资格评定。

2）资格预审的内容

资格预审文件主要内容见表 5-8 所示。

资格预审文件和招标文件基本内容对照表　　　　　　　　表 5-8

序号	资格预审文件中申请人须知	招标文件中投标人须知
1	总则	总则
2	资格预审文件	招标文件
3	资格预审申请文件的编制	投标文件
4	资格预审文件的移交	投标
5	资格预审文件的审查	开标
6		评标
7	通知和确认	合同授予
8	申请人的资格改变	重新开标和不再招标
9	纪律和监督	纪律和监督
10	需要补充的其他内容	需要补充的其他内容

3）资格预审主要工作。

资格预审主要工作包括：

① 发布资格预审信息；

② 向潜在投标人发售资格预审文件；

③ 按规定日期，接受潜在投标人编制的资格预审文件；

④ 组织专人对潜在投标人编制的资格预审文件进行审核，必要时也可实地进行考察；

⑤ 提出资格预审报告，经参审人员签字后存档备查；

⑥ 将资格预审结果分别通知潜在投标人。

案例 5-2：××电厂二期 2×1000MW 扩建工程四大管道管材采购资格预审公告

发布日期：2012-11-24

所属地区：××省

工程名称：××电厂二期 2×1000MW 机组扩建工程

项目名称：四大管道管材

招标编号：BJGD-ZB-2012-098

招标人名称：××××电力工程有限公司

资金来源：企业自筹

招标方式：公开招标

资格审查方式：资格预审

招标范围：

1. 四大管道（主蒸汽管道（主管、支管）、高旁进口管道、低旁进口管道）德国曼内斯曼

2. 四大管道（冷再热管道（主管、支管）、高旁出口管道）美国咸曼高登

3. 四大管道（高压给水管道）日本住友、德国曼内斯曼

资格预审要求：

（1）申请人的企业营业执照。由投标申请人提供加盖法人公章的企业营业执照复印件；

（2）申请人具有国家相关部门颁发的进出口许可证书。由投标申请人提供加盖法人公章的进出口许可证书复印件；

（3）申请人具有与单机容量为 1000MW 超超临界燃煤机组招标相同/相近货物近五年内至少两台套及以上并正常运行二年以上的销售代理业绩，在安装调试运行中未发现重大的设备质量问题或已有有效的改进措施；由投标申请人提供相关业绩合同原件、相关海关报关单、关税证明、业绩合同等复印件，并提供用户联系人及电话；

（4）申请人法定代表人授权书（统一格式）；

（5）申请人在最近三年内没有骗取中标和严重违约及重大质量、安全问题。由申请人出具加盖法人印章和法定代表人或其授权的代理人签字或盖章的承诺书证明（格式自制）；

（6）申请人经营状况良好，申请人没有处于被责令停业，投标资格被取消，财产被接管、冻结，破产状态。由申请人出具加盖法人印章和法定代表人或其授权的代理人签字或盖章的承诺书证明（格式自制）；

（7）申请人不是招标人的任何不具独立法人资格的附属机构（单位），或者为招标项目的前期准备提供设计、咨询服务的任何法人及其附属机构（单位）；由申请人出具加盖法人印章和法定代表人或其授权的代理人签字或盖章的承诺书证明（格式自制）；

（8）若申请人为制造厂家代理经销商时，由投标申请人提供制造厂家针对本项目的授权函（需要原件）。

（9）本次招标部接受联合体

资格预审方法：有限数量制。当符合必要合格条件的投标申请人多于 5 家时，则按附加合格条件评审标准打分，并按得分高低进行排序，选择前 5 家为投标人。

资格预审获取时间：2012 年 11 月 24 日至 2012 年 11 月 28 日 18：00 时

获取方式：潜在投标人将资格预审文件费电汇至我公司账号，并将汇款底联加盖公章后传真至我公司后，我公司将资格预审文件以电子邮件的方式发送至潜在投标人的邮箱。

潜在投标人将项目联系人的联系方式发送至我公司邮箱。

资格预审文件费：人民币300元

资格预审文件递交截止时间：2012年12月4日17：00时

联系方式：

联系人：陈××工程师

手机：

邮箱：

QQ：

通过资格预审方式来进行资格审查的，通常用有限数量制的办法来确定合格对象，即审查委员会对通过资格审查标准的申请文件按照公布的量化标准进行打分，然后按照资格预审文件确定的数量和资格申请文件得分，由高到低的顺序确定通过资格审查的申请人名单。

对于资格预审过程中几个申请人得分相同的情形，招标人可以增加一些排序因素，以确定申请人得分相同时的排序方法，例如，可以在资格预审文件中规定：依次采用以下原则决定排序：

① 如仍相同，按照项目经理得分多少确定排名先后；

② 如仍相同，以技术负责人得分多少确定排名先后；

③ 如仍相同，以近三年完成的相同专业项目数多少确定排名先后；

④ 如仍相同，以企业注册资本金大小确定排名先后；

⑤ 如仍相同，由评审委员会经过讨论确定排名先后。

（3）资格后审

除了资格预审外，有些单位也采用资格后审的方法。资格后审是指在开标后招标人对投标人进行资格审查，提出资格审查报告，经参审人员签字后存档备查，并交评标委员会一份。资格后审方法一般采用合格制方法确定通过资格审查的投标人名单，即符合资格审查标准的申请人均通过资格审查。资格后审不合格的，其投标文件按废标处理。

案例5-3：招标文件模板

第一部分 招标邀请书

根据国家法律法规和公司的规章制度，对本公司所需的物料进行国内竞争性招标，兹邀请合格投标人前来投标。

1. 招标文件编号：_____

2. 招标货物/服务名称：_____

3. 主要技术规格：_____

4. 交货时间：（见标书要求）

5. 交货地点：_____

6. 招标文件从____年____月____日起每天（公休日除外）工作时间在下述地址出售，招标文件每套人民币_____元（邮购另加_____元人民币），售后不退。

7. 投标书应附有_____元的投标保证金，可用现金或按下列开户行、账号办理支票、银行自带汇票。投标保证金请于____年____月____日____时（北京时间）前递交。

开户名称：_____

开户银行：_____

8. 投标截止时间：____年____月____日____时____分（北京时间），逾期不予受理。

9. 投递标书地点：_____

10. 开标时间和地点：_____

11. 通信地址：_____

12. 邮政编码：_____

13. 联系电话：_____

14. 传　　真：_____

15. E-mail：_____

××公司××项目招标委员会

____年____月____日

第二部分　招标采购技术规范

一、招标采购物料名称及数量（略）

二、主要技术要求（略）

第三部分　投标人须知

一、投标资格

（一）投标人的合格性和资格的证明文件

（二）货物的合格性并符合招标文件规定的证明文件

二、招标文件

（一）招标文件的组成

（二）招标文件的澄清

（三）招标文件的修改

（四）招标费用

三、投标文件

（一）投标语言

（二）投标文件的组成

（三）投标标书格式

（四）投标报价和数量

（五）投标保证金

（六）投标有效期

（七）投标文件格式、签署

四、投标

（一）投标文件的密封

（二）投标截止日期

（三）投标文件的修改和撤销

五、开标及评标

（一）开标

（二）评标委员会

（三）对投标文件的初审和响应性的确定

（四）对投标文件的评估和比较

（五）投标文件的澄清

（六）评标原则及方法

（七）保密程序

六、定标（略）

七、授予合同

（一）资格后审

（二）授予合同的准则

（三）中标通知

（四）签订合同

（五）履约保证金

八、其他

第四部分　投标书格式

一、投标函（略）

二、开标大会唱标报告（略）

三、投标物料设备数量价格表（略）

四、企业营业执照影印件（略）

五、投标企业资格报告（略）

六、法人代表授权书（略）

七、投标货物/服务报告（略）

八、投标货物/服务偏差表（略）

九、中标人履约保证书（略）

第五部分 经济合同条款

（略）。

5.2.4 招标准备工作相关表单（表5-9～表5-12）

投标报名表 表5-9

企业名称				企业性质			
详细地址							
主管部门				联系人姓名			
注册资本				营运时间			
法人代表情况	姓名		职务			电子邮箱	
	电话		传真			手机	
企业简介							
企业优势和特长							
重要客户概况							
企业基本情况	职工总数			流动资金			
	资金状况	自有资金		固定资产		原值	____万元
		银行贷款				净值	____万元
	近三年销售额			近三年盈利情况			
设备配备情况	设备名称	购入时间		设备状态		数量	
备注							

招标采购委托申请表　　　　　　　　　　　　表 5-10

委托单位			委托日期		
委托项目					
预算金额			资金来源		
委托招标项目概况	1	是否按照规定完成并提交该项目的论证报告		□ 是	□ 否
	2	是否按规定完成并提交该项目的立项表		□ 是	□ 否
	3	是否已经落实该项目的采购资金		□ 是	□ 否
	4	是否已经完成并提交用户需求说明书		□ 是	□ 否
	责任人签名				
委托部门意见	签字（盖章）：		日期： 年 月 日		
采购部意见	签字（盖章）：		日期： 年 月 日		
财务部意见	签字（盖章）：		日期： 年 月 日		
主管副总意见	签字（盖章）：		日期： 年 月 日		

招标文件发售登记表　　　　　　　　　　　　表 5-11

序号	投标人名称	签收人	联系电话	日期

资格预审基本信息表　　　　　　　　　　　　表 5-12

企业名称		经理姓名	
企业所有制类别		企业级别	
企业主管单位		经营范围	
企业组建时间		企业电话	

开户银行				银行账号		
企业概况	自有人数	管理人员：____人	其中工程技术人员	高级工程师：____人	批准民工人数：	
		固定员工：____人		工 程 师：____人		
		合同员工：____人		助理工程师：____人		
		合　计：____人		技 术 员：____人		
	现有任务情况	今年计划开、复工项目：			迄今已开复工项目：	
		今年计划完工项目：			迄今竣工项目：	
拟投入本项目力量	本项目拟由_____分公司（工区、处）_____技术小组完成		项目负责人姓名		职务及职称	
			技术负责人姓名		职务及职称	
	人员安排					
	主要机械安排					
	其他					
招标办审批意见	经办人：				（盖章）　　　　年　月　日	

5.3 开标评标工作

5.3.1 开标

开标由采购单位组织进行，但需邀请投标商代表参加。在这一阶段，采购人员要按照有关要求，逐一揭开每份标书的封套，开标结束后，还应由开标组织者编写一份开标会纪要。记录内容包括：项目名称、投标人名称、投标价格、是否提交投标保证金、有无修正报价等，并要有投标人签字确认。

（1）开标时间和地点

招标人在规定的投标截止时间（开标时间）和投标人须知前附表规定的地点公开开标，并邀请所有投标人的法定代表人或其委托代理人准时参加。投标人法定代表人或其授权代理人应携带有效身份证明，签名报到，以证明其出席开标会议。

（2）开标程序

开标主持人一般按下列程序进行开标：

1）宣布开标纪律；

2）公布在投标截止时间前递交投标文件的投标人名称，并点名确认投标人是否派人到场；

3）宣布开标人、唱标人、记录人、监标人等有关人员姓名；

4）按照投标人须知前附表规定检查投标文件的密封情况；

5）按照投标人须知前附表的规定确定并宣布投标文件开标顺序；

6）设有标底的，公布标底；

7）按照宣布的开标顺序当众开标，公布投标人名称、投标保证金的递交情况、投标报价及其他内容，并记录在案；

8）投标人代表、招标人代表、监标人、记录人等有关人员在开标记录上签字确认；

9）开标结束。

案例 5-4：开标会议程范本

各位来宾、各位投标人代表：

大家好！首先感谢各投标人来投标。为了保持会场秩序，保证开标会严肃、有序地进行，会议期间请保持安静，将手机设置为静音状态，本会场严禁吸烟，××××建筑公司对_____工程的×××专业工程分包进行公开招标。现在我宣布本工程专业分包招标开标会正式开始。

到场参加本工程招标开标会的人员有：公司代表_____，_____，公证员_____，项目建设单位代表_____，本公司×××项目项目经理部代表_____，各家投标人的代表和相关人员。

（项目情况简要介绍：工程名称、建设地点、建设规模）。本工程×××专业工程采用公开招标方式招标，评标定标标准方法采用"施工招标经审核合理低价随机抽取法"。其招标公告于____年____月____日在"××××招投标信息专业网"上发布，并于____年____月____日开始发售招标文件，此后陆续发布了____次修改答疑澄清文件。于____年____月____日公布合理低价并发出合理低价书。

按招标文件拟定的规则，至____年____月____日____时____分止，本次招标共接收了____家投标人递交的投标文件。

现将评标期间的有关事项和要求通知如下，请各投标人代表注意：

1. 请投标人代表保证递交投标文件时所留电话在评标期间能随时联系，以便遇到评标委员会要求投标人作必要的澄清、说明或者补正的情况时，投标人能够及时前来答辩。

2. 第一项内容：按照各单位报名签到的顺序核对查验各投标人参加开标会议相关人员身份。

_____公司，_____公司准备。

相关人员身份查验完毕。

请公证员宣布相关人员身份查验情况。

第二项内容：按本工程招标文件投标须知第_____款规定，检查投标文件的密封情况、投标文件份数和电子投标文件运行情况等，验明投标书是否有效。

请公证员宣布查验情况。

第三项内容：现在按递交文件的递顺序对投标文件正本进行唱标。对唱标内容，除工作人员手工记录外，还使用电脑收标软件同时记录并实时投影。请记录人员做好准备。

_____公司，投标报价_____，工期_____，质量标准_____。

……

唱标完毕。如果投标人代表对唱标内容有异议，以投标文件书面为准。

第四项内容：现在我宣布本专业项目招标工程的合理低价_____。

请公证员就开标活动致辞。

第五项内容：请投标人代表上前签字确认"开标记录"。本工程招标的评标结果，将按规定在"××××招标投标信息专业网"进行公示，公示期为三天时间。评标情况和公开随机抽取确定中标候选人的时间、地点，请各投标人代表及时关注。开标会到此结束。

最后，感谢相关部门工作人员，感谢公证员，预祝投标人在本次投标取得成功！谢谢大家！

（3）废标

以下几种情况为废标：

1）投标文件未按要求包装和密封。

2）投标文件于投标截止时间后送达。

3）按照招标文件其他有关规定视同废标的。

（4）注意事项

1）开标时，投标人应携带企业法人营业执照副本原件或公证机构公证后的营业执照复印件，工业产品生产许可证原件，法人代表授权书原件及被授权人身份证原件，投标保证金（或其他缴纳凭证）。无法提出合法证明文件的投标人为无效投标人。其投标文件不予开封并退回投标人。

2）开标应当在招标文件确定的提交投标文件截止时间的同一时间公开进行，开标地点应当为招标文件中预先确定的地点。

3）代理机构主持，招标人，投标人和有关方面代表参加。

4）开标时，应当由投标人或者其推选的代表检查投标文件的密封情况，经确认无误后，由招标工作人员当众拆封，宣读投标人名称、投标价格、价格折扣和投标文件的其他内容。

5）开标时，投标文件中开标一览表（报价表）内容与投标文件中的明细表内容不一致的，以开标一览表（报价表）为准。投标文件的大写金额与小写金额不一致的，以大写金额为准。总价金额与按单位汇总金额不一致的，以单位金额计算结果为准，单价金额小数点有明显错位的，应以总价为准，并修改单价，对不同投标文件的解释发生异议的，以中文文本为准。

6）对未按照本招标文件要求进行投标及资格审查不合格的投标人，其投标文件将被视为无效标书。

5.3.2　评标

（1）评标委员会设立

招标领导小组应负责设立评标委员会，由其负责对收到的标书作出评价，并用统一的评标标准确定出中标供应商。评标委员会的设立过程必须遵循以下五项要求：

1）评标委员会由本公司采购代表及聘请的技术、经济、法律等方面的专家组成，总人数一般为五人以上的单数，其中，受聘的专家不得少于三分之二。

2）受聘专家应当从事相关领域工作满八年并具有高级职称或具有同等专业水平，由招标委员会从国务院有关部门或省、市、自治区有关部门提供的专家名册或招标代理机构的专家库内的相关专业的专家名单中确定。

3）一般招标项目的专家名单，可以采取随机抽取的方式确定，特殊招标项目可以由招标委员会直接确定。

4）与投标人有利害关系的人不得进入相关项目的评标委员会，已经进入的，应当及时更换。

5）评标委员会成员的名单在中标结果确定前应当保密。

（2）投标书的接收和保管

企业或者招标代理机构必须做好投标书的接收和保管工作，对投标人进行认真审查和严格保密，规避投标书接收过程中的风险。具体的控制措施有保密措施、资质审查和履行相关手续三种。

1）保密措施。对投标人的信息采取严格的保密措施，防范投标人之间串通投标和陪标舞弊行为。

2）资质审查。严格按照招标公告或资格预审文件中确定的投标人资格条件，对投标人进行实质性审查；查验资质原件，或到工商和税务机关调查核实，确定投标人的实际资质，防止虚假投标。

3）履行相关手续。企业履行完备的标书签收、登记和报关手续；签收人记录投标文件的签收日期、地点和密封状况，签收标书后，将投标文件存放在安全保密的地方，任何人不得在开标前开启投标文件。

（3）评标过程常用的方法

评标过程常用的方法包括最低评标法、综合评分法和性价比法三种，具体说明见表 5-13 所示。

常用评标方法一览表　　　　　　　　　　　表 5-13

方法名称	说　明	适用情况或注意事项
最低评标法	在全部满足招标文件实质性要求前提下，依据统一的价格要素评定最低报价，以提出最低报价的投标人作为中标候选供应商或者中标供应商	适用于采购标准规格统一的物资及通用服务项目
综合评分法	实行百分制评分，一般分为价格、商务、技术三大因素。三大因素占百分制的权重分值分别为：价格因素权重不低于 45%，商务因素权重为 10%～20%，技术因素权重为 35%～45%	商务、技术因素权重具体随价格因素权重的调整而作调整
性价比法	对投标人进行综合性价比评价	适用于技术要求较复杂，或产品质量差异可能较大时

所谓评标方法，就是运用在招标文件中已确定的评标标准评审、比较、选择推荐中标候选人的具体方法。就评标过程而言，一般可分两步进行，即初步评审和详细评审。只有通过初步评审的投标厂家，才能进入详细评审。初步评审主要有符合性检查、商务评议或资格预审等，详细评标的方法以综合评分法最为常用。

5.3.3　综合评分法

评标委员会每一位成员根据事先制定的评标因素（如价格、质量、信誉、服务等）和相应的分值标准，确定出某一投标不同方面的相对权重分值，再将所有权重分值进行累加，得出该投标人的得分。最后，汇总计算每一位评委的打分，总分最高的投标即为最佳的投标，该投标人应当被推荐为中标候选人。

（1）适用范围

广泛适用于货物采购、服务类的招标评标中。由于该评标方法直观、便于操作，而且可以避免因各种非正常因素对评标工作造成的影响，因此受到招标投标双方的欢迎。这种方法不仅强调价格优势，也强调技术因素和综合实力。

（2）评价内容

采用综合评分法时，要树立招标采购的"总成本"观，影响招标采购成本的因素很多，不能将目光只锁定在价格因素上，因为实践证明，初始的低价格将带来今后的高运营成本，即采购价格不等于采购成本。要对投标人的行为进行合法引导，如果片面强调低价，则可能导致低于成本的恶性竞争，不利于市场的健康发展。

主要评价因素包括：

1）投标报价：要注意投标人报价的分项构成，是否包括安装、调试、协作等售后服务的价格。

2）运输费：包括保险费、运输费和其他费用，如超大件运输的超限费及桥梁、道路加固费用等。

3）交货期：以招标文件中规定的交货期为标准，不得发生迟交货现象。

4）设备性能指标：主要看设备的生产效率和适应能力。要考虑设备的运营费用，如果设备性能指标超过招标文件要求，使得业主受益时，评标时要考虑这一因素。

5）备件价格：对各类备件，特别是易损备件，要充分考虑备件的数量和质量作为评标的因素。

6）支付条件：招标人必须按照招标文件中规定的付款条件报价，但大型设备招标允许投标人提出不同的付款条件供招标人选择，招标人可以根据情况在评标过程中考虑这一因素。

7）技术服务、培训及售后服务：投标人在标书中应报出设备安装、调试等方面的技术服务、培训以及售后服务的费用。

8）其他相关影响因素。

（3）指标体系建立

1）设置原则：

① 完整性：评标因素的选取应当结合项目特点，考虑全面，要能比较和反映出设备的优劣。

② 层次性：评标指标体系的设置应能够准确反映各层次之间的支配关系，各因素有明确的内涵，按照层次之间的支配关系，组成层次分明、结构合理、相互关联的整体，排除因素间的相容性，保证评标的科学性。

③ 科学性：评标指标应意义（或者含义）明确，对评标对象影响重大的重要指标应细分，其他指标可适当粗分，以减少工作量。

2）评标体系。

按照评标体系设置的原则，根据对评标因素的论述，参考专家意见，建立评标指标体系。下面以泗南江水电站水轮发电机组招标采购为例，来说明怎样建立评价指标体系（表5-14）。这个案例虽然是项目业主的设备采购招标，对施工企业的招标也具有借鉴意义。

案例 5-5：泗南江水电站水轮发电机组评标指标体系

评标指标体系   表 5-14

评标指标		指标体系
商务部分	投标报价	
	资质、资信及业绩	投标承诺
		生产许可证
		注册资金
		营业执照
		管理体系认证（ISO 9001、ISO 14001、OHSAS 18001 等）
		业绩
		在滇能集团系统合同执行信誉
		近三年经济行为受到起诉情况
	合同履约保证	交货期
		企业财务状况（经会计事务所审计的近三年资产负债表、损益表、现金流量表和审计报告）
		用户反馈证明
		现场技术服务保证
	投标响应及其他	投标书完整性、规范性及可信性
		商务响应性
		大件运输保证措施（如有）
		优惠条件
技术部分	技术先进性及方案合理性	对技术方案的评价
		设备特性及主要性能
		技术保证措施的可行性
		制造工艺的合理性、先进性及工艺措施
	生产组织措施	生产组织措施
	近三年与本表同类型产品的质量、制造业绩	近三年主要同类产品业绩
		质量管理体系
		设备运行质量证明资料
	制造能力及技术能力	厂家主要生产加工能力
		技术力量配置情况

3）指标权重的确定。

权重系数的确定很重要，它直接影响着最终的评价结果，常见的权重确定方法有很多，如二元对比函数法、层次分析法、德尔菲（Delphi）和专家调查法等。由于权重的确定是一个不断比较、综合的过程，这里介绍常用的德尔菲法

（专家调查法）确定指标相应权重。

德尔菲（Delphi）法是在 20 世纪 40 年代由赫尔姆和达尔克首创，经过戈尔登和兰德（Rand）公司进一步发展而成的。

德尔菲法依据系统的程序，采用匿名发表意见的方式，即专家之间不得互相讨论，不发生横向联系，只能与调查员联系，通过多轮次调查专家对问卷所提指标的评分，经过反复征询、归纳、修改，最后汇总成专家基本一致的得分，作为指标权重的最终确定结果。

德尔菲法的优点是既可以避免由于专家面对面讨论带来的缺陷，又可以避免个人一次性通信的局限。在收到专家的问卷回执后，将他们的意见分类统计、归纳，不带任何倾向性地将结果反馈给各位专家，供他们作进一步的分析判断。如此多次往返，意见渐趋接近，得到较好的指标权重结果。

具体地说，德尔菲法的主要优点如下：

① 能充分发挥各位专家的作用，集思广益，准确性高。

② 能把各位专家意见的分歧点表达出来，取各家之长，避各家之短。

③ 避免权威人士的意见影响其他人的意见。

④ 避免有些专家碍于情面，不愿意发表与其他人不同的意见。

⑤ 避免出于自尊心而不愿意修改自己原来不全面的意见。

德尔菲法的实施步骤包括以下六点：

① 确定数据来源。按照研究所需要的知识范围确定专家，可采用邮寄、传真、电话和 E-mail 调查问卷或实地调研等方式获得专家意见。

② 向所有专家提供各项指标的内容，由专家填写调查表，为各项指标打分，并为专家提供所需资料。

③ 各个专家根据所收到的材料提出自己的意见，可说明自己是怎样利用资料确定的分值。

④ 将各位专家第一次判断的权重值汇总，列成图表，进行对比，再分发给各位专家，让专家比较自己同他人不同的结果，修改自己的意见。

⑤ 将所有专家修改后确定的权重值收集整理，汇总后再分发给各位专家，以便作第二次修改。逐轮收集意见和结果并为专家反馈信息是德尔菲法的主要环节，一般要经过三四轮。在向专家进行反馈时，只能给出各种不同的结果，但并不说明专家的姓名。这一过程反复进行，直到每个专家不再修改自己评估的分值为止。

⑥ 对根据专家评分值确定的权重进行综合处理。

按照德尔菲方法的要求，先后进行了三轮的专家调查，在三轮调查后，专家意见渐趋一致，根据第三轮调查的结果，得出评标指标体系的权重。

案例 5-6：泅南江水电站水轮发电机组评标指标体系权重（表 5-15）

评标指标体系权重　　　　　　　　　　　表 5-15

商务部分（50分）	投标报价（25分）	
	资质、资信及业绩（11.25分）	投标承诺（0.75分）
		生产许可证（1分）
		注册资金（1分）
		营业执照（1分）
		管理体系认证（ISO 9000、ISO 14000、ISO 18000等）（1分）
		业绩（3分）
		在滇能集团系统合同执行信誉（1.75分）
		近三年经济行为受到起诉情况（1.75分）
	合同履约保证（10分）	交货期（3.75分）
		企业财务状况（经会计事务所审计的近三年资产负债表、损益表、现金流量表和审计报告）（2.5分）
		用户反馈证明（2.5分）
		现场技术服务保证（1.25分）
	投标响应及其他（3.75分）	投标书完整性、规范性及可信性（1.25分）
		商务响应性（1分）
		大件运输保证措施（如有）（0.5分）
		优惠条件（1分）
技术部分（50分）	技术先进性及方案合理性（25分）	对技术方案的评价（7.5分）
		设备特性及主要性能（10分）
		技术保证措施的可行性（2.5分）
		制造工艺的合理性、先进性及工艺措施（5分）
	生产组织措施（5分）	
	近三年与本表同类型产品的质量、制造业绩（10分）	近三年主要同类产品业绩（5分）
		质量管理体系（2.5分）
		设备运行质量证明资料（2.5分）
	制造能力及技术能力（10分）	厂家主要生产加工能力（5分）
		技术力量配置情况（5分）

通过对以上因素的综合评分，评审和比较投标文件能否最大限度地满足招标文件中规定的各项要求和评价标准，经集体讨论或投票表决，确定推荐中标候选人。

（4）综合评分法实际使用

在现实采购过程中，一些采购人员和一些采购代理机构无论是对什么样的采购项目，也无论是为谁代理采购，却总是千篇一律地使用相同的因素去评标，并使用相同的因素"权值"去计算综合得分等，从而导致这种评标方法无法发挥出应有的科学合理性，甚至于有时还影响了评标结果，使其丧失了客观公正性、公平性。因此，要注意以下几点：

1）要针对不同采购项目的具体特点，结合不同采购人的特殊要求，全面分析和收集影响采购项目质量的所有因素，并从中科学合理地梳理出需要重点把握的评标因素。不同的采购项目，其评标因素应该是各自不同的；而即使是相同的采购项目、针对不同的采购人，也可能有其不同的采购要求，从而也应有不同的评标因素。由此可见，评标因素会因不同的采购项目、不同的采购对象而有不同的项目内容，因此，采购人或其采购代理机构等在考虑评标因素时，就不能不区分采购项目的特点，不考虑不同采购人的实际需求而总是千篇一律地使用相同的评标因素，而要确保采购质量的优良，选准最佳的中标或成交商，就必须科学合理地确定出各种评标因素，并且在评标之前，就必须将这些影响评标结果的评标因素全部都确定下来，并作为招标文件的一项内容公布给潜在的供应商，以让它们能够及时地对各个评标因素作出实质性的"响应"，从而使采购工作更加客观公正、公开透明。从实际工作来看，在正常的评标活动中，一般要考虑到的评标因素大致有：价格、技术、服务、业绩、财务状况、信誉以及对招标文件的响应程度等。

2）要科学地分析各个评标因素对评标结果的影响程度，并由此分别确定出每个因素在综合评分中的具体"分值"（即权值）的大小。德尔菲法就是一种很实用、科学的方法。

① 在各个评标因素中，价格因素应当是一个最重要的影响因素，实施招标采购的一大目的之一就是要节约采购资金，因此，"价格"在所有的评标因素中应当处于最具影响力的地位。

② 除价格因素外，采购人考虑得较多的可能是技术因素或是服务因素等。对货物类项目来说，其技术含量高的产品，质量一般较好，如名牌产品就普遍受欢迎；而对服务类项目来说，其承诺措施是否能及时地兑现到位等则是继价格因素之后要考虑的次要因素。

③ 财务状况、信誉情况等因素，因这些因素在对供应商资格预审中都已进行了核实，凡有资格进入评标范围的供应商，其财务状况、信誉情况等因素基本上都是较好的，其重要程度应该更低。

3）各评委在对每个评标因素进行评比打分时，应把握横向上一致，纵向上可比的原则，以规范评分标准，统一打分口径，控制评审人员的自由裁量权利。虽然各个评委评审的角度及要求不同，并且又都是各自独立地对每个评标因素进行打分的，但是同一评委在对各个不同投标人的同一因素进行评价打分时，应当使用同一评分尺度，不能滥用裁量权利，以确保每项因素的评分横向上能够可比，而不至于使打出来的分数显失公平。同时，在各个评委之间，最好还应对同一评审因素设置一个基本一致的评价标准，如，在对价格因素进行评审打分时，有的评委会认为最低价最有竞争力，应给予高分，而有的评委则认为，应以所有投标价的平均价作为最佳的参考价等，这就要有一个统一的评价标准，以使各评委之间的打分也能有一个共同评分基础。

由此可见，只有在充分地认准了采购项目的各个评审因素，并客观地确定了各个因素在总评价指标中的"权值"份额之后，再通过各评委对各评审因素进行独立地评分，才能得出一个科学合理的"综合评分"，而那些不分项目、不分采购对象，而总是一味地以相同的评价因素、相同的因素权值来给投标人进行打分，势必会影响到评标工作的客观公正性。

（5）评标报告

评标委员会完成评标后，应当向招标人提出书面评标报告。评标报告应当如实记载以下内容：

① 基本情况和数据表；

② 评标委员会成员名单（包括计算机打印的专家抽取名单和评标委员会成员签名表）；

③ 开标记录（包括投标文件接收时间确认表、密封情况确认表、唱标记录表、电子标书导入确认表）；

④ 符合要求的投标一览表；

⑤ 废标情况说明；

⑥ 评标指标体系及权重一览表；

⑦ 经评审的各指标得分一览表；

⑧ 经评审的投标人排序；

⑨ 推荐的中标候选人名单与签订合同前要处理的事宜；

⑩ 澄清、说明、补正事项纪要。

评标报告由评标委员会全体成员签字。对评标结论持有异议的评标委员会成员可以书面方式阐述其不同意见和理由。评标委员会成员拒绝在评标报告上签字且不陈述其不同意见和理由的，视为同意评标结论。评标委员会应当对此作出书面说明并记录在案。

案例 5-7：招标开标会议议程

一、各与会人员签到

1. 各单位与会人员签到，投标单位可在会议正式开始前向招标人递交投标文件。

2. 将递交投标文件登记表、签到表移交给主持人，以备其介绍与会人员。

3. 会议开始前，投标截止。

二、主持人致辞

主持人宣布招标开标会议正式开始，并宣布招标简况，具体发言稿如下所示。

> 各位领导、各位来宾：
>
> 大家上午好！
>
> 这里是××公司在××酒店举行的招标开标会议。该公司××招标文件递交截止时间已到，共收到___份投标文件。招标人将拒绝接受在此时间之后送达的投标文件。
>
> 根据××招标文件的规定，开标会议于___年___月___日上午___时整在___酒店准时召开。参加与会的领导和专家有××公司总经理王××、副总经理贾×，总工程师张××……，同时，××律师事务所对本项目招标进行依法监督和公证。在此，我们对各位来宾给予的支持表示衷心的感谢！

三、宣布会议纪律

主持人示意与会各方保持安静，强调会议进行过程中的各项纪律和注意事项，具体内容如下所示。

1. 与会过程中请关闭通信工具或将其设置为静音状态，请勿接打电话。

2. 各位与会代表在会议进行过程中，请勿在会场内随意走动、大声喧哗，请配合工作人员的安排。

3. 会议结束前，各与会人员不得提前退出会场，任何单位和个人不得扰乱会场秩序。

4. 各位代表如对开标过程有异议，请于唱标结束后举手示意，待允许后方可发言，或者以书面形式向招标人陈述。

四、介绍参加会议的各方代表

1. 介绍招标代表人。

2. 介绍招标监督机构代表。

3. 介绍投标代表人。

五、检查投标文件

（一）请投标人检查投标文件

1. 主持人请投标人代表检查投标文件的密封情况。

2. 询问投标人对投标文件的密封情况有无异议，若无异议，则进入下一环节。

（二）宣布收到文件概况

主持人发言（本次开标会议，到投标文件截止时间为止，共收到投标文件____套，招标人、监督人以及各投标人对投标文件的密封情况均无异议，投标文件密封符合招标文件要求，密封完好）。

六、唱标

1. 会议按照先投后开、后投先开的原则进行唱标。

2. 唱标时应宣读投标书中的投标总价、质量标准、交期等主要内容。

3. 唱标完毕后，主持人请各投标人、各投标单位法定代表人或委托代理人对唱标结果进行确认，检查本单位的投标文件主要内容的记录情况，并在开标记录表上签字。

4. 请记录人，唱标人，监标人分别在开标记录表上签字。

七、开标异议反馈

1. 主持人应询问各投标人对开标过程有无异议。（如果有，应请投标人代表举手示意）

2. 当投标人对开标过程均无异议时，开标会议完毕。

八、宣布开标会议结束

1. 主持人宣布开标会议结束，并宣布评标程序的相关事项，具体发言如下所示。

各位尊敬的与会人员，开标会议至此结束。会议结束后，将进入评标程序，请各投标人准备好原件在会场外等候验证，评标结果将在××××年××月××日予以公示。谢谢大家！

2. 请各位评标专家暂留，发给劳务费，向未进入候选的投标人退还图纸和投标担保费用。

5.3.4 开标评标工作相关表单（表5-16～表5-18）

采购开标记录表　　　　　　　　　　　　　　　表5-16

招标项目名称：_____　　　　　　　　　　　开标时间：____年____月____日

投标人名称	投标文件有效性	投标总价	项目周期	投标保证金	项目经理	备注

记录人：　　　　　　　　　　审核人：　　　　　　　　　　确认人：

标书评审记录表 表 5-17

编号：_____　　　　　　　　　　　　　　　　　　　　时间：___年___月___日

投标单位		项目名称		
招标人		项目地址		
投标人		项目规模		项目资金来源
项目类别及主要招标内容				
条件	招标文件要求	投标文件相应条件		满足性
1 符合与完整性				
2 技术性要求				
3 商务条件				
4 服务				
5 其他				
项目成员		日期		
评审人员		日期		
评审结论		日期		
批准人		日期		
备注				

投标文件评审结论表 表 5-18

投标文件不符合投标文件要求的投标人							
投标人名称	废标原因						
投标文件符合投标文件要求的投标人							
序号	投标人名称	施工计划	质量	投标报价	项目管理机构	其他评分因素	合计	排序

评委（签名）：　　　　　　　　　　　　　　日期：___年___月___日

汇总人（签名）：　　　　　　　　　　　　　日期：___年___月___日

5.4 定标管理工作

定标即采购单位决定中标人。定标是采购单位的单独行为，但需由使用机构或其他人一起进行裁决。在评标阶段，采购单位和其代理机构按照评标方法对各投标方提交的投标文件进行了打分。这一阶段，采购机构和其代理机构按照打分的高低来决定中标人，继而向中标人发中标通知书，并通知所有未中标的投标人，并向他们退还投标保函等。

5.4.1 确定中标人的程序

确定中标人的程序一般包括以下七个步骤：

（1）评标委员会完成评标后，应当向招标人提出书面评标报告，并推荐合格的中标候选人。

（2）招标人根据评标委员会的书面评标报告和推荐的中标候选人确定中标人，招标人也可以授权评标委员会直接确定中标人。

（3）中标人确定后，招标人应当向中标人发出中标通知书。

（4）招标人和中标人应当在中标通知书发出后的法定期限内，按照招标文件和中标人的投标文件订立书面合同，招标人和中标人不得另行订立背离合同实质性内容的其他协议。

（5）招标文件中要求中标人提交履约保证金的，中标人应当提交。

（6）中标人应当按照合同约定履行义务、完成中标项目，中标人不得向他人转让中标项目，也不得将中标项目肢解后分别向他人转让。

（7）中标人按照合同约定或者经招标人同意，可以将中标项目的部分非主体、非关键性工作分包给他人完成，但不得再次分包。分包项目由中标人向招标人负责，接受分包的人承担连带责任。

5.4.2 处理招标争议的方法

处理招标争议的方法一般分为招标投诉处理和评标结果异议处理两种方法。

（1）招标投诉处理

1）当收到投诉人或其他相关人员的投诉时，招标领导小组需要及时履行接收手续，书面出具接收证明或在投标人提供的回执上签字确认。

2）对于能够立刻进行澄清和说明的，招标委员会应予以澄清、说明，并消除误解。

3）如果确实存在问题，招标委员会需要及时采取措施予以纠正，并答复投标人或主动向行政监督部门报告情况。

（2）评标结果异议处理

1）投标人对评标结果提出异议和质疑时，招标领导小组应请评标委员会提出答复意见，答复投标人。

2）如果属于评标错误，应纠正并出具评标委员会意见；如果因纠正错误而导致改变中标结果，招标委员会需予以公示。

3）如果对中标结果实行备案或审批管理，则应在备案或审批后答复投标人，并公示纠正后的中标结果。给投标人的答复应使用书面形式并在合理的时间内作出。

5.4.3 签订合同

确定中标人之后，就要考虑授予合同，也就是签约。招标人和中标人应自中标通知书发出之日起一定时间（30 日）内，按照招标文件和中标人的投标文件订立书面合同。招标人和中标人不得另行订立背离合同实质性内容的其他协议。合同双方应严格履行合同。中标人不得向他人转让中标项目。

中标人接到中标通知书后，在规定时间内拒签合同或拒交约定额度的履约保证金的，以投标违约处理，其投标保证金不予退回，并赔偿招标人由此造成的直接经济损失。

拒绝签约的原因一般主要有四点：

（1）中标人认为合同条款中有其不能接受的某些条件。但从整个采购过程来看，合同条款应该是提前在该项目招标文件中载明的，且对众多的投标人来说都是一致的，也是公平的，不存在厚此薄彼的问题，也不存在采购人在招标结果确定后改变了合同条款和商务要求的问题，中标人拒绝签约完全是基于自身对合同条款的理解和从自身利益出发，也是无视法律法规的表现。

（2）中标人认为自己的利润会受到影响。中标人在投标时，可能有草率投标的问题，或者说是采取不正当的竞争手段，有意排挤其他竞争对手，搞恶性竞争，先以低价投标，投出一个超低的报价，本来就没有一个合理的利润，却寄希望于在中标后再与采购人协商中标价格或其他条款，如果用自己理想的价格和条款与采购机构协商且能取得一致，自己的利润能够有所保证，便能顺利签约，否则就会以种种理由而拒绝签约。

（3）中标人担心采购人不能按期付款。中标人对采购人支付货款的程序以及相关规定是有所了解的，但对能否按期付款却心存疑虑，担心采购人在付款时要按复杂的程序，还要遵循一定的规定，如果自己按期交货而采购人却不能按期付款，自己没有办法制约，也没有办法维权，到头来会对自己的经营业绩造成影响。

（4）采购人一味地降低条件，无形中助长了中标人不签约的行为。采购人一开始在中标人拒绝签约的行为上没有采取断然措施，似乎害怕中标人不签约而再也没有其他供应商与其签约，影响到整个采购项目的顺利完成，因而一味地对合同条件一让再让，让中标人因此便认为采购人在合同条件上还有潜力或者空间可挖，还可以在关键条款上继续作出让步，因此便步步为营，相继提出不合理条件，逼迫采购人就范。如果说采购人一开始就采取强硬态度，严格按照招标文件所列条件与其协商合同，不降低合同条件，不给中标人任何机会，也不至于出现后面的种种变故。

一旦完成签约，采购进入合同管理阶段。

案例 5-8：中标通知书模板

尊敬的××公司：

在我公司××采购招标中，经过综合评审，贵单位获得此次采购（□物资□服务）的供应权。请贵单位务必于____年____月____日前派员持本通知书到我单位具体洽谈物资供应的具体细节，签订供需合同。

顺祝商祺！

××项目招标委员会

日期：____年____月____日

5.4.4 定标管理工作相关表单（表 5-19～表 5-21）

中标结果备案表 表 5-19

招标投标管理机构 备案意见	
招标投标管理机构（备案章）：	日期：____年____月____日
项目经办人（签章）：	日期：____年____月____日
审核人（签章）：	日期：____年____月____日

注：1. 本表一式四份，招标投标管理机构、招标人、中标人各执一份，综合交易中心存档一份，复印无效；
2. 本表未经招标投标管理机构盖备案章无效。

中标候选人业绩公示表   表 5-20

基本情况						
项目编号			项目序号			
招标项目名称			审查方式		□ 资格预审 □ 资格后审	
招标人名称			招标代理机构			
中标人（投标人）在资格预审中提供的业绩证明材料						
投标人 名称	所提供证明材料 的项目名称	单位	项目 地点	与评审有关的时间、 规模、技术指标或奖项	提交证明 材料内容	评标 结果

中标候选供应商排序表   表 5-21

包组	序号	投标人名称	综合得分	排序	备注
包组 1					
包组 2					

6 供应商管理

一个项目要维持正常的推进，就必须有一批可靠的供应商为项目提供各种各样的物资供应和服务。就建筑施工企业来讲，在建设工程中物资材料消耗往往占项目投资的 50％以上，由于物资供应方面的差错造成工程不能如期完成、质量低劣等严重问题的情况并不鲜见，而日趋激烈的竞争也使得市场利润的空间越来越小，建筑施工企业要谋求长足的发展，必然要整合供应链。换言之，企业管理控制的范围必须从企业内部逐步向供应链的上游——物资供应商扩展。

供应商作为供需链条中的重要一环直接关系着项目的总成本，对供应商进行有效的管理，还能从根本上改进项目的质量水平，提高资金利用率，避免项目的延期与误工。因此，项目采购的供应商管理就成了项目采购管理中至关重要的环节。

所谓供应商管理，就是指对供应商的了解、选择、开发、使用和控制等综合性管理工作总称，如图 6-1 所示。供应商管理的目的，就是为了建立起一个稳定可靠的供应商队伍，为企业生产提供可靠的物资供应。

| 供应商选择 | 供应商调查 | 供应商开发维护 | 供应商考核 | 供应商评估调整 |

图 6-1 供应商管理基本环节

6.1 供应商的选择

选择供应商的方法是否合理、科学、可行，将直接关系到供应商管理的成功与否，这对于物资成本占总成本绝对份额的建筑施工企业而言，显得尤为重要。目前，我国许多企业的管理制度不完善，缺乏科学选择供应商的方法，随意性较强，致使大多数项目在选择供应商时，更多的是参考供应商本身提供的各类书面文字材料和自我介绍，以及在市场上的口碑，或凭个人主观臆想，造成在选择供应商参与竞标时人为因素比较大。另外，在选择供应商的标准方面，目前多数企业的选择标准主要集中在供应商的产品质量、价格、柔性、交货准时、提前期和批量等方面，没有形成一个全面综合的供应商评价指标体系，不能对供应商作出全面、具体、客观的评价。

遵循供应商选择的标准和评价的因素，建筑施工企业的物资部门可以根据下图所示步骤（如图 6-2 所示）对供应商进行评选，选择符合条件的供应商。

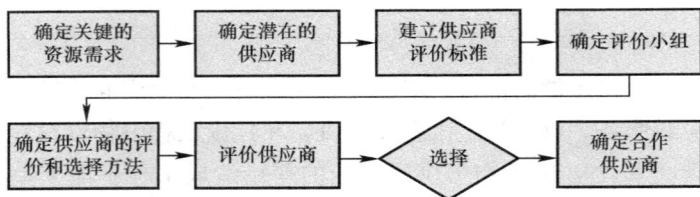

图 6-2　供应商评选流程

（1）确定关键的资源需求

资源市场分析对于企业制定采购策略，以及产品策略、生产策略都有很重要的指导意义。为了建立基于信任、合作、开放性交流的供应商合作关系，在确定采购需求前，应当充分了解市场信息，不能只采纳少数供应商推荐的方案作为需求指标。其次，确定关键的资源需求，即采购需求，才能有针对性地对供应商进行取舍。

（2）确定潜在的可选供应商

经过对市场的仔细分析，可以通过各种公开信息和公开的渠道得到供应商的联系方式。这些渠道包括供应商的主动问询和介绍、专业媒体广告、互联网搜索等方式。

在这个步骤中，最重要的是对供应商作出初步的筛选。建议使用统一标准的供应商情况登记表，来管理供应商提供的信息。这些信息应包括：供应商的注册地、注册资金、主要股东结构、生产场地、设备、人员、主要产品、主要客户、生产能力等。通过分析这些信息，可以评估其工艺能力、供应的稳定性、资源的可靠性，以及其综合竞争能力。在这些供应商中，剔除明显不适合进一步合作的供应商后，就能得出一个供应商考察名录。

（3）建立供应商评价标准

供应商评价指标体系，是企业对供应商进行综合评价的标准和依据，供应商评价指标涉及供应商的业绩、设备管理、人力资源开发、质量控制、成本控制、技术开发、风险管理和客户满意度等多项可能影响与供应商合作关系的内容。一般主要通过以下几个评分项目来区分和选拔供应商：

1）一般经营状况：包括公司历史、注册资本金额、员工人数、业绩、财务状况等。

2）生产能力：包括生产设备、产能、生产环境、工人素质等。

3）技术能力：包括研发能力、技术来源、产品评估鉴定报告、技术人员数量和素质、专利等。

4）管理水平：包括企业管理制度、管理流程、信息化程度、管理人员素质等。

5）质量水平：包括相关认证、质量管理流程与制度、质量管理人员数量与素质等。

（4）成立评价小组

供应商选择是一个集体的决策，应由相关专业人员组成。因此，评价小组的成员原则上应主要由采购、质量、生产、工程等与供应商密切合作的部门中的人员组成。除此以外，也可以聘请企业外部的相关专家或学者参与评价，以增强最终评价的客观性和科学性。

（5）确定供应商评价和选择的方法

评价小组成员应根据企业自身的具体情况和所需物资的特性等，确定具体评价所使用的定性或定量的方法，在已确定的评审项目中进一步设置权重，使得方法能更符合实际的需要，尤其是应该尽量降低选择过程中的主观因素的各种影响。

（6）评价供应商，进行选择

利用已确定的定性或定量方法对供应商进行评价，然后根据评审项目权重的得分结果对供应商进行选择决策，继而进一步与合格的供应商建立合作伙伴关系。如果没有合格的供应商可供选择，则需要调整供应商目标。

（7）实施供应商合作关系

根据市场需求的不断变化，在实施供应商合作关系的过程中，可以根据实际需要及时调整供应商评价标准，或重新开始供应商评价选择。

案例 6-1：供方选择评价

某项目所需的设备可由 A、B、C 三个厂家提供，经过专家分析，确定了七个评价标准，它们分别是价格、质量、交货期、技术水平、可靠性、售后服务和地理位置，以及标准的权重，并针对每个厂家进行打分（满分 10 分），见表 6-1。

评价标准 表 6-1

评价标准	权重（%）	厂家 A		厂家 B		厂家 C	
		评分	加权得分	评分	加权得分	评分	加权得分
价格	25	8	2	9	2.25	7	1.75
质量	25	8	2	7	1.75	9	2.25
交货期	15	9	1.35	7	1.05	9	1.35

评价标准	权重（%）	厂家A		厂家B		厂家C	
		评分	加权得分	评分	加权得分	评分	加权得分
技术水平	10	6	0.6	8	0.8	7	0.7
可靠性	10	7	0.7	6	0.6	8	0.8
售后服务	10	8	0.8	7	0.7	8	0.8
地理位置	5	7	0.35	10	0.5	8	0.4
综合得分			7.8		7.65		8.05

结论：由于厂家C的综合得分最高，最后选择厂家C。

6.2 供应商的调查

一般来说，项目采购供应商调查分为两个阶段：初步调查和深入调查。

6.2.1 供应商的初步调查

初步调查既是为了了解被调查供应商的基本情况，也是为了洞悉整个市场的状况，以便为选择最佳的供应商做好准备。

初步调查的调查面要广，尽可能且多数量地了解能够提供所需物资与服务的供应商。但是由于调查面较广，调查的深度就相对可以浅显简单一些，一般了解到供应商的基本状况即可。

供应商初步调查的基本办法是问卷调查和访谈结合。问卷调查是指设计出相关的问卷，要求供应商来填写，据此建立起供应商基本档案。案例6-2是上海某建设集团公司的分包商调查表单。

案例6-2：上海某建设集团分包商调查表（表6-2～表6-5）

上海××建设（集团）有限公司

工程分包单位资质调查表（一） 表6-2

单位盖章： 日期： 年 月

企业名称				电话			
企业地址				邮政编码			
法人代表	姓名		职务		职称		手机
技术负责人	姓名		职务		职称		手机
企业营业执照号码			OHSMS1800认证证书号码				
营业范围			资质等级证书号码				
注册资金			资质等级				

安全生产许可证号码		专业施工许可证号码	
ISO9001 认证证书号码		ISO14001 认证证书号码	
业务联系人		电话	手机

	在建及近年竣工的主要工程概况（各填报三个）				
	工程名称	主要工程量	工程造价	质量等级	项目经理
在建工程					
竣工工程					

注：本表由施工单位填写、盖章。

上海××建设（集团）有限公司
工程分包单位资质调查表（二）　　　　　　　　表 6-3

填报单位（盖章）：

我单位派往工地的管理人员：							
岗位	姓名	性别	年龄	专业	文化程度	职称	相关证书名称及号码
项目经理							
施工员							
质量员							
安全员							
材料员							
资料员							

单位派往工地的特殊工种人员：						
工种	姓名	性别	年龄	文化程度	技术等级	相关证书名称及号码

注：本表由施工单位填写，表格不够可复制。

上海××建设（集团）有限公司

工程分包单位资质调查表（三）　　　　　　　　　　　**表 6-4**

填报单位（盖章）：

工种	姓名	性别	年龄	文化程度	技术等级	相关证书名称及号码
我单位派往工地的技术工种人员：						

注：本表由施工单位填写，表格不够可复制。

上海××建设（集团）有限公司

分承包方资格调查评估审核表　　　　　　　　　　　**表 6-5**

单位、部门（盖章）：＿＿＿＿＿＿＿　项目名称：＿＿＿＿＿＿＿＿

拟分包单位：＿＿＿＿＿＿＿＿＿＿＿＿＿＿＿＿＿＿＿＿＿

拟分包工程：＿＿＿＿＿＿＿＿＿＿＿＿＿＿＿＿＿＿＿＿＿

评估项目	选择条件	评估内容	评估意见
企业资质	符合国家行业有关规定。资质应与分包工程规模和要求相一致	（1）资质证件：营业执照（　）、资质证书（　）、安全生产许可证（　）、专业生产许可证（　）、ISO 9001 认证证书（　）、ISO 14001 认证证书（　）、OHSMS18001 认证证书（　） （2）资质类别：	

续表

评估项目	选择条件	评估内容	评估意见
资金状况	必须符合工程进度、规模、民工工资、履约担保要求	注册资金： 工程款垫付约定资金： 民工工资资金： 保证金、履约担保：	
管理人员	应能满足分包工程项目管理要求	项目经理（　），技术负责人（　名） 质量员（　名），安全员（　名），施工员（　名），材料员（　名），资料员（　名）	
作业人员	应能满足分包工程项目的施工、进度和质量要求	电工（　名），电焊工（　名），起重工（　名），机操工（　名），架子工（　名）， 其他： 技术工种与人数：	
分包承诺	法人委托书、法人书面承诺书及法人代表约见	法人委托书： 法人代表书面承诺： 法人代表约见：	
风险对策	项目实施单位对分包存在风险的评价与对策	分包实施过程中可能存在的各种风险： 风险发生的概率： 应对风险的对策措施：	

实施单位评估意见：

评估人＿＿＿＿审核人＿＿＿＿批准人＿＿＿＿日期＿＿＿＿

生产管理部审核意见：

经办人＿＿＿＿日期＿＿＿＿

公司审批意见：

审批人＿＿＿＿日期＿＿＿＿

供应商初步调查结果的分析主要从供应商本身和市场行业两个方面进行。
供应商本身的分析包括：
（1）企业的实力如何，生产能力如何，技术水平如何，管理水平如何。
（2）产品的品种、质量、规格是否符合项目的需要。
（3）价格如何，是否是垄断型产品，市场份额如何。
（4）企业信用度如何，有无违约历史，有无业内人士推荐。
（5）其他，如地理位置及其引发的运输物流成本等。
市场行业的分析包括：

（1）市场的规模有多大。

（2）是否是竞争市场，主要市场份额拥有者的占有比例。

（3）市场的准入机制如何，替代品状况如何。

（4）市场发展趋势如何。

6.2.2 项目采购供应商的深入调查

供应商深入调查的基本办法主要是访谈和实地调查。在经过初步调查后，对准备发展为自己的供应商的企业进行的更加深入仔细的现场考察活动。这种调查是深入到供应商企业的生产线、各个生产工艺、质量检验环节甚至管理部门，对现有的设备工艺、生产技术、管理技术等进行考察，检查供应商能否满足采购方对物资和服务的采购需求（表6-6）。对于一些特殊产品，甚至需要进行样品试制并进行试验和试用，以检验其是否合乎项目要求。只有通过这样深入的供应商调查，才能确定可靠的供应商，建立起比较稳定的物资采购供需关系。

供应商考察评估表   表 6-6

供应商名称			考察时间	
资质文件确认				
营业执照	□有　□无　□过期		税务登记证	□有　□无　□过期
其他许可证	□物质安全许可证；□生产经营许可证；□环境许可证；□其他			
备注说明				
质量体评估				
现有体系及通过时间	□ISO 9001，初次认证通过时间　　　年　　月　　日；（以证书为准） □ISO 14001，初次认证通过时间　　　年　　月　　日；（以证书为准） □其他，　通过时间　　　年　　月　　日；（以证书为准） □无/尚未通过			
文件及质量记录	标准作业指导书：□完好　□基本具备　□缺少　□无 质量记录：□齐全　□基本齐全　□缺少　□无			
品质人员人数		过程控制人数		
检测室	□标准及作业指导书　□检测仪器设备，缺			
生产现场	□整齐卫生有序　□一般　□较差　□差　□其他			
采购资料信息确认				
配送能力	单次配送：最小批量		标准批量	
订单满足能力	订单最小批量：		日订单最大批量：	
生产设备	□符合要求　□基本符合要求　□不符合			
供货周期		运输距离		公里
承兑	□接受　□不接受	付款账期	□按客户要求□＿＿＿＿	

续表

采购部意见：	品保科意见：
1. 否决 ☐	1. 严重不符合要求，否决 ☐
2. 申请开发，进行样品确认 ☐	2. 符合要求，可进行样品确认 ☐
3. 进入供应商名录备用 ☐	3. 基本符合要求 ☐
4. 限期改善，需进行在再次评估 ☐	4. 限期改善，需进行在再次评估 ☐
5. 其他	5. 其他
经办人签名：	经办人签名：

采购部门经理
签名：　　　　　　　日期：

采购总监
签名：　　　　　　　日期：

6.3　供应商的开发与维护

6.3.1　供应商的开发

（1）工厂审核环节的取舍

从大的方面来讲，开发新供应商主要包括两方面：样品评估和工厂审核。样品评估是必须做的，然而工厂审核的流程却可以进行合理的取舍。原因有两方面：一方面，实施工厂审核需耗费采购方大量的人力、时间和精力，审核及整改往往需要较长时间，故应根据新供应商或物料的重要程度来决定是否进行工厂审核；另一方面，在物料购买量不是特别大的情况下，向某些大型供应商提出的审厂要求往往会遭到拒绝。除此以外，在采购实际操作中，如果所购买的物料为非长期性物料，往往会要求供应商提供适量的样品试用，如果样品符合使用条件，便采购所需数量的物料供生产使用，也没有审厂的必要。如果供应商已经通过了第三方认证机构的 ISO 9001、ISO 14001 等体系的认证，采购方可以相信第三方机构的认证证书，暂不对其组织需方的第二方审核。

案例 6-3：工厂审核环节的取舍

某企业的做法是，将所有购买的生产原材料，包括包装材料分成 A、B、C、D 四级，其中 A 类为关键原材料，B 类为重要原材料，C 类为一般原材料，D 类为辅助原材料。供应 A 类和 B 类原材料的供应商将被安排审厂，C 类供应商将视具体情况而定，而 D 类供应商一般不进行审厂，只向供应商发放一份供应商调查问卷及收集一些诸如供应商的企业简介之类的资料便可。

（2）本地供应商和外地供应商的取舍

基于交货的迅捷性和处理问题的方便性，对供应商的选择一般都是舍远取近，要求准时交货的供应商尤其要考虑距离的远近。但如果存在下列情况，可能就不得不选择外地供应商：

1）外地供应商在品质或价格上有较大的优势；

2）在有限的时间内难以找到本地供应商；

3）虽找到生产所需物料的本地供应商，但存在其他原因而不能开展贸易，如：不能转厂等。

（3）单一供应商和多个供应商的取舍

为了在一定程度上规避分散风险，多数采购方都倾向于同一物料由多个供应商供货，以便在采购活动（价格、品质、交货等）中取得主动地位。但同一物料由多个供应商来供货，可能会存在下列问题：

1）各供应商提供的原材料或零部件存在差异，而导致采购方在生产过程中可能要对设备或工艺参数进行调整；

2）采购方在管理多个供应商时需耗费更多人力、财力和物力。

另外，还有下列情形促使采购方选择单一供应商：

1）在采购方所掌握的信息内，某种商品被某一个供应商垄断，采购方别无选择；

2）订单不足以分给两个或两个以上供应商；

3）为争取供应商更主动的配合；

4）若生产某产品需专门的设备或模具和其他费用要由采购方来承担时；

5）集中采购由于批量较大可获得供应商给予的折扣；

6）欲与供应商建立合作伙伴关系或要求供应商实行准时交货。

减少供应商数量，发展更紧密、更优质的采供关系是当今采购管理的一个新趋势，但采购方能否从单一供应商策略中得到更多实质性好处，还得要看采购方如何进行具体操作。采取单一供应商策略成功的关键之一是要在采供之间建立起良好关系，这不仅需要采购团队成员的努力，还需要采供双方的高层管理者定期或不定期沟通，以统一思想及制定一致的发展目标。

（4）建立供应商评价模型

供应商的开发和管理是整个材料采购体系的核心，其表现关系到整个采购部门的业绩。应用层次分析法，结合工程采购的特点，对材料供应商多个业务绩效指标进行评价，可以得到比较满意的决策结果。

在工程项目实施过程中，选择供应商时考虑的主要问题是如何制定采购决策，达到以较低的价格获得工程所需要的原材料，同时又能在品种、质量、数量和交货时间等方面满足生产需求。可以使用专家调查法将影响选择供应商的因素概括为 S1（履约质量）和 S2（价格）两个主要方面。其中 S1 受到七个指标的影响，S2 受到两个指标的影响，如图 6-3 所示。

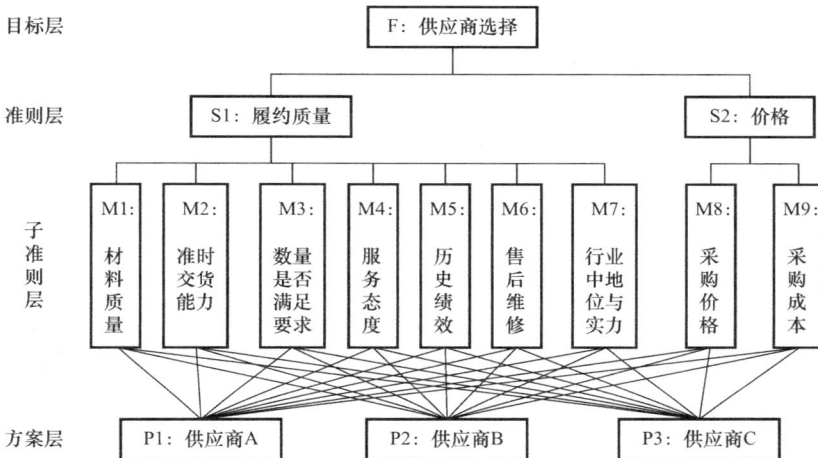

图 6-3　材料供应商选择层次结构图

在供应商选择中，目标层受到两个因素的影响，而两个因素又分别受到其相关因素的影响，通过对上一层次某因素与本层次相关因素之间相对重要性的比较和层次结构图，可以构造判断矩阵。判断矩阵表示针对上一层次某个因素，本层次与之有关因素之间相对重要性的比较。承包商在选择供应商时，综合考虑这些因素，可以相对准确地选定合格的供应商。

6.3.2　供应商的维护

优秀的供应商是项目采购健全发展的保障，供应商维护的重点，一方面在于与供应商建立良好的沟通交流手段，另一方面，则在于协助提升供应商的能力，通过信任、合作和共享达到互利共赢的目的。

（1）合作之前签订必要的采购协议，并把相关流程告知供应商，得到供应商认可，双方要对订单流程、单价、交货条件、交货地点、付款方式、退货流程等条款达成一致意见，这样能使后续的合作有据可依，减少纠纷避免关系恶化。

（2）与供应商的沟通中应尽量做到言简意赅且不失礼貌，这样不仅能避免产生不必要的误会，也让双方合作更有时效性，从而获得供应商好感，提高服务意向。

（3）对供应商提出的要求或问题及时地进行回应反馈，也能加强供应商合作意向，巩固合作关系。当供应商意识到采购方乐于协助解决问题的时候，对采购工作的配合、响应度也将大大提高；相反，如果供应商迟迟得不到来自采购方的答复或者总是感觉采购方表态不明确，则会影响供应商对采购方企业的印象并且令供应商感到不被重视，最终对合作不利。

（4）给予供应商适当的帮助也是维持成功合作关系的不可缺少的一部分。这些帮助包括一些技术的支持、系统使用或流程的培训、信息资源共享等。同时定期与供应商的上层沟通，确保供应商生产质量、效率的提高，造成互盈互利的局面，对双方今后的合作也将更为有利。

6.4 供应商的考核

供应商的考核主要是指供应商签订正式合同后在正式运作期间采购方对供应商整个运作活动的全面考核。目的是通过对供应商进行评估和考核，确保供应商具有满足本项目供给需求的能力，促使项目的品质得到稳定发展与提高。

6.4.1 供应商考核内容

对项目采购供应商考核主要从以下几个方面进行。

（1）质量

质量是用来衡量供应商最基本的指标，不同的项目有不同的质量标准。供应商质量指标主要包括来料批次合格率、来料抽检缺陷率、来料在线报废率、来料免检率等。

来料批次合格率 ＝（合格来料批次／来料总批次）×100%

来料抽检缺陷率 ＝（抽检缺陷总数／抽检样品总数）×100%

来料在线报废率 ＝（来料报废总数／来料总数）×100%

来料免检率 ＝（来料免检的种类数／该供应商供应的来料总品种数）×100%

其中，以来料批次合格率最为重要。

除此之外，很多项目采购中会将供应商质量管理体系等也纳入考核，如供应商必须通过质量认证等。

还有一些需要供应商在提供产品的同时还要提供相应的质量文件，如全站仪供应商必须提供每台仪器的国家指定检测部门的检测报告等。

（2）交货期

物资的交货准时与否将会直接影响到工程项目能否正常施工，因此交货期也是一个很重要的考核指标。考察交货期主要是考察供应商的准时交货率：

$$准时交货率＝（准时的次数／总交货次数）×100\%$$

（3）交货量

考察交货量主要是考察按时交货量和按时交货量率。

按时交货量＝实际完成交货量

$$按时交货量率＝\frac{期末实际完成交货量}{期内计划完成交货量}×100\%$$

有的时候也可以用未按时交货量率来描述。

$未按时交货量率＝（期内实际未完成交货量/期内应当完成交货量）×100\%$

$＝1－按时交货量率$

如果每期的交货量率不同，则可以求出各个交货期的平均按时交货量率：

$$平均按时交货量率＝\sum 按时交货量率/N$$

考核总的供货满足率可以用总供货满足率或总缺货率来描述：

$总供货满足率＝（期内实际完成供货量/期内应当完成供货量）×100\%$

$总缺货率＝（期内实际未完成供货量/期内应当完成供货量）×100\%$

$＝1－总供货满足率$

（4）支持、合作与服务指标

一般来说，这个指标是按照季度或者半年考核一次。考核的主要内容是：

1）反应速度。主要是看供应商对于订单、交货、质量投诉等反应是否及时、迅速，答复是否完整、合理，对于退货、换货、修改等要求是否处理及时并令人满意。

2）沟通。主要看供应商是否有专人与项目采购部门定期进行沟通，沟通手段是否符合项目的要求，沟通效果是否良好。

3）合作态度。主要是看供应商是否重视，是否本着长久合作的态度进行业务往来，供应商相关部门是否能够理解项目采购的要求并给出解决方案。

4）参与改进。主要是看供应商相关部门能否根据项目的特殊要求或者项目提出的建议作出改进，并主动给项目提出合理建议。

5）售后服务。主要是看供应商能否在售后规定时间内承担相应的服务和责任，以及留出合理的售后保障金。

月度供应商评价考核见表6-7。

月度供应商评价考核表　　　　　　　　　　　　　　表 6-7

编号：

供应商名称：			主供物料：	
评价周期：　年　月　日～　年　月　日			评价时间：	
质量方面评价（50分）	来料批次合格率：（目标值：　　）		实际批次合格率：	
	上线合格率：（目标值：　　）		实际上线合格率：	
	质量总评分：			
	存在的主要问题： 　　　　　　　评价人：			
交期方面评价（30分）	交货批次：		按期交货批次：	
	交货准时率：		交期总评分：	
	存在的主要问题： 　　　　　　　评价人：			

	评价项目	评价意见	评分	评价人
服务方面评价（20分）	品质部对不合格问题处理速度和态度进行评分（6分）	a. 诚意改善，积极主动配合：6 分 b. 诚意改善，不积极主动配合：4 分 c. 改善诚意不足，不积极主动配合：1 分 d. 置之不理：0 分		
	采购对售后服务及时性进行评分（6分）	a. 退换售后不良品，按时积极主动配合出分析报告：6 分 b. 退换售后不良品，偶尔不按时出分析报告：4 分 c. 退换售后不良品，经常不按时出分析报告：1 分 d. 置之不理：0 分		
	采购对报价积极合理性进行评分（4分）	a. 价格公平合理，报价迅速：4 分 b. 价格公平合理，报价缓慢：3 分 c. 价格稍微偏高，报价迅速：2 分 d. 价格稍微偏高，报价缓慢：1 分 e. 价格不合理，报价缓慢：0 分		
	采购对公司提出的事情配合态度是否诚恳而迅速进行评分；（如：送样、试验品提供补数、协议签署等）（4分）	a. 态度诚恳，积极配合：4 分 b. 态度诚恳，配合稍差：2 分 c. 态度诚恳，配合差：1 分 d. 态度不诚恳，配合差：0 分		
供应商月度总评分	供应商月度评价总分： 等级： □A 级 90 分以上　　□B 级 75～90 分　　□C 级 60～74 分　　□D 级 60 分以下			

	措施	实施时间	具体说明
考核结果处理说明	□免检		
	□放宽检验		
	□正常供货		
	□经济处罚		
	□暂停供货，整改		
	□申请重新评审		
	□淘汰		
	□其他（ ）		
备注			

制表：　　　　　审核：　　　　　　　审批：

6.4.2　供应商考核程序

（1）成立供应商评估考核小组

一般来说，供应商评估考核是由企业副总级别的领导牵头，组织担任评估考核小组组长，资材、品保、工程部经理担任副组长，采购员、质量控制员、工程师为组员。其中：

1）资材经理负责供应商的比价议价、大宗订单审核；

2）采购经理负责供应商资料核实、定期更新与复核，及协助资材经理审核；

3）质量经理负责来料检验、试验，来料数据分析与审核；

4）工程师负责来料使用情况汇总分析和审核。

（2）考核过程

一般每半年评估考核一次，由采购部门提交考核评估名单，考核评估小组的成员按照各自分工进行价格、品质、交货期、交货量、支持合作与服务等指标的考核，并最后讨论汇总，报送相关领导审阅核定。

对于经考核不合格者，应由采购部门通知该供应商整改，派相关人员进行辅导和跟踪，同时暂停或减少该供应商处的采购数量。

在规定的期限内，评估考核小组要对供应商整改的结果进行验收，对于合格者，可继续留在合格供应商名录中，对于不合格者，则予以淘汰。

6.5　供应商的评估与调整

6.5.1　供应商的评估标准

工程项目采购中对供应商的管理涉及采购产品的质量、价格、交货、运输、包装、服务等不同方面，要对供应商作出系统全面的评价，并且从中选出最适合的供应商，就需要有一套完整、科学、全面的综合评估体系。

（1）要建立评估体系，通常要确定评估的项目、评估的标准、要达到的目标。这些问题明确之后，要有一个评估小组负责评估工作，并针对每一类的评估项目制定相应的管理办法，依此才能建立科学的评估体系。

（2）制定评估原则，进行评估的一个重要原则就是要求公正、公开、公平和科学。目前很多工程项目一方面在供应商评估方面存在个人权力太大，主观成分过多的问题，另一方面供应商选择的标准不全面，大多只集中在评估因素的某一方面，只有建立规范的评估体系才能解决这些问题。

（3）做好考察工作，供应商评估主要有两类，一类是现有供应商，一类是潜在供应商。对于现有合格的供应商，每个月做一个调查，着重就质量合格率、价格、交货期、技术支持、配合度、信用度等进行正常评估。1～2年作一次现场评估。对于新的潜在供应商，评估过程要复杂一些，一般情况下是对该供应商作一个初步的现场考察，看看所说情况和实际情况是否一致，现场考察基本上按照采购认证的要求进行，最后汇总这些资料交由采购评估小组讨论，在供应商资格认定后，项目有关部门（如采购部等）再进行正式的考察，如果正式考察认为没有问题，就可以试运作进行小批量供货了。

（4）坚持质量标准，在评估的所有因素中，质量是最基本的前提，如果质量过不了关，其余一切都是空谈。虽然价格因素很重要，但是只有在质量得到保证的前提下，谈价格才有意义。

（5）了解价格构成，当供应商对产品的质量有了保证，价格就成了评估的主要因素。这时要求供应商提供一个成本分析表，内容包括生产某一产品有哪些原材料组成、费用如何构成、价格空间还有多少等，如果有不合理的因素在里面，就应要求供应商进行调整。

不过，承包商必须明确的一点是，要求供应商提供成本分析表其实是不够合理的，因为这里有许多供应商的内部机密，即使提供了，也极有可能是不真实的，因此，承包商应对所采购的物资的市场价位有个基本的判断，这个判断来自于市场调查相同或类似物资的其他供应商的价格水平等，以免被"忽悠"。

6.5.2 供应商评估方法

过去，很多工程项目对供应商的选择和评估以及采购量的分配，多是由项目或采购负责人等少数人凭感性决定的，其结果并不能准确地体现供应商在各个方面的表现。同时带有个人主观色彩的评估，也使得供应商之间并不真正具有可比性，所以要想真正合理的选择供应商，必须建立规范的评估体系。

（1）供应商评估项的定性确立

根据所属部门的不同职能和所关注的侧重点，评估小组的几个代表首先需要列出对于供应商评价较为定性的评估内容、明确方向，从而使评估工作能够更有针对性地开展（表6-8）。

供应商定性评估项   表 6-8

部　门	评估项
采购部	价格、交货数量的稳定性、按时交货
质量部	送货规格的准确性、质量的稳定、包装和外观、供应商的质检报告和文件的准确、书面投诉
生产部（工程部）	质量、技术支持、按时交货
财务部	财务结算制度、单证的准确

（2）供应商评估标准的设定

在定性的评估项目确立之后，就要开始为各个评估项目制定具体的评估标准并且分配相应的权重。在实际工作中，企业应结合项目的具体情况和自身的目标制定考核的标准和权重。下面以某企业评估小组对供应商 A 进行评估时所采用的标准为例，小组从质量、价格、按时交货、技术支持、供货规格的准确性、单证文件的准确性和供货数量的准确性七个方面对供应商的表现进行评估，权重的分配则根据该项目的要求及期望实现的目标侧重而相应设定，总分为 100 分。

1）质量（25 分）：主要考察因质量问题所造成的退货率，即一段时间内退货数量占供货数量的比率。例如，一段时间内，供应商 A 共有 5 次供货，供货数量和退货数量见表6-9。

供货退货数量表   表 6-9

供货次别	第一次	第二次	第三次	第四次	第五次
供货数量（件）	2000	1500	2000	1000	3000
退货数量（件）	16	15	12	6	33
退货率（%）	0.8	1	0.6	0.6	1.1

其中，供应商 A 的质量分值＝ $25\times(1-退货率\times\beta)$

这里引入参数 β，是因为供应商的质量退货率一般都小于 1%，β 值可对退货率进行调整放大，以使得质量分值能体现退货率的细小差别。根据质量部门的建议，β 值取为 10。这意味着，一旦供应商的退货率大于 10%，供应商的质量分值则为负数。在实际操作中，对于负数的质量分值均作取零处理。供应商 A 最后所得的分值由每次对质量打分后平均得出。

2）价格（25 分）：评估供应商价格因素时，又将其分为三个方面，即价格的表现（10分）、对新材料或新项目价格的反应（10分）、供应商价格的开放程度（5分）。

价格的表现（10分）评分标准见表6-10。

价格评分标准

表6-10

序号	价格表现类型	分数
1	供应商价格具有竞争力。价格总是很稳定并从不主动提价（价格提升仅在双方同意之后）	10分
2	价格基本保持稳定，偶尔涨价	7.5分
3	价格基本保持稳定，但供应商经常提出涨价的愿望。价格还是可以保持在合理的水平或之下	5分
4	价格很少时候能保持稳定。供应商定期根据其愿望提价，但价格还是可以保持在合理的水平或之下	2.5分
5	价格很少时候能保持稳定。供应商经常根据其愿望不合理的提价，供应商的供货表现很坏	0分

对新材料或新项目价格的反应（10分）评分标准见表6-11。

新材料或新项目反应评分标准表

表6-11

序号	对新材料或新项目价格的反应	分数
1	供应商的报价总是低于项目采购部门的目标成本或供应商对报价的差异提供补偿的办法。即使在没有目标成本的情况下供应商的报价总是低于市场上的竞争对手	10分
2	供应商的报价多数情况低于项目采购部门的目标成本或供应商对报价的差异提供补偿的办法。即使在没有目标成本的情况下供应商的报价总是低于市场上的竞争对手	7.5分
3	供应商的报价很少低于项目采购部门的目标成本。在没有目标成本的情况下供应商的报价与市场上的竞争对手的报价一致	5分
4	供应商的报价几乎没有低于项目采购部门的目标成本的时候。在没有目标成本的情况下，供应商的报价多数时候高于市场上的竞争对手	2.5分
5	几乎不能提供与项目采购部门目标成本相近的报价，也无法降低其报价的差异。在没有目标成本的情况下供应商的报价总是高于市场上的竞争对手	0分

供应商价格的开放程度（5分）评分标准见表6-12。

供应商价格开放程度表

表6-12

序号	价格的开放程度	分数
1	供应商有价格开发、透明的政策，能提供其价格组成的完整的成本分析文件以及他们的计算方法或模型。发生变化时，供应商能主动地提供有关信息	5分
2	供应商有部分的（不太完美的）价格开放、透明政策。供应商每次能根据项目采购部门的请求提供基本的信息。当价格的成本结构发生变化时，供应商不会主动的通知项目采购部门，但如果项目采购部门有要求，供应商会提供相应的信息	2.5分
3	供应商没有价格开放、透明的政策，并拒绝提供任何有关其成本的信息	0分

3）技术支持（10分）：该项目主要是评估供应商对项目采购部门有关材料的技术询问，以及研发中遇到的问题的反应速度和效率。一般由生产部（工程部）、质量部、采购部三个代表分别给供应商打分之后进行平均。

4）按时交货（10分）：即在规定时间范围内的交货比率。如果合同交货期为 T，则对于本地供应商，时间范围为：$T\pm1$ 天；对于外地的供应商，时间范围为：$T\pm1$ 周。例如，在一段时间内，外地供应商 A 有 5 次交货。合同交货期 T 为 20 天，而其实际交货周期表现见表 6-13。

供应商实际交货表现评价　　　　　　　　　　表 6-13

交货	第一次	第二次	第三次	第四次	第五次
实际交货周期	25 天	27 天	26 天	27 天	30 天
是否在规定范围	是	是	是	是	否

因此，供应商 A 在规定时间内的交货比率为 $=4/5\times100\%=80\%$，得出按时交货的分值 $=80\%\times10=8$ 分。

5）供货规格的准确性（10分）：评估供应商每次送货按订货的规格送货的准确性。

例如：在一段时间内，供应商 A 有 5 次送货，其送货规格准确性的表现见表 6-14。

供应商送货规格准确性表现评价　　　　　　　表 6-14

供货次别	第一次	第二次	第三次	第四次	第五次
是否按规格	是	是	否	是	是

因此，供应商 A 供货规格的准确率 $=4/5\times100\%=80\%$，得出供货规格的准确性分值 $=10\times80\%=8$ 分。

6）文件单据的准确性（10分）：一些对于物资材料的凭证有标准规定的企业的下属质量部门会要求供应商在每次送货时都要提供品质证明、生产合格证等文件；而财务部则会要求供应商每次的增值税发票都要开具准确。这些要求对于公司的质量体系和税务的要求均是十分重要的，因此评估小组把每次文件单据是否齐全准确列入了供应商评估的范围。例如，在一段时间内，供应商 A 有 5 次送货，其文件单据齐全准确性的表现见表 6-15。

供应商物资质量证明文件齐全准确性表现评价　　表 6-15

送货次别	第一次	第二次	第三次	第四次	第五次
是否齐全准确	是	否	是	是	否

因此，供应商 A 文件单据的齐全准确率 $=3/5\times100\%=60\%$，得出文件单

据的准确性分值＝10×60％＝6 分。

7) 供货数量的准确性（10 分）：即每次送货数量与订货数量差异的比率。假设评估小组认为，供应商送货数量的差异在 3％以内为最佳，5％以内是可以接受的，则评分方法见表 6-16。

供应商供货数量准确性评价   表 6-16

数量差异比率	<3％	3％～5％	>5％
分值	10	5	0

6.5.3 供应商的调整

公司的供应商评估小组根据以上各个标准和权重，定期（例如每季度）对供应商进行讨论，并对考核结果进行讨论，以采取相应的措施（见表 6-17）。

（1）对于评估结果合格且优秀的供应商，列入合格名单并保持长期合作关系。必要时加大采购量的分配，并且在账期、质量监控等方面给予一系列的优惠和简便措施。

（2）对于经评估合格但存在一定问题的供应商，由采购部门通知该供应商进行整改，派相关人员进行辅导和跟踪，同时暂停或减少该供应商处的采购数量。

（3）对于经评估后不合格的供应商，则与之停止合作关系，予以淘汰。

供应商调整措施   表 6-17

评估得分	应对措施
80 分以上	将供应商列入合格名单并保持长期合作关系
80～60 分	对供应商存在的问题提出整改意见并进行监督
60 分以下	将供应商定为不合格，予以淘汰

7　采购合同与风险管理

7.1　采购合同管理职责

项目采购合同管理中的职责分工，主要是指采购方、供应商和必要时的监理三者之间在项目采购执行中的职责分工。

7.1.1　采购方的职责

采购方的职责主要包括：

（1）准备合同，在中标通知书的基础上，经过合同谈判，与供应商签订合同。

（2）审查供应商提供的履约银行保函及其出具银行是否合格，并予以批准。

（3）必要时向供应商支付预付款。

（4）在合同规定的期限内，向供应商和分包方及时支付采购物资款项或分包工程的工程款。

（5）在工程开工的一个月之内选定下述分包商，如检测机构、垃圾清运、环保监测、生活外包等。

（6）对进场物资进行验收，包括数量、质量、规格、品种的验收。对须复试的材料组织建设、监理和承包商自身三者见证的、符合相关规范要求的现场取样，并送符合要求的第三方检验机构检验。在尚未证实检验是否合格的时间内，取样送检的材料不得用于工程施工。

（7）对进场分包单位的员工（特别是劳务分包商的劳务工人）进行安全三级教育，未接受教育的劳务工人不得安排现场施工。

（8）遵守工程所在地的法律、法令、法规、条例和规章制度，督促劳务分包方及时办理所聘用劳务人员的劳动保险和及时支付劳务工资。

7.1.2　供应商的职责

供应商的职责就是在项目采购合同规定的时间内，按照合同、图纸和技术规范的要求，完成物资供应、分包工程、检验试验等工作，同时有义务负责维修在缺陷责任期内出现的任何缺陷。供应商的职责在合同文件中应规定得尽量详尽。

（1）在项目采购合同的规定时限内，供应商应尽可能迅速地提交合同要求的各种担保和保险单据，并开始供应或施工。

（2）工程分包商应在采购方施工进度计划的基础上，制订所分包专业工程的施工进度计划及现金流计划，并定期及按照监理要求进行修订。

（3）专业分包商应采办与提供项目所需的材料、施工机械、临时工程、施工的管理与监督和劳务。

（4）专业分包商应编制专业施工方案和安全专项施工方案，并报采购方审批，所选择的施工方法应保证其稳妥性、可靠性和安全性。分包方不对永久工程的设计与技术规范负责，也不对任何非其所设计的临时工程负责。在正常情况下，分包商应设计临时工程，并将其有关建议书和计算书等资料报送采购方审阅。

（5）专业分包商在接受采购方指令的同时，应尊重监理代表业主发出的指示和指令，并在整个施工期间，负责管理和保护其所分包的工程，直到分包工程移交给采购方。

（6）如果采购方违约，供应商有权暂停履行合同，然后要求给予延期及额外费用补偿。

（7）分包商不得将所分包的工程再次分包。

此外，供应商在一些具体操作上的职责也应在合同条款中写明（见表7-1）。

采购合同管理中的职责分工　　　　　　　　　　表 7-1

合同内容	采购方	供应方
总体要求	1. 项目的立项、选定、融资和施工前期准备 2. 项目的合同方式与组织（选择承包商、监理等） 3. 决定监理职责权限	按合同要求，全面负责工程项目的具体实施、竣工和维修
进度管理	1. 主要依靠监理，但对开工、暂停、复工特别是延期和工期索赔要审批 2. 监理可处理较短的工期变更和索赔，报业主备案	1. 制订具体进度计划，研究各工程部位的施工安排，工种、机械的配合调度以保证施工进度 2. 根据实际情况提交工期索赔报告
质量管理	1. 定期了解检查工程质量，对重大事故进行调查研究 2. 平时主要依靠监理管理和检查工程质量	按规范要求拟定具体施工方案和措施，保证工程质量，对质量问题全面负责
造价管理	1. 审批监理审核后上报的支付表 2. 与监理讨论并批复有关索赔问题 3. 监理可决定数额较小的支付或索赔，报业主备案	1. 拟定具体措施，从人工、材料采购、机械使用以及内部管理等方面采取措施降低成本，提高利润率 2. 成立索赔小组，适时申报索赔

合同内容	采购方	供应方
风险管理	注意研究重大风险的防范	注意自身的风险管理,做好防范索赔的工作
工程变更	1. 加强前期设计管理,尽量减少变更 2. 慎重确定必要的变更项目,并研究变更对工期价格的影响	1. 在需要时向工程师、业主提出变更建议 2. 执行工程师的变更指令 3. 抓紧变更时的索赔

分包商负责所分包工程的施工放样和测量,所有施工测量的原始数据、原始图纸均须经采购方会同监理的检查、校核并签字批准,但是这些检查和批准并不能免除分包商的责任,分包商依然对放样测量的数据的准确性负责。

分包商负责进行所使用材料和工艺的现场试验和室内试验,并按规定经采购方和监理的检查、审核并签字批准,但是这些检查和批准并不能免除分包方的责任,分包方依然对试验数据和试验成果的正确和准确性负责。

7.2 采购合同谈判

采购合同谈判是采购管理过程中的一个关键的环节和分水岭。在尚未达成交易的合同谈判阶段,交易双方需要就合同的内容和要求进行全面的磋商;而在达成一致意见并签订采购合同之后,就进入了采购合同的实施阶段。为了尽量减少以后的纠纷,交易双方都应该重视采购合同的谈判。从某种程度上讲,这也是双方为利益分配与双方今后的履约与合作所进行的最后努力。

项目合同的谈判一般可以分为以下几个阶段:

(1) 初步洽谈阶段

在初步接洽中,双方当事人一般是为达到一个预期的效果,就双方各自最为关注的事项,相互向对方提出,澄清一些问题。这些问题一般包括:采购的名称、规模、内容和所要达到的目标与要求;项目的承包合同是否已经签订,采购计划是否已经编制;当事人双方的主体性质;双方主体以往是否从事参与过同类或相类似的项目合作;双方主体的资质状况与信誉;项目是否已具备实施的条件等。以上这些问题,有的可以当场予以澄清,有的可能当场不能澄清,需要在后续的交流中进一步提供资料。如果双方了解的资料及信息同各自所要达到的预期目标相符,觉得有继续保持接触与联系的必要,就可为下一阶段的实质性谈判做好准备。

(2) 实质性谈判阶段

实质性谈判是双方在广泛取得相互了解的基础上进行的。主要是双方就合同的主要条款进行的具体谈判。采购合同的主要条款一般包括：标的、数量和质量、价款或酬金、履行、验收、违约责任等。

1）标的。标的是指合同权利义务所指向的对象。因此有关标的的谈判，双方当事人都必须严肃对待。要力求叙述完整、准确，不得出现遗漏及概念混淆的现象。

2）质量和数量。采购合同中应严格注明标的物的数量和质量要求与规范。由于数量和质量涉及双方的权利与义务，所以要慎重处理。另外，还要注意对质量标准达成共识。

3）价款或酬金。价款或酬金是谈判中重要的议项之一。把握价格是重要的一环，必须掌握各类产品的市场动态，可以通过比价、询价、生产厂让利或者组织委托招标等手段使自己处于有利位置。

4）履行的期限、方式和地点。在谈判中应逐项加以明确规定。履行的方式和地点直接关系到以后可能发生的纠纷管辖地。此外，履行的方式和运杂费、保险费由哪方承担等关系到标的物的风险何时从一方转向另一方的内容也需要在谈判中予以明确。

5）验收方法。谈判中应明确何时验收、验收的标准及验收的人员或机构。

6）违约责任。当事人应就双方可能出现的错误而导致影响项目完成而制定违约责任条款，以明确双方的责任具体规定，还应符合法律规定的违约金限额和赔偿责任。

（3）采购合同谈判的目的

采购合同谈判的根本目的就是兼顾买卖双方的利益，追求对双方都有利的结果，实现双方利益最大化。对于采购部门来讲，采购合同谈判的目的主要归纳有以下几点：

1）降低采购成本。通过采购谈判，争取以比较低的价格获取供应商的产品，降低采购费用，进而降低采购成本。

2）保证产品质量。通过谈判让供应商对产品提出质量保证，以获得质量可靠的产品。

3）获得比较优惠的服务项目。伴随产品购买有一系列的服务内容，如：准时交货、提供送货、提供技术咨询、售后安装调试、使用指导、运行维护及售后保障等。这些服务项目对于供应商来说都是需要成本的，供应商希望免费或赠送的越少越好，付费的越多越好，而采购部门则希望免费或赠送的越多越好，这就需要靠谈判来达成共识。

4）降低财务费用。一方面从供应商答应对采购方有利的付款条件来讲，延长付款周期可以降低财务压力，降低财务费用；另一方面，通过供应商保证交货期、按时送货，不仅可以降低库存，提高周转，还能降低财务费用，提高效益。

5）降低采购风险。针对采购进货过程中，可能发生事故、货损、货差等，通过谈判，让供应商分担更多风险，这样采购部门可以降低甚至免除采购风险。

6）妥善处理纠纷，维护双方利益。

7.3 采购合同的订立

经过了采购谈判后，双方达成了一致，就可以进入采购合同订立的阶段。在采购中，合同是对双方具有约束力的法律协议，它规定卖方提供买方所要求的产品（货物、咨询服务或工程），规定买方支付预定的金额，采购合同的签订过程中，一般可以根据法律规定，参考现有的范本，然后根据具体情况，双方通过协商进行拟定。

7.3.1 订立采购合同的形式

《中华人民共和国合同法》（以下简称"合同法"）第 10 条规定，"当事人订立合同，有书面形式、口头形式和其他形式。法律、行政法规规定采用书面形式的，应当采用书面形式。当事人约定采用书面形式的，应当采用书面形式"。工程项目所需材料设备规格品种多、所执行的质量标准也很多，采购合同通常涉及面广、内容复杂、周期长，有些标的金额很大，因此，项目采购合同应当采用书面方式。

7.3.2 订立合同的程序

订立合同，是一个经过充分协商达到双方当事人意思表示一致的过程。程序化和规范化是合同订立工作的内在要求，强化采购合同订立程序的管理已经成为一项客观需求。明确采购合同订立程序及相关事项，有助于提高采购合同的签约效率，同时也有助于推进订立工作的法治化进程。采购合同订立，一般经过信息发布、供应商筛选、合同草案起草、合同审定、合同签订、合同签章、合同生效和备案等步骤。

（1）发布采购信息

发布采购信息是采购合同订立的首要步骤。采购活动的法律制度、政策、招标公告或采购公告、中标公告或成交结果、供应商资格条件、评价方法和标准、投诉处理决定、司法裁决、信息统计等采购信息能否平等、高效、及时地传递到所有符合相应资质的供应商手中，直接关系到采购合同授予的公正性和公平性，关系到采购合同竞争水平和采购效益的问题。采购人应及时采集采购的各类信息，交付信息发布机构进行发布，以有效、便利地进行信息递送。

实践中，采购信息发布应把握以下原则：

1）坚持平等、公平的原则。采购人可以根据项目的特点设定合理的资格条件，但应对所有供应商一视同仁，一般情况下不可人为设置"歧视性壁垒"，在工程建设中除非项目业主对所建工程的某些部分指定品牌外，一般也不应提出品牌需求。

2）加强信息发布工作的监督管理。对违反相关规定的相关人员进行严肃处理。

3）对于涉密的采购信息，应积极进行"降密"和"去密"处理，最大限度地公开采购信息，从而确保所有具备相应资质能力的供应商参与到供应商资格的竞争之中。

（2）筛选供应商

筛选供应商是直接关系到采购合同授予是否公正的一个关键环节。评标委员会或谈判小组须依据评价方法和评价标准等客观因素，对参与采购的供应商资格、报价、能力进行评审，并向采购人提出评审报告，提出候选单位建议，列明候选单位的优先顺序；采购人根据评审报告和候选单位建议择优确定供应商，并将成交结果通知所有参与单位。

供应商筛选过程中应注意以下问题：

1）供应商参与采购的基本资格和条件必须完全具备。《招标投标法》等法规明确规定了供应商参与采购的基本条件，要求供应商必须具备具有独立承担民事责任的能力；具有良好的商业信誉和健全的财务会计制度；具有履行合同所必需的设备和专业技术能力；有依法缴纳税收和社会保障资金的良好记录。同时规定，采购方可以根据采购项目对供应商规定"特定要求，对供应商的资格进行审查"。

2）为了保障评标委员会、谈判小组对供应商评审工作的顺利进行，保证评审工作的统一性、公正性和透明性，在发布招标文件或采购公告的同时，应明确并公开筛选供应商的评审标准。

（3）谈判起草合同文本草案

无论采取招标，还是采取竞争性谈判、单一来源采购和询价采购等哪种采购方式，都要通过后续谈判明确合同条款。一般来讲，公共采购合同文本一般由采购人组织起草完成，并与供应商共同协商和阅签。

谈判起草合同文本草案过程中，应当注意以下几个问题：

1）事无巨细，详细写明所有协议内容。为了最大限度地避免纠纷的产生，为合同履行、检验验收、交接交付、纠纷处理等日后工作提供便利和依据，合同双方需将所有谈判达成的意见明确写入采购合同文本草案之中。

2）组织合同专家参与谈判和合同文本的起草工作。采购合同涉及技术、价格、法律、社会实践等领域的知识，因此，为了提高谈判和文本起草的效率，应组织技术、价格、法律和谈判等专业人员组成谈判小组和起草小组，而且应保证专业人员人数不少于小组人数的三分之二。

3）保证合同文本内容的准确性和完整性。

（4）审定合同文本草案

由于采购活动关系到企业的根本利益，所以采购合同文本必须按照特定程序，进行严格审查。实行采购合同文本审定制度，是采购主管部门行使管理职责的具体体现，对促进竞争采购，提高合同订立质量具有重要的监督和把关作用，采购合同文本的审定内容主要包括合同草案文本的法律依据、供应商的资格条件、技术状态、经费和价格以及其他合同条款。

审定采购合同文本草案过程中，最重要的是严格落实全面性审查和真实性审查要求。一方面，严格把握审查内容的全面性，根据相关法律法规对采购合同草案文本的法律依据、供应商的资格条件、技术状态、经费、价格以及其他合同条款进行全面审查。另一方面，严格审查文字内容的真实性、供应商资格的真实性以及供应商筛选过程的真实性。文字内容不真实，违背采购方真实意图的，应立即进行改正；供应商资格不真实的，以及选定供应商过程不真实的，应当取消相应的成交通告，并依法报请追究相关人员的法律责任。

（5）签订合同

采购主管部门审定并批准合同草案文本后，采购合同订立业务部门应及时与供应商签订合同。在合同签订过程中，应注意以下两个问题：

1）合同签订说明采购方和供应商之间的要约和承诺已经达成一致，采购合同至此宣告成立。但是，直至经过双方，尤其是采购方的签章后合同才能获得法定效力。

2）采购合同签订主体要适格。所谓适格，就是要求代表采购方和供应商的签订主体要具有法人资格或委托授权。

（6）合同签章

合同签章是采购合同订立工作的重要步骤，是合同生效的法定程序。《合同法》第44条第2款规定，"法律、行政法规规定应当办理批准、登记等手续生效的，依照其规定"。

（7）合同生效

合同生效是采购合同订立阶段的一个重要标志，是最具实质意义的环节。采购合同具备了法定的生效要件，即具有了法律效力，便对采购方和供应商产生预期的法律约束力。

采购合同效力管理工作需要注意以下三个问题：

1）生效日期。合同生效日期应以盖章日期为准。

2）采购合同文本地位。采购合同生效前形成的协议、纪要、文件，凡与合同条款有冲突的均无效，相关内容应以合同文本的约定为准。

3）采购合同的无效情形。《合同法》第52条规定，有下列情形之一的，合同无效：

① 一方以欺诈、胁迫的手段订立合同，损害国家利益；

② 恶意串通，损害国家、集体或者第三人利益；

③ 以合法形式掩盖非法目的；

④ 损害社会公共利益；

⑤ 违反法律、行政法规的强制性规定。

合同确认无效后，合同双方应当相互返还非法取得的财产；给对方造成损失的，过错一方应当承担相应的赔偿责任。

7.3.3 订立合同的内容

采购合同通常包括以下几个方面的内容：

（1）合同当事人。

合同当事人是签订合同的各方，是合同的权利和义务的主体。当事人是平等主体的自然人、法人或其他经济组织，应当具有相应的民事权利能力和民事行为能力。

（2）合同标的。

合同标的是当事人双方的权利和义务所指的对象。它可以是货物、服务和工程等。合同标的是合同最本质的特征，通常合同是按照标的来分类的。

（3）标的的数量和质量。

标的的数量和质量共同定义了标的的具体特征。标的的数量一般以度量衡作为计算单位，以数字作为衡量标的的尺度；标的的质量是指质量标准、功能、技术要求、服务条件等。

（4）合同价款和支付方式。

合同价款是取得标的的一方向对方支付的代价，作为对方完成合同义务的补偿。合同中应写明价款数量、付款方式和结算程序。

（5）合同期限、履行地点和方式。

合同期限指履行合同的期限，即从合同生效到合同结束的时间。履行地点指合同标的物的所在地，例如：以承包工程为标的的合同，其履行地点是工程计划文件规定的工程所在地。

（6）违约责任。

违约责任是合同一方因为没有履行或没有恰当履行合同义务而损害了另一方权利时所应负担的责任。违约责任是合同的关键条款之一。

（7）纠纷的解决方式。

这是规定在合同执行过程中，如果双方出现纠纷或争执，优先采用哪种方式来解决。纠纷的解决方式主要有协商、调解、仲裁和诉讼。

（8）附件说明。

很多合同，尤其是技术性强的合同，都需要一些附件对合同进行补充说明，例如技术规范、图纸、说明书等。这些附件都要在合同中写明，作为合同的组成部分。

案例 7-1：××半导体公司洁净室改造二阶段工程材料采购合同

甲方：××××建筑工程有限公司　　　　（以下简称甲方）

乙方：××科技（苏州）有限公司　　　　（以下简称乙方）

依据《中华人民共和国合同法》、《中华人民共和国产品质量法》及其他有关法律法规的规定，甲、乙双方在平等、自愿、协商一致的基础上，就高架地板 V60AP700 型蜂板采购相关服务达成如下协议。

一、合同标的

1. 本合同标的为高架地板 V60AP700 型蜂板采购。

2. 材料名称、规格、数量：

名称：惠亚高架地板 V60AP700 型蜂板

规格：$600mm \times 600mm \times 55mm$，面贴 2mm 厚 PVC 导电面砖，不镶边，出风率 17%，开孔率 17%，电阻值：500V 测试，$2.5 \times 10^4 \sim 1 \times 10^6 \Omega$；承载力 $\geqslant 1250kg/m^2$

数量：1172 片　　　　单价：256 元/片

3. 凡乙方供应的货物应是全新的、技术先进、实用的并且是成熟可靠的。

4. 乙方提供合同货物的供货范围按技术规范。

5. 乙方应按照经设计单位批准的深化设计图纸、样品、技术要求制作、安装上述货物。

二、工期要求及质量要求

1. 交货期：2011 年 5 月 30 日（如甲方要求提前，则以甲方书面通知为准）。甲方将在双方正式确认图纸后向乙方发出起始交货日期及开工日期的通知。

2. 质量标准：国家规定的质量标准。

3. 质保期：贰年。

三、合同价格及调整

（一）本合同价格即合同总价为人民币：（大写）<u>叁拾万元</u>（小写：（<u>RMB：300000.00 元</u>）。

（二）合同价格调整

1. 本合同为固定综合单价合同（见报价单），除设计变更及双方确认的价格调整外，清单综合单价固定不变；按实际完成的工程量（净量，损耗不计）结算。

2. 在合同有效期内至此后的三个月内，原料价格的变动和政府政策变动等将不会导致本合同单价的涨落，即一方无权以任何理由要求对方接受高于或低于本合同单价的同类型产品。

四、付款方式

1. 合同签订且生效后 3 日内甲方预付合同总价的<u>30％</u>即（<u>RMB：90000 元</u>）。

2. 出货前 3 日内甲方支付至合同总价 95％的货款，此笔款项到账或应当到账后乙方立即安排发货即（RMB：195000.00 元）。

3. 全部货到工地二周内验收完成，检验清点完好无损后，甲方支付给乙方合约总价 5％验收款即（RMB：15000.00 元）。

五、交货和运输

1. 本合同货物的交货期及交货顺序应满足工程建设货物安装进度和顺序的要求，应保证及时和完整性。

2. 交货地点：<u>××市××出口加工区××路 211 号</u>项目施工现场。

收货人：<u>杨××</u>，联系电话：<u>1381××××392</u>

3. 合同交货日期以到货时间为准。此日期即本合同计算迟交货物违约金时的根据。

4. 乙方负责合同货物从乙方到现场交货地点的运输及装卸。乙方应在发货前两天以快递或传真将该批货物的发货批次、名称、规格型号、发运日期、数量等通知甲方。

5、乙方应向甲方提供满足设计、安装、试验、检验、培训和修缮所需的技术资料。

六、技术服务

1. 乙方应及时提供与本合同货物有关的设计、检验、安装、验收、维修等相应的技术服务。

2. 乙方需派代表到现场进行技术服务，按照技术资料负责安装，并负责解决合同货物在安装中发现的制造质量等有关问题。

3. 乙方须对一切与本合同有关的供货、安装、技术服务等问题负全部责任。

七、质量标准及验收

1. 由乙方供应的所有合同货物，在生产过程中都须进行严格的检验和试验，合格者才能出厂发运。乙方还应在随产品文件中提供合格证和质量证明文件。

2. 货物到达目的地后，乙方在接到甲方通知后应及时到现场，与甲方一起根据运单和装箱单对货物的包装、外观及件数进行清点检验。如发现有任何不符之处，经双方代表确认属乙方责任后，由乙方处理解决。如检验时，乙方人员未按时赴现场，甲方有权自行开箱检验，检验结果和记录对双方同样有效，并作为甲方向乙方提出索赔的有效证据。

3. 现场检验时，如发现货物由于乙方原因（包括运输）有任何损坏、缺陷、缺少或不符合合同中规定的质量标准和规范时，应做好记录，并由双方代表签字，各执一份，作为甲方向乙方提出修理、更换或索赔的依据；如果由于甲方原因，发现损坏或短缺，乙方在接到甲方通知后，应尽快提供或替换相应的部件，但费用由甲方自负。

4. 乙方所供产品质量应符合国家规范，满足合同报价所述，满足业主的要求，并以对其要求最高者为准。若产品有破损或验收不合格，乙方负责无条件接受换货或退货。

5. 乙方施工质量应达到优良标准且符合甲方服务的业主——<u>××半导体</u>公司的要求，最终验收以通过业主的验收为准。

6. 本合同产品的选型、款式、用材由乙方提供小样并负责与业主——<u>××半导体</u>公司确认，由此产生的图样偏差而无法获得业主的认可，其责任由乙方承担，甲方不承担任何责任，由此类推得知，合同报价中的图样仅为示意，不作为乙方供材的依据，实际由乙方和业主方确认，乙方不得因此对抗甲方。

7. 材质及相关品牌要求：详见附件。

8. 质量要求：详见附件。

八、违约责任

1. 因乙方原因达不到合同文件及相关技术资料约定的货物质量标准时，乙方应向甲方赔偿质量缺陷货物价款10%～30%的违约金。

2. 因乙方原因致使工程质量达不到最终验收标准，必须在甲方的监督下完成整改，整改费用由甲方承担，且工期不予顺延，若整改达不到要求的，乙方承担违约责任。甲方有权扣除合同总价<u>20%</u>的质量罚金。

3. 工期违约责任：

1）因乙方原因延期交货的，乙方应按延期天数每天向甲方支付延期交货货物价款千分之三的违约金（但违约金累积最高不超过货物总价款的 10%）。如乙方无理由延期交货达 15 天或以上的，除继续计算上述违约金外，甲方还有权决定是否解除合同；

2）因甲方原因未能按期交货、完工的，交货期、工期相应顺延。

九、报关事宜

1. 乙方供货送货前，应向甲方提供准确的电子送货单数据（标的物的净重、毛重、包装方式、包装体积、报关 HS. 码等）并自行持电子送货单通关进区，办妥进关送货单盖章及出关扫描工作。因乙方工作的缺陷导致甲方退税不成，造成的损失由乙方承担。

2. 本合同执行期间，在乙方供货及开票前，甲方有权指定第三方（外贸公司）和乙方另行缔约一份协议，则本协议将自动作废。除缔约方（即甲方名称）外，协议的所有内容将与本合同完全相同，乙方无权拒绝。新协议缔约后，如存有甲方已经支付给乙方部分或全部合同款的情形的，就甲方已支付的款项，乙方须向上述第三方出具甲方有权代收的承诺，并向上述甲方指定的第三方开具全额增值税发票，且发票的品名、单位、数量、价款于开票前必须经过甲方的书面同意。

十、责任与义务

1. 乙方：须按合同内容提供产品，并保证所供产品符合国家、地方、行业的相关制造及验收规范（规定）。在保修期内，如出现故障，须在 8 小时内提供备品和完成维修。

乙方供货时，随产品一并提供产品的合格证和检测报告等质量证明资料。

乙方须在甲方规定的时间内向甲方提供报关所需的一切相关资料（如标的物的净重、毛重、包装方式、包装体积、报关 HS. 码等）。

2. 甲方：须按产品规格和说明书中的使用环境使用，按产品规格和说明书中的安装方式安装。否则，责任自负。

十一、税费

本合同价格为含增税价。乙方提供的货物、技术资料、服务（包括运输）等所有税费（包括保险费）已全部包含在合同价格内，由乙方承担。

十二、其他

1. 合同报价单、图纸作为本合同的附件。

2. 合同报价中的条款与本合同不符之处以本合同条款为准，除非双方另作书面说明。

3. 本合同发生纠纷双方应及时协商解决，协商不成的任何一方有权向有管辖权的人民法院起诉。

4. 本合同经双方代表签字盖章生效，合同一式二份，双方各执一份。

甲方：　　　　　　　　　　　　乙方：

代理人：　　　　　　　　　　　代理人：

电话：　　　　　　　　　　　　电话：

传真：　　　　　　　　　　　　传真：

地址：　　　　　　　　　　　　地址：

签订日期：　　年　　月　　日

7.4　采购合同的变更与争议处理

7.4.1　合同变更

在采购合同的实施过程中，有时可能因各种原因未能按照计划进行，这就需要进行相应的合同变更。

合同变更是指当事人对已经发生法律效力，但尚未履行或尚未完全履行的合同，进行修改或补充所达成的协议。《合同法》规定，当事人协商一致可以变更合同。在这里所讲的合同变更仅仅是指合同内容的变更，而非合同主体的变更。

合同变更必须针对的是有效的合同，并且协商一致是合同变更的必要条件，任何一方不得单方面擅自变更合同。由于合同签订的特殊性，有些合同的变更需要有关部门的批准或者登记。合同变更一般不涉及已经履行了的内容。合同变更后原合同债消失，产生新的合同债。因此，合同变更后，当事人不得再按原合同履行，而须按变更后的合同履行。

（1）合同变更的原因

一般来说，合同变更的原因有以下几种：

1）在合同签订过程中，签订合同的双方由于时间紧迫、急于求成、缺乏经验等原因，没有充分考虑合同各个方面的影响因素，有可能存在许多疏漏。而这些疏漏常常在合同的执行过程中才被发现，所以产生变更合同的需求。

2）在采购合同的实施过程中，由于外部的不确定性的存在，外界不可预见状况有可能带来合同变更的需求，例如工程的设计变更导致所需材料的变更或专业工程的变化，项目业主对项目某些方面的要求发生变化，导致承包商施工方案或工艺的变更等，都需要变更采购合同。

3）在合同执行的过程中，合同双方当事人可能发现比原来合同更好的、对双方都有利的解决问题方式，虽然不变更合同也可以进行下去，但是基于使项目朝更有利方向发展的考虑，双方当事人就可能通过协商达成变更合同的结果。

（2）合同变更的处理

1）尽可能迅速、全面、系统地落实变更指令。

在实际工作中，变更决策时间过长和变更程序太慢会造成很大损失。由于合同变更与合同签订不一样，没有一个合理的计划期，变更时间紧，难以详细地计划和分析，很难全面落实责任，就容易造成计划、安排、协调方面的漏洞，引起混乱，造成损失。只有合同变更得到迅速落实和执行，合同监督和跟踪才可能以最新的合同内容作为目标，这是合同动态管理的要求。

2）保存原始设计图纸、设计变更资料、业主或工程师书面指令、变更后发生的采购合同、发票以及实物或现场照片。

3）对合同变更的影响作进一步分析。

由于合同变更对工程施工过程的影响大，会造成工期的拖延和费用的增加，在实际工作中，合同变更必然引起承包商向项目业主的索赔，但这些变更如果同样使供应商和分包商也产生损失时，必然也会向承包商提出索赔。一般情况下，承包商对供应商和分包商的赔偿协议应当在承包商向项目业主提出的索赔得到认可的前提下才可达成，否则，这部分损失无法从项目业主处得到补偿，只有承包商"自掏腰包"支付给供应商或分包商了。

7.4.2 合同争议

所谓合同争议，是指合同当事人对于自己与他人之间的权利行使、义务履行以及利益分配有不同的主张、意见、请求的法律事实。一旦其中一方怠于或拒绝履行自己应尽的义务，则其与另一方之间的法律争议就在所难免。在某些情况下，合同法律关系当事人都无意违反法律的规定或者合同的约定，但由于他们对于引发相互间法律关系的法律事实有着不同的看法和理解，也可能酿成合同争议；另外，由于合同立法中法律漏洞的存在，也会导致当事人对于合同法律关系和合同法律事实的解释互不一致。

（1）合同争议产生的原因

目前，常见的建筑工程项目合同争议产生的主要原因有：

1）合同条款完整性、严密性不足，存在错误或疏漏。

合同条款是合同双方履行权益与义务的依据。然而在实际合同的签订过程中，由于各种原因，往往造成合同条款的完整性、严密性不足，甚至存在一些错误或疏漏，这些问题的存在，极易引起承包商与业主之间的纠纷。

2）承包商与供应商不能正视彼此的相互关系，造成对合同管理的错误认识。

承包商和供应商通过合同联结到一起，最终目标是完成项目实施。为此，双方应当在制定和履行合同时采取积极合作的态度。但是，由于各自利益的制约，在项目实施中始终不能采取良好合作的态度，承包商想控制成本，而供应商追求的是最大的利润。因此，在合同签订时承包商会凭借其作为卖方的相对优势的地位，制定苛刻的合同条件，有时还会无视供应商的合理要求与利益；而供应商也会利用一些办法甚至不正当手段以次充好、以假充真。这样一来，双方的争议是在所难免的。

3）专业的合同管理人员缺乏。

合同管理是一项专业性强、技术要求高的工作。其合同管理人员不仅要通晓法律知识，还要熟悉建筑项目的运作规律和物资供应、物流、仓储等方面的知识，目前这类人才较为缺乏。

4）现场签证链条长，不规范。

现场签证是施工现场由业主代表和监理工程师签批，用以证实施工活动中某些特殊情况的一种书面手续。其作用是为工程结算和索赔与反索赔提供依据。在实际运作中，分部分项工程的施工者是分包商，他们关心的是作为总包的承包商据实向他们支付报酬，而作为总包的承包商为了向项目甲方索取赔偿或补偿，会向分包发出指令，要求分包方计算应补偿或赔偿的数量，然后据此向项目甲方提出索赔。项目甲方对索赔的确认有全部认可、部分认可或全部不认可几种情况。对分包商相应的索赔签认一般是在得到项目甲方的确认信息后才会向其供应商和分包商全部或部分签认，这样一来就会造成承包方和分包方在结算时的矛盾和纠纷。

（2）合同争议解决的方式

1）协商和调解解决。

协商解决或调解解决是由合同当事人双方在自愿互谅的基础上或在第三人的主持下，按照法律和行政法规的规定，在互谅互让的基础上达成协议，以解决纠纷的一种办法。其特点在于简便易行，能及时解决纠纷，有利于双方的协作。但由于协商解决或调解解决必须在双方自愿的基础上进行，因此受到当事人自愿的局限。

2）仲裁与诉讼解决。

仲裁，是指经济合同仲裁机构依据经济合同仲裁法或规则，对经济合同当事人双方的争议，作出具有法律约束力的裁决行为。双方可以协议选定仲裁机构、仲裁员。但仲裁的时间长，费用相对也高。

诉讼，是指当事人依法请求人民法院行使审判权，审理双方之间发生的合同争议，作出有国家强制保证实现其合法权益，从而解决合同纠纷的审判活动。它不必以当事人的相互同意为依据，只要不存在有效的仲裁协议，任何一方都有权向管辖区的法院起诉诉讼。

根据有关规定，在工程争议解决方式的选择过程中，一方面，当事人达成仲裁协议，选择由仲裁机构仲裁的，人民法院则失去了对该双方当事人争议案件的管辖权，人民法院不予受理。仲裁裁决作出后，当事人就同一纠纷向人民法院起诉的，人民法院也不予受理。另一方面，诉讼对仲裁有监督作用。

案例 7-2：河南某建筑公司与郑州 XZ 劳务分包公司工程分包合同纠纷案

上诉人（原审被告）：河南某建筑公司，住所地，郑州市××区××路 116 号

法定代表人：×××，总经理

委托代理人：钟××，男，1957 年 4 月 19 日出生

被上诉人（原审原告）：郑州 XZ 劳务分包公司，住所地，郑州市××区××路 16 号

法定代表人：×××，董事长

委托代理人：张××，×××律师事务所律师

原审被告：刘××，男，1961 年 6 月 15 日出生

上诉人河南某建筑公司（以下简称"建筑公司"）因与郑州 XZ 建设劳务公司建设工程分包合同纠纷一案，不服郑州市××区人民法院（2007）×民一初字第××号民事判决，向本院提起上诉。本院受理后，依法组成合议庭审理了本案，现已审理终结。

原审法院查明，2006 年 9 月 21 日，项目部与原告签订了一份《工程劳务承包合同》，被告刘××在项目部负责人处签字，约定项目部将其位于郑州市××区××路的 2 号住宅楼主体工程的劳务发包给原告，包工不包料但含辅材，人工费按建筑面积每平方米 81 元结算，原告须交纳质保金 30 万元，工期 150 天。双方还对其他事项进行了约定，合同签订后，原告于当日向项目部缴纳质保金 30 万元，并由项目部出具收据一份，杨×为收款人，2007 年 2 月 13 日，被告刘××归还 26 万元，杨×于同日向原告法定代表人出具欠条一份，载明欠 40000 元，经鉴定原告所承接的 2 号楼工程施工后可获利润 150500 元。原告起诉时，原告承包的 2 号楼已经开始施工。

原审法院认为，原告与项目部于 2006 年 9 月 21 日签订的《工程劳务承包合同》，不违反法律规定，为有效合同，双方应当按照合同的约定履行义务，在原告将质保金交给项目部并且组织人员准备入场施工后，项目部却不将工程发包给原告，已经构成违约，应当承担违约责任，并且赔偿原告履行合同后可以获得的利益，但因为项目部不具备独立的法人资格，故此赔偿责任应由被告建筑公司承

担，被告刘××虽为项目部的负责人，但其履行职务行为的后果，应由被告建筑公司承担，杨×作为被告刘××的出纳人员，在出具欠条时代表的是建筑公司，故对被告辩称杨×所出具的 4 万元欠条系私人借款的答辩意见该院不予支持，鉴于 2 号住宅楼主体工程已经开工建设，故原告与项目部的合同应当解除，依照《中华人民共和国民法通则》第四十三条、《中华人民共和国合同法》第九十四条第四项、第一百零八条、第一百一十三条第一款之规定，判决如下：一、解除原告与建筑公司第八项目部于 2006 年 9 月 21 日签订的《工程劳务承包合同》。二、被告建筑公司于判决生效后十日内支付原告质保金 40000 元。三、被告建筑公司于判决生效后十日内支付原告利润损失 150000 元。如果未按本判决指定的期间履行给付金钱义务，应当依照《中华人民共和国民事诉讼法》第二百二十九条之规定，加倍支付迟延履行期间的债务利息。四、驳回原告对刘××的诉讼请求。案件受理费 4100 元、鉴定费 10000 元，两项共计 14100 元，由被告建筑公司负担，此款原告已预交，由被告于履行判决书义务时一并支付给原告。

判后，建筑公司不服，以一审认定事实不清，适用法律错误为由向本院提起上诉，要求撤销原判。被上诉人答辩称一审认定事实清楚，适用法律正确，应予维持。

本院查明的事实与原审法院查明的事实相同。

本院认为，被上诉人与建筑公司第八项目部于 2006 年 9 月 21 日签订的《工程劳务承包合同》系双方真实意思表示，不违反法律规定，为有效合同，双方应当按照合同的约定履行权利义务。该劳务承包合同虽然未约定进场时间，但上诉人已退还了部分质保金，且上诉人自认未将双方约定的工程交给被上诉人施工，故上诉人已构成根本违约，应当承担违约责任。上诉人自认杨×为其职工，故杨×在出具欠条时代表的是建筑公司，其诉称杨×所出具的 4 万元欠条系私人借款的上诉理由本院不予支持。综上，上诉人上诉理由不能成立，上诉请求不予支持。一审认定事实清楚，适用法律正确，应予维持。根据《中华人民共和国民事诉讼法》第一百五十三条第一款第（一）项之规定，判决如下：

驳回上诉，维持原判。

二审案件受理费 4100 元由上诉人负担。

本判决为终审判决。

（以下略）

7.5　采购的风险管理

项目物资采购包括了采购计划制订、采购审批、供应商选择、价格咨询、采购招标、合同签订与执行、货物验收、核算、付款等诸多环节，由于受各种因素的影响，采购的各个环节中都存在各种不同的风险，具体来说，如采购预测不准导致物料难以满足生产要求或超出预算、供应商群体产能下降导致供应不及时、货物不符合订单要求、滞留物料增加、采购人员工作失误、供应商之间存在不诚实甚至违法行为、分包商内部人员变动影响其履约、合同缺陷等，这些情况都会影响采购预期目标的实现。项目采购风险管理就是对采购环节中的风险进行识别、评估、控制与监督的过程。如果对这些风险认识不足、控制不力，采购过程中也就最容易滋生暗箱操作。因此，加强采购的风险管理，可为企业提高产品质量和经济效益提供有力保证。

采购风险管理的流程如图 7-1 所示。

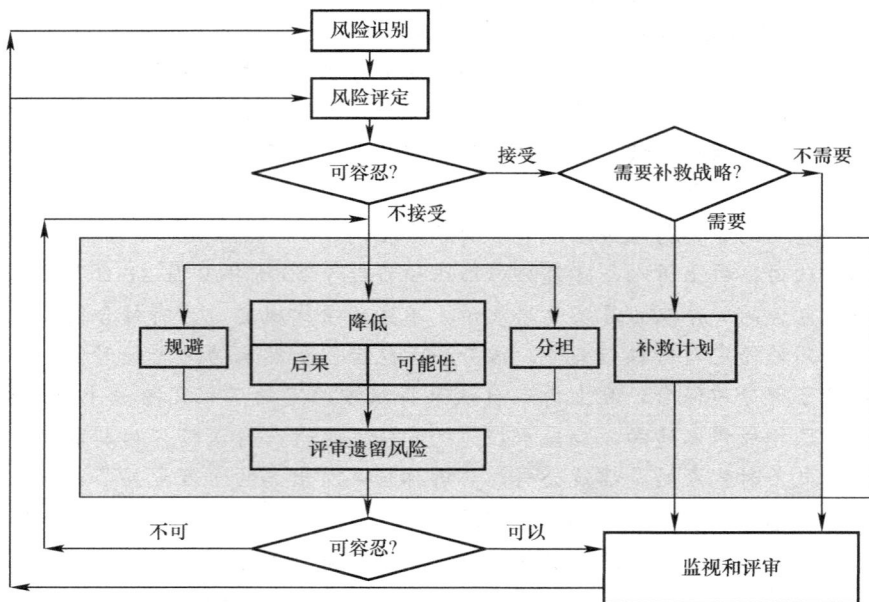

图 7-1　风险管理流程

7.5.1　采购中面临的风险

（1）主要外因型风险

外因型风险主要源于外部环境因素，这种风险主要来自供应商和自身难以避免的风险因素。

1）价格风险。物资采购中由于利益的驱使，供应商有可能操作投标环境，在投标前相互串通，有意抬高价格，使采购方蒙受损失；此外，在价格相对合理的情况下批量采购后，这种材料又可能出现跌价，引起采购价格风险。

2）质量风险。在物资采购过程中，激烈的市场竞争有可能导致材料供应商提供的样品质量与批量材料质量的不一致，发生以次充好的现象，使材料质量不符合要求，从而给采购方带来严重的损失。

3）贬值风险。主要是表现在采购过程中物资设备因社会技术不断进步，而人们专业知识未能达到应有水平，不能适应社会技术发展的要求，进行盲目采购而发生所采购材料或设备的贬值所引起的风险损失。

4）合同欺诈风险。由于市场环境复杂多变，因此合同欺诈更加突出。合同欺诈主要包括以虚假的合同主体身份签订合同，以伪造、假冒、作废的票据或其他虚假的产权证明作为合同担保接受购方预付款后逃之夭夭签订空头合同，而供货方本身是"皮包公司"，将骗来的合同转手倒卖，从中谋利，而所需的物资无法保证，合同签订后，供货商失约违反合同或终止合同，不能正常供货，而影响工程进度造成合同风险损失。

（2）主要内因型风险

由于内部管理不善和制度不健全而引发的问题和风险。

1）采购计划风险。物资采购部门及相关使用部门计划管理不科学、不周全，导致采购中的计划风险，如采购数量不准、供货时间不留余地、质量标准不明确等使采购计划发生较大偏差而影响整个采购工作。

2）采购合同风险。合同订立不严格，合同条文不严密，权利义务不明确，合同管理混乱等。

3）验收风险。由于人为因素造成所采购物资在品种、规格、质量等方面未能达到合同条款要求，而管理者又未能在材料使用或设备安装前及时发现和纠正存在的问题，使之造成损失而引发验收风险。

4）采购责任风险。经办部门或人员责任心不强、管理水平有限等引起的风险，经办人员假公济私、收受回扣、牟取私利而引起的风险。

案例 7-3：分包商越俎代庖，总包方无奈买单

某建筑公司下属单位以公司名义承接了某粮库工程，由于该工程是通过分包商介绍，该单位决定采用包工包料的形式，将工程分包给介绍工程的分包商施工，但自身未组织完整的项目班子，仅派驻一名项目经理进行管理，项目上没有配备质量、安全等专业人员，技术、财务、预算人员全部由分包商人员担任，包括项目经理在内的所有项目人员全部由分包商支付工资。在施工过程中，没有相应的项目管理人员对工程进行管理监督，项目经理也未尽职尽责，导致该工程完全失控，出现分包商以总包名义与材料商签订材料采购合同、分包商盗取加盖项

目部公章的空白合同，增加工程造价，并将有利于总包方的合同条款以工程签证、变更单等形式全部改变的种种怪现象。同时，甲方依据与总包方签订的工程承包合同相关条款，拒不支付工程款，致使总包方资金困难，无法按时支付分包款和材料款，分包商和材料商纷纷起诉该建筑公司，并凭借生效判决书和执行通知书到各金融机构查封该公司账户和其他财产，给该建筑公司造成巨大的经济损失，影响了公司的日常经营管理。

7.5.2 采购风险的识别与评估

对采购风险进行识别。采购中规避和防范采购风险就要首先弄清楚风险会发生在哪里，存在哪些风险因素，在采购之前就要展开采购风险的识别工作。如国家政策有无变化，市场行情有无波动可能，有无可能发生自然灾害，供应商的供货与履约能力等，以及企业内部采购计划是否合理到位，验收过程与方法是否科学，库存水平是否合理（是否会造成积压，是否会欠缺而影响生产用料），合同条款制定的是否清晰、规范。事先要将这些风险因素一一进行识别、讨论、筛选。

对采购风险进行评估。风险评估就是对识别出的风险分析其影响程度，包括风险估计和风险评价，即对风险发生的可能性和后果影响程度分别进行分析，然后计算出风险水平值，进行风险分级，从而确定高风险、中风险、低风险区域，进而判断出该风险是否可以被接受和是否需要采取进一步的防范管理措施。可组织有关专家，实际工作中的计划员、采购员、工区材料员进行风险因素的评估，在汇总统计分析后，针对每个风险，采用最大法确定五个等级中权重最大的，从而确定每个风险的发生概率和影响程度的等级。在此基础上，利用风险发生概率和影响程度的二维矩阵，对已识别的项目风险分别评估其风险水平（图 7-2）。

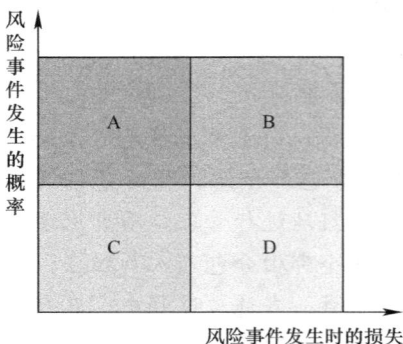

图 7-2　风险评估矩阵

图 7-2 中区域 B 为高风险区，该区域不但风险事件发生的概率较大，而且风险事件一旦发生，其造成的损失也较大；区域 C 是低风险区，该区域内不仅风险事件发生的概率不大，并且即便风险事件发生，所造成的损失也较小。区域 A 和区域 D 属一般风险区，在 A 区内，虽然风险事件容易发生，但发生后造成的损失较小，故面临的风险一般；同样地，虽然 D 区内风险一旦发生，会造成较大的损失，但其发生的可能较小，所

以这类事件造成的风险也属一般。

7.5.3 采购风险的应对措施

采购风险的应对措施通常有回避风险、转移风险、自留风险和风险后备措施等。

（1）回避风险

回避风险的具体方法包括：拒绝风险；承担小风险，回避大风险；损失小利益，回避大风险等。

1）拒绝风险。比如，不与信誉差的主体（供应商等）签订合同，不用信誉差、品德不好的中间人，拒绝不合理的合同变更要求，注意保留有关证据等。

2）承担小风险，回避大风险。如果发现已经陷入了风险事件当中，要及时抽身，避免更大的损失发生。

3）损失小利益，回避大风险。例如合同履行过程中，承包方为分包方多设一些诸如工期奖、质量奖等奖项，有助于缩短工期，提高质量，从而可以使作为总包方的承包商的履约。

（2）转移风险

转移风险的具体办法包括合同转移（如分包或转包）和购买保险等。如在合同中约定业主支付工程款后才支付分包工程款；分包商承担投标保函、履约保函；分包商自带设备进场；按比例扣留分包商维修保证金等，以上都是利用合同转移风险的方法。合同履行过程中，为相关人员、设备和合同标的购买各种保险，就是将合同风险转移给了保险公司。

（3）自留风险

自留风险即风险接受措施，其具体方法包括防损和减损、分散风险等。

合同风险多种多样，很难预先完全识别并加以预防，对于有些可以预计到的而且是可以承受的风险或不能预计到的风险，可以作为自留风险。

1）防损和减损。对自留风险则主要是要采取切实可行的措施，将风险损失降到最低。

2）分散风险。分散风险源也是风险控制的有效措施，比如，可以指定多个供应商，以防供货在时间、数量和质量方面不合要求的风险。

（4）风险后备措施

对于难以预料或难以避免的风险，为保险起见，需要提前制定一系列的预备措施，以备风险事件发生时应急之用。比如，应对延期风险可以在关键路径上设置一个时差；对超支风险可以在合同预算中单列风险应急费；对技术风险可以为先进技术的正确使用准备一笔专用资金。后两种后备措施可以称为风险准备金。

一旦有不符合要求的项目发生,就可以启用事先准备好的这些后备措施。

7.6 采购的监督

采购监督是指对采购活动中的各主体在采购过程中发生的行为进行监督的行为和活动。完整、规范的监督机制是采购计划有效实施的根本保证。就采购监督的范围而言,可以从三个方面进行管理提升。

(1)应建立与完善企业内控制度,加强教育,提高素质。建立与完善内部控制制度与程序,加强对员工尤其是采购业务人员的培训和教育,不断增强法律观念,重视职业道德建设,做到依法办事,培养企业团队精神,增强企业内部的风险防范能力,从根本上杜绝合同风险。

(2)加强对物资采购招标与签约的监督。检查物资采购招标是否按照规范的程序进行;是否存在违反规定的行为发生;是否对供应商进行调查,选择合格供应商;是否每年对供应商进行一次复审评定;检查合同条款是否有悖于政策、法律,避免合同因内容违法、当事人主体不合格或超越经营范围而无效;审查合同条款是否齐全、当事人权利义务是否明确、有否以单代约、手续是否具备、签章是否齐全。

(3)加强对物资采购全过程、全方位的监督。

1)全过程的监督,是指从计划、审批、询价、招标、签约、验收、核算、付款和领用等所有环节的监督。重点是对计划制订、签订合同、质量验收和结账付款4个关键控制点的监督,以保证不弄虚作假。

2)全方位的监督,是指内控审计、财务审计、制度考核三管齐下。科学规范的采购机制,不仅可以降低企业的物资采购价格,提高物资采购质量,还可以保护采购人员和避免外部矛盾。

7.7 建筑企业供应链管理的若干探讨

7.7.1 借鉴制造业供应链管理的思想

建筑业与制造业之间存在的许多共同之处,使得制造业供应链管理的思想、具体运作模式等在建筑施工企业具备了实施的可能性。

(1)建筑产品本身虽是固定的,但其建筑过程仍然是流水作业的,仍然遵循着生产线的基本规律,只不过这种流水线发生了相对运动,是以不同的工种和设备的移动代替了制造业中产品的流动。

（2）在建筑生产过程中，有多方主体共同参与，总承包商处于核心地位，完成建筑主体的施工，而与其他主体表现出一种需求与供应的关系，如在建设生产之前，承包商对生产中用到的物料、设备进行计划，并且向材料供应商、设备租赁商等发出需求通知，这些企业会针对需求提供相应的产品等。每个企业在完成自己的生产经营活动时，都与其他相关主体之间形成供与需的关系。

（3）建筑企业总分包管理模式使得各企业一般只负责自己具有核心竞争力的业务，而把自己做不了或做不好或别人做得更好更有效益的事交由别人去做。如新材料、新设计理论、新设备，以及对建筑物的使用新要求，都使得建筑企业分工更专业，也使得各企业具备了区别于其他企业的不可替代的核心竞争力，有利于企业之间形成协作关系。

（4）作为建筑行业中的一个企业，在生产运营过程中，会伴随着物料的采购、运输、配送等一系列活动，随之与相关企业产生了经济关系，存在着资金的流动，以及相互之间的信息沟通。

由上述分析可以看到，在建筑业引入供应链管理这一在制造业广泛应用的先进的企业管理模式提供了基础，使实施建筑业供应链管理成为可能。

7.7.2　实施建筑供应链管理的障碍

（1）与业主之间的问题

在工程项目招标时，一些业主出于误解或担忧，时常会提出"不得分包"之类的禁令，甚至在一些地区的政府建设主管部门，也会提出类似要求，以致在出现安全事故或治安事件时，往往以"层层转包"作为事故的一个重要原因。另一方面，"甲指分包"普遍存在，也限制了总承包商既有协作格局的有效发挥。

（2）总承包商与分包商之间的竞争性投标

由于总承包商很难事先就掌握施工现场的全部情况，即便是最详细的施工说明和图纸也无法包括所有的工程量和条件。加之每一项建筑工程都是"唯一"的，施工过程中必然会出现许多不可预见的而需要在施工过程解决的问题。因此，"签证索赔"不可避免，但有时这却形成总承包商同业主之间、分承包商同总承包商之间的对抗性关系。这也阻碍了本应成为"有缘人"之间的"联姻"。

（3）承包商与供应商之间的问题

在建筑业传统的采购模式中，供应方与需求方之间的关系多是不稳定的，往往竞争多于合作。选择供应商成为建筑业传统采购过程中的核心工作，供应商的选择过程要消耗供需双方大量的时间和精力。在竞争过程中，需方为了能够从多家供应商中选择一个最佳的供应商，往往不能透露完全的信息以防供应商增加要价筹码，而供应商为达成协议也往往虚夸自己的供货效率、生产能力和产品性能，其结果不仅提高了交易成本，也带来了交易风险。成交后，由于供需双方合作与协调不能到位，又增加了运作中的不确定性，使采购过程中各种冲突和矛盾时有出现，并增大了日常管理的难度。

在传统的采购模式下，有效控制质量和交货期主要是采用事后把关的办法，采购一方难以参与供应商的生产组织过程和有关质量控制活动，相互的工作是不透明的，主要依靠各种标准如国际标准、国家标准或行业标准等进行检查、验收，增大了需方采购部门对采购物资质量控制的难度。传统的采购模式还存在响应用户需求的能力迟钝的弱点，工程需求方面发生变化时，难以对已有的供求状况进行调整，缺乏应变能力。又由于未建立合作伙伴关系机制，易出现企业的短期行为，不能提供或获得高水平的服务，削弱了各方的企业竞争力。成功的供应链管理旨在使上述问题得到改善。

7.7.3　实行供应链管理，提高行业整体水平

（1）选择合适的伙伴形成真正的战略联盟

供应链上相邻各节点是节节相连、环环相扣的有机整体。企业间都是供应和需求关系，任何环节出了问题，都可能影响到整条供应链系统正常有序的运作。有竞争又有协作，企业间的关系是战略伙伴、合作者甚至是同盟，这使得现代供应链管理一体化运营必须拥有一大批企业分工协作，不仅企业集团内部，而且国际间成百上千家企业协同合作。产业链中的上游供应商，下游分销、物流、服务商各自发挥特长，构成一套科学有序、高效融合的供应链平台体系，最终达到强强联合、减少内耗，发挥各自竞争优势，相互依存共同发展，使供应链充满竞争活力。

案例7-4：中交四航局二公司合作链提升竞争力

"我希望我们是中交四航局这个配备了先进技术和管理模式的航母战斗群中的一艘护卫舰，在辽阔的海洋上乘风破浪，互利共赢。"北京某爆破技术工程有限公司在中交四航局二公司（以下简称二公司）第三届供应商大会上发表获奖感言时如是说。

的确是这样。二公司与供应商合作有一个基本理念：凝聚共识，形成合力，相互支持，实现共赢。也正因为有这样的理念，二公司在创新供方管理思路，强化供应商管理方面作出了积极的探索。

创建互利链条整合资源

2003年以来，二公司以客户需求为关注的焦点，以资源整合为主要手段，积极进行以"内强企业素质，外树企业形象，提升企业核心竞争力"为主要内容

的管理改革。正是这场改革，二公司发生了翻天覆地的变化：业务规模和经济实力得到了跨越式的发展，管理基础得到了全面的提升。业务容量从当初的 12 亿元到 2011 年即已突破 60 亿元，实现了每年高于 25％的增长；业务领域从单一的水工工程延伸至大型桥梁、沉管隧道、高速铁路等，形成了多业务形态的综合性施工公司，而且，施工业务已向海外进军。

早在 2003 年，二公司就明确提出"诚信、和谐、关注业主、关心员工"的经营理念，同时，提出了"不求所有，但求所用"的供应链整合思路。正是这些理念和思路的提出，二公司迅速地集合了几家重合同、守信用的合作伙伴，大大降低了企业的运营成本，强化了企业的核心竞争力。

据了解，由于二公司整合了供应链，掌握了市场节奏，取得了行业先动优势，确保了在市场竞争中脱颖而出。并且，伴随着企业的发展，二公司在业主需求呈现多样化的市场环境中，也能迅速拓展业务，以适应业主的不同需求。

搭建互信平台开放合作

2006 年，经过认真酝酿及筹备，二公司首届供应商洽谈会顺利召开。会上，二公司诚请合作伙伴论市场形势，谈企业战略，将相关业务流程向下游企业开放。同时，供应商代表还能开诚布公地说出合作过程中的疑虑和建议，并展开广泛的沟通。会议的效果非常明显，公司的理念得到了与会供应商的认可。此后二公司每两年举办一届这样的会议，会议的沟通形式不断更新，议程也得到了不断的创新。邀请外部咨询共享行业动态，公司主题报告阐述发展方向和战略构想，表彰先进供应商，推动整体供应链响应效率的提升。同时，会议主题从首届的"响应"逐渐向"引导"转移，以紧跟公司的发展形势。

经过常态化的推进与实施，更多的供应商集聚到了二公司周围。有的供应商代表说："二公司召开这样的会议，我参加了三次，一次比一次好，一次比一次创新。我们收集了许多信息，也很想和他们合作。"

形成互惠模式一起壮大

2003 年以来，二公司坚持以事实和数据为基础，平等地通过沟通和协商来达成双方共赢。与此同时，他们还坚持培育和支持合作单位，帮助各合作单位成长壮大。

在分包管理方面，二公司大力倡导"以帮促管"，杜绝"以包代管"的现象，对分包合作队伍管理的工作进行密切跟踪与动态管控，加强对分包队伍员工的指导与培训，高质高效地为客户创造价值。二公司通过供方大会、专题研讨会、学习会、交底会等多种形式，建立各个层面的沟通渠道，对合作单位开放内部流程，不断向合作企业输送服务和管理理念，以帮助分包合作队伍理顺管理流程、理解工作标准、熟悉技术规范，充分实现业务的顺利对接，使双方的合作愈加紧密。

二公司在大型项目部还成立了农民工学校分教点，围绕项目的施工工艺、安全、质量、企业文化等，自己编教材，自己授课，以帮助分包合作单位员工获取专业上岗证书。这一举措不仅提升了分包合作单位员工的劳动技能和个人素质，实现了个人的职业发展，而且提高了分包合作队伍的整体素质，对二公司管理目标的实现起到了积极的推动作用。目前，随着海外业务的拓展，二公司又增加了外事教育等方面的培训内容。

应该说，二公司对合作单位的引导和支持已渗透在生产和生活的各个环节，形成了以二公司为主导，与合作单位一起成长、一起壮大、相伴相生、合作共赢的良性互惠的合作模式，并沉淀为企业文化。

追求互动境界没有止境

企业之间的合作必须是建立在文化理念融合的基础之上，否则合作就不牢靠、不稳固。由于运行体制、发展模式和企业战略的不同，二公司与供应商之间或多或少存在着文化的差异。二公司认识到，理念的融合是企业供应链实现整体协动、高效一致的重要基础。只有做到了"齐心"，才能"协力"为客户创造精品。因此，二公司坚持将企业文化融入分包管理中，以文化为桥梁，通过示范引领等方式，潜移默化地提升分包单位的经营层次，提升分包合作单位员工的文明素质，以共同融合于"齐筑精品，共创一流"的文化之中。

近几年，二公司通过各类形式，大力宣传企业文化的内容、理念和要求，加强对分包合作队伍企业文化传递的力度，推进了双方经营理念的融合。在历届供应商洽谈会上，二公司都作了企业文化的专题报告。在项目层面上，他们广泛地开展企业文化知识培训，使供应商认可其价值观念。

二公司在企业文化的融合中，也高度注重对合作单位企业文化的吸收和借鉴，以推动双方的精诚合作、共同发展。文化融合的效果直接表现为合作上的融洽和顺畅。一些长期合作的分包单位在二公司资源整合遇到困难时，能迅速派出队伍奔赴现场帮助解决。在应急情况下，他们先做事、后谈价。一些供货商提供的材料、设备均满足技术规范和质量标准，并且售后服务也优质到位。

（2）专心核心竞争力，通过外包加强竞争优势

供应链管理的另一个重要的方面，就是利用业务外包模式，把资源集中在企业的核心竞争力上，以便获取最大的投资回报，那些不属于核心竞争力的功能应弱化或外包。业务外包模式可以充分利用联盟企业的资源，为企业集中于核心业务释放资源、分散风险，使其获得更大的竞争优势。特别值得强调的是随着咨询科技的高速发展，大规模生产时代正逐步走向大规模定制时代，关键的资源也从

资本走向信息、知识和创新能力，企业能否真正获利在于供应链管理是否具有资源优化组合的智慧。

（3）重组组织结构和业务流程

企业应对自己的业务认真清点，挑选出与企业生存和发展有重大关系，能够发挥企业优势的核心业务，而将那些非核心业务剥离出去，交由供应链中的其他企业去完成，以便集中人力、物力与财力于核心业务。在此基础上，企业还应重建业务流程，以使业务流程更加连续化、流程的功能更加柔性化、流程中员工的自主决策权更加扩大化。为了适应重建后业务流程的需要，企业还应对其组织结构进行重组，重组的目标是：将按工作分工、按职能划分部门的"金字塔"形科层等级组织结构，转变为有利于员工相互交流与沟通、释放员工个性与创造力的扁平化或网络状结构，从而有助于业务流程的高效运作及培育、发展企业的核心竞争力。在企业重组组织结构的同时，在软环境方面，要伴以相应的企业文化和价值观的塑造，使结构重组可以在各个方面顺利实施。

（4）建立健全先进的供应链管理信息系统

现代企业必须拥有现代企业的管理方式，这些管理方式的实施是建立在企业信息化基础之上。信息技术已经给世界经济带来了前所未有的高速增长，它可以使企业获得新的价值、新的商机、新的管理模式，供应链管理更是离不开信息技术的支持。供应链管理的载体是现代电子技术和网络系统。从某种角度来讲，企业信息化建设的好坏将会直接影响供应链管理的实施。企业在加强信息化进程时，一方面对企业内部业务环节全部实现计算机管理，引进 MRP、ERP 管理方式，使企业内部管理明细化；另一方面，建立企业外部网，与上下游企业互联，以增强快速沟通、快速解决问题的能力。

参 考 文 献

[1] 建设工程项目采购管理编委会. 建设工程项目采购管理. 北京：中国计划出版社，2007.

[2] 吴芳，胡季英. 工程项目采购管理. 北京：中国建筑工业出版社，2008.

[3] 李启明，邓小鹏. 建设项目采购模式与管理. 北京：中国建筑工业出版社，2011.

[4] 李启明. 工程项目采购与合同管理. 北京：中国建筑工业出版社，2009.

[5] 杨雪光. 中油管道物资公司的国际项目采购管理. 北京交通大学，2008.

[6] 刘曙光. 水电项目采购管理研究. 昆明理工大学，2007.

[7] 胡文发. 项目采购管理. 上海：同济大学出版社，2011.

[8] 吴守荣. 项目采购管理. 北京：机械工业出版社，2004.

[9] 白丽君，傅培华. 项目采购管理，北京：中国物资出版社，2009.

[10] 崔长江，张天宝，杨春艳. 建筑工程材料采购管理方法探讨. 黄河水利职业技术学院学报，2007，（3）.

[11] 李志强，王性玉. 基于博弈理论的供应链企业间信用风险分析. 商业研究，2010，（5）.

[12] 谢华兴，傅勇清，颜黎明，杨冬梅. 基于 ERP 系统的电力企业供应商管理. 价值工程，2011，（14）.

[13] 王亚红. 铁路建设中如何做好架子队管理. 科技信息，2010，（11）.

[14] 付伟. 采购管理职位工作手册. 北京：人民邮电出版社，2012.